诚信为本

坚持准则

操守为重

不做假账

——与学习会计的同学共勉

坚持准则 诚信为本

不做假账 操守为重

——与学习会计的同学共勉

"十二五"职业教育
国家规划教材修订版

国家级精品资源共享课配套教材

ICVE 智慧职教 高等职业教育在线开放课程新形态一体化规划教材

会计综合实训

（第三版）

▶主　编　董京原
▶副主编　高慧云　李　妍

高等教育出版社·北京

内容提要

本书是“十二五”职业教育国家规划教材修订版，同时也是国家级精品资源共享课配套教材。本书根据2019年4月1日起执行的《财政部 税务总局 海关总署关于深化增值税改革有关政策的公告》《关于修订印发2019年度一般企业财务报表格式的通知》等最新财税法规及会计信息化软件的升级进行了修订。

本书模拟会计人员入职经历，从认知、上岗、操作和分析决策四个步骤进行教材内容的规划。本书分为企业认知、会计机构与会计制度认知、银行账户开立实训、手工建立会计账簿实训、手工分岗会计业务处理实训、手工银行对账业务实训、会计档案管理业务实训、信息化混岗会计业务处理实训八个实训项目。全书通过精心设计的实训项目将会计基础、出纳业务操作、财务会计、成本会计等课程的职业能力训练元素有机融合于“会计岗位任务”之中，采用手工与信息化两种操作方式进行“分岗”与“混岗”实训。本书注重“教”与“材”相结合，为弥补传统实训教材重业务设计、轻实训指导的不足，本书另配有《会计综合实训（第三版）学习指导手册》(简称《指导手册》)。《指导手册》包括92类业务的实训指导以及实训项目的操作步骤、要求及考核标准。从企业会计制度设计的角度对业务操作和业务办理进行全方位的指导，具有较强的针对性和实践性，从而达到“以理论指导实践，以实践促进理论吸收”的目的。

本书以国家级精品资源共享课“会计综合实训”(http://www.icourses.cn/coursestatic/course_7153.html)建设成果为基础，力求建设涵盖丰富教学资源的立体化教材。本书配有微课、视频等二维码资源，可通过扫描教材边白处二维码随扫随学，资源获取方式详见“郑重声明”页资源服务提示。

本书适用于高等职业院校、成人高校、民办高校及应用型本科院校会计专业及相关专业的教学，也可供在职人员培训使用。

图书在版编目（CIP）数据

会计综合实训 / 董京原主编. -- 3版. -- 北京 : 高等教育出版社, 2019.8
ISBN 978-7-04-052425-3

Ⅰ. ①会… Ⅱ. ①董… Ⅲ. ①会计学-高等职业教育-教材 Ⅳ. ①F230

中国版本图书馆CIP数据核字(2019)第168708号

会计综合实训
KUAIJI ZONGHE SHIXUN

策划编辑 武君红　　责任编辑 武君红　　封面设计 赵 阳　　版式设计 杜微言
责任校对 刘丽娴　　责任印制 刘思涵

出版发行	高等教育出版社	网　址	http://www.hep.edu.cn
社　址	北京市西城区德外大街4号		http://www.hep.com.cn
邮政编码	100120	网上订购	http://www.hepmall.com.cn
印　刷	山东鸿君杰文化发展有限公司		http://www.hepmall.com
开　本	787mm × 1092mm 1/16		http://www.hepmall.cn
总印张	30.75	版　次	2015年9月第1版
总字数	620千字		2019年8月第3版
购书热线	010-58581118	印　次	2019年12月第2次印刷
咨询电话	400-810-0598	总定价	49.80元

物 料 号 52425-00

iCourse · 在线开放课程

会计综合实训

董京原

会计综合实训

会计综合实训课程是会计专业的收关课程，是对前续课程知识技能的综合性实训课程。课程以培养学生会计职业综合能力为目标，以制造业会计岗位任务为载体，仿真会计工作过程，将前续课程的知识和技能揉和于实训任务中，通过“任务驱动”，实现知识技能向职业综合能力转化，实现学校课堂与职业岗位的对接。

开始学习　参与课堂互动

会计综合实训

主持人：山西财政税务专科学校 董京原

国家级

课程名称：会计综合实训　课程学时：144

所属学校：山西省财政税务专科学校　专业大类：财经大类

负责人：董京原　专业类：财务会计类

课程类型：实践/实训课　专业：会计

课程属性：专业课　适用专业：会计 会计电算化

收藏课程　站内分享　分享到：2

课程介绍

《会计综合实训》课程简介 一、课程定位 会计综合实训课程是以各会计职业岗位的典型工作任务为依据设置的，包括会计主管岗位、出纳岗位、总账与报表岗位、各类业务核算岗位、会计稽核岗位和档案管理岗位等。该课程主要学习企业认知、会计机构与会计制度认知、各类业务处理流程、建立会计账簿、编制和审核会计凭证、登记账簿、纳税申报、银行对账、编制会计报表、整理会计档案等，既包括手工操作的学习，也包括电算化操作的学习，... 查看更多

课程大纲　教学日历　考评方式与标准　学习指南

icve 智慧职教　首页　专业　课程　微课　素材　在线开放课程　客户端　职教云　进入个人中心　退出

职业教育数字化学习中心

会计综合实训

本课程通过精心设计的实训项目将会计基础、出纳业务操作、财务会计、成本会计等课程的职业能力训练因素有机融合于“会计岗位任务”之中，采用手工与电算化两种操作方式进行“分岗”与“混岗”实训。

所属分类：财经商贸大类

课程性质：专业核心课　学时：72

参加学习　课程收藏　课程分享

2019/8/25　0

教学大纲　课程简介　课程教材　课后评论

1 实训一 企业认知

2 实训二 会计机构与会计制度认知

3 实训三 银行账户开立实训

4 实训四 手工建立会计账簿实训

5 实训五 手工分岗会计业务处理实训

6 实训六 手工银行对账业务实行训

7 实训七 会计档案管理业务实训

主讲教师

董京原 副教授

山西省财政税务专科学校

董京原，山西省财政税务专科学校会计学院副院长，副教授，教育部全国高校网络培训中心特聘教授；山西省会计技术资格考试评卷专家；山西省会计准则咨询专家；山西省会计学会理事；山西省农发项目评审财务专家；教育部高等职业教育会计专业教学资源库建设团队骨干成员。

主编简介

董京原，山西省财政税务专科学校教务处处长，副教授，国家精品课程、国家级精品资源共享课程“会计综合实训”课程负责人；国家精品课程、国家级精品资源共享课程“会计基础”课程主讲教师；教育部全国高校网络培训中心特聘教授；山西省会计领军人才；山西省管理会计专家；山西省会计学会理事；山西省农发项目评审财务专家；国家职业教育会计专业教学资源库建设团队骨干成员。主持完成省科技厅课题 1 项，合作完成省级课题 6 项，其中 2 项课题分别获中国总会计师协会课题评审一等奖、二等奖；研究撰写专业论文 15 篇；主编、参编“十二五”职业教育国家规划教材共 12 部。获国家级教学成果一等奖 1 次、省级优秀教学成果一等奖 3 次。获得山西省青年科技奖、山西省青年教育专家奖、山西省模范教师、山西省精神文明先进个人、山西省优秀教师、山西省先进会计工作者及山西省先进女教工等荣誉。

第三版导言

同学们好，我们在这个学期将要学习会计综合实训这门课程了。那么，为什么要在即将实习之前开设这门课程？通过这门课程的实训与学习，可以获得哪些职业能力？学习这门课程对会计职业生涯会有哪些帮助？应该以什么样的态度来学习这门课程？

可以说，会计综合实训是会计专业的结业课程，是对前续课程知识技能的综合性应用。本课程以培养学生的职业综合能力为目标，以制造业会计岗位任务为载体，仿真会计工作过程（手工、信息化），将会计职业的知识与技能应用糅合于实训任务中，通过任务驱动，实现知识向能力的转化，实现课堂和岗位的对接。在学习这门课程之前，大家已经学习了会计基础、财务会计、成本会计、税法、财务管理、会计信息化等课程，而学习这些课程的总体目标就是要具备顺利完成各项会计工作的能力，做一个合格的会计人员。但是，会计工作是一项综合任务，不仅需要多个岗位、多种技能、多项知识的综合应用，还需要与他人的配合与沟通，这些都是任何一门单项课程无法解决的。通过这门课程的学习，将会带领大家进入一个仿真企业中，而每一个同学都将是这个企业的一名会计人员。我们将要面临的是所有新入职的会计人员所面临的工作和任务，它们包括：第一，对企业的认知，如企业生产什么产品？企业有哪些组织机构？企业生产产品的流程有哪些？第二，对会计机构的认知，如会计岗位有哪些？每个岗位的工作职责是什么？现有会计人员有哪些？他们是怎样进行岗位分工的？第三，了解企业财务制度，包括企业采用的账务处理程序，企业的各项会计政策，具体业务办理的审批手续与业务流程、企业现金、空白票据与印鉴等管理制度等；第四，明确业务处理流程，如收款业务办理流程，付款业务办理流程，转账业务办理流程等；第五，具体办理会计事务，如根据岗位职责进行建账、按照会计流程办理采购付款、销售收款、税费计算与申报、产品成本计算等会计事务，审核原始凭证、编制并审核记账凭证、登记会计账簿、进行结账、对账，编制财务会计报告等；第六，整理会计档案，如整理会计凭证、会计账簿、财务会计报告、其他会计资料等；第七，办理其他的会计事务。与已学习过的各项课程相比较，会计综合实训课程是一个以企业业务为载体的任务驱动型课程，每完成一项任务，你都需要综合运用各种技能与知识，而当你完成这些任务后，就具备了完成各项会计工作任务的综合能力，它已经为你在学校与就业岗位间搭起了一座桥梁，你可以自信地走过这座桥，开始你的职业生涯了。

会计综合实训这门课程的培养目标取决于会计工作对会计人员的能力要求。一般地，会计工作要求会计人员必须具备一定的会计专业能力、社会能力和方法能力。会计专业能力主要包括出纳业务办理能力、会计核算能力、会计监督能力、会计事务管理能力、税务管理能力和财务管理能力等；社会能力主要包括会计职业道德、交流沟通能力、协调合作能力、统筹兼顾能力、灵活应变能力和社会认知能力；方法能力主要包括工作计划与控制能力、知识应用与迁移能力、逻辑思维能力和持续发展能力。为了帮助学生培养这三种能力，尽快成长为一名优秀的会计人员，本课程设计了“工作任务+实训组织”的教材方案。首先，根据会计专业能力培养的要求精心设计了会计工作任务。例如，为了培养会计核算能力，本教材以万家食品有限公司为主体设计了涵盖资金筹集、采购供应、生产成本、期间费用、固定资产取得、折旧与处置、产品销售、税费计算与申报、非货币性资产交换、委托代销、对外投资、职工薪酬、利润形成与分配等一系列业务；再如，为了培养出纳业务能力，在上述业务中设计了多种银行结算方式，力图通过这些业务的完成培养学生较为全面的专业能力。其次，本教材为实训教学提供了流程化的实训方案，有助于学习者在实训过程中强化三种专业能力。例如，为了培养手工核算和信息化核算能力，本教材设计了手工分岗位核算实训方案和会计信息化混岗实训方案，既强化了手工和信息化核算的技能，又培养了学生岗位分工合作、交流沟通、统筹兼顾等社会能力。最后，本教材实训方案为过程式的实训方案，即按照实训教学组织的过程形成与教学同步的实训方案，如在实训初始阶段，提供实训小组与岗位划分方案，在建账阶段提供科目设置的相关方案，在生产成本计算阶段提供Excel财务计算实训方案，以便于“工作任务”与“实训组织”有机结合起来达到培养目标。

同学们，当你们开始学习会计综合实训这门课时，一定已经开始了自己的职业规划和就业准备，一定期望自己能以过硬的专业能力、灵活的方法能力和良好的社会能力在会计职业的路上一帆风顺，那么就让会计综合实训这门课程带你走进一个仿真的会计工作环境、工作任务、工作程序中，并在学习的过程中将自己培养成一名合格的会计人员。为此，希望在学习的过程中，你能做到以下几点：

第一，要着力培养自己的职业态度。态度决定未来。希望每一名学习这门课程的同学，都能够认真刻意地培养自己的职业态度。职业态度，简单地说就是对职业的忠诚与敬畏。例如，实训时每记一笔账，每填一张表都要慎之又慎，不要当做是普通的作业，错了可以改，因为在实际工作中，会计来不得半点差错。再如，在实训中有些同学怕出错误，喜欢用铅笔填制凭证、登记账簿，以免发生错误后不好修改。“用铅笔做实训”看似一件小事，但是却反映出大家的职业距离感，希望同学们能在实训课中，突破这种距离，可以用会计人员应用的“碳素笔”“钢笔”轻松地进行会计工作。因为大家将很快走上工作岗位，不再是学生，不再是做作业，不能再用橡皮来掩盖自己的职业失误了。

第二，要努力培养自己的职业思维和工作组织能力。实训课不是简单的动手操作，照搬照抄，而是一门综合运用知识技能解决问题的课程。大家应该抓住这个机会，在实践中多思考，在实践中多培养自己的职业思维和工作组织能力。本课程的实训任务设计包括三大类，第一类为会计事项日常业务处理，如填制凭证、登记账簿、编制报表等；第二类为典型任务情境模拟演练，这类任务要求对典型任务进行分角色模拟演练，要求学生对重要的典型任务的关键内控环节和操作流程进行设计和演练，在设计和演练的过程中训练其职业思维能力；第三类能力拓展任务，如撰写工作计划、承担小组实训组织任务、进行相关典型任务的调查核实、撰写工作报告、运用Excel表单进行成本计算和相关统计分析等。通过有机结合的三类工作任务训练，培养大家的职业思维和工作组织能力。希望每一位同学都能踊跃地参与到各项实训任务中去，在实训中思考，在实训中成长。

第三，要认真培养自己的职业技能。广义来讲，会计的职业技能包括会计工作的所有能力。作为一门实训课程，我们尽量在任务中将一名会计人员应掌握的实践技能进行了设计。希望同学们在实训中能按照课程的设计去对待每一项任务，比如规范地填写每一行账表、细心地装订会计凭证、认真地检查每一笔错账。当然，实训中难免会出错。这门课程则将教会大家如何面对会计的常见工作错误，如何进行弥补与修正。

好了，大家就要开始这门课程的学习了，下面是本教材的框架与使用示意图，请大家先了解了它的设计和意图，再开始认真的实践吧！

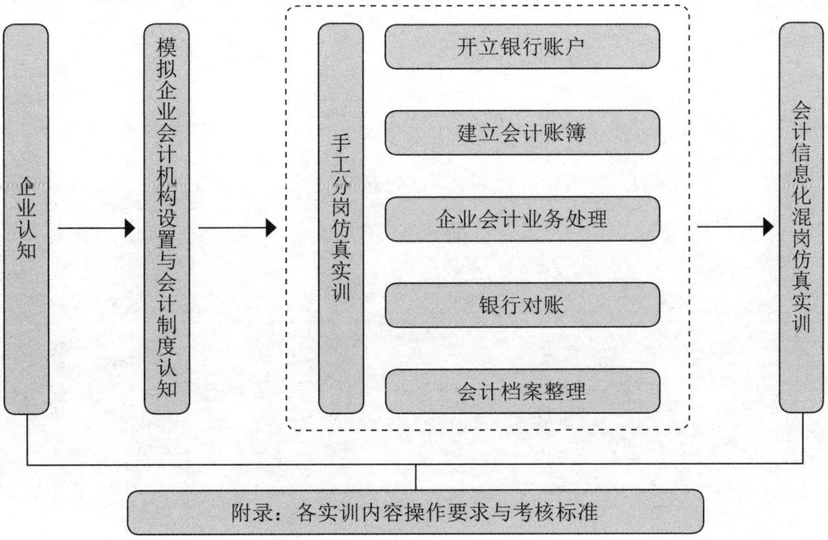

从上图中不难看出，本教材是针对会计专业学生顶岗实践的过程而进行仿真设计的。也就是说，如果要在一个企业实践，首先要认知整个企业，包括其组织机构和生产工艺流程，其次要了解会计机构和会计制度，然后才能开展会计工作。在实训手段

和内容上，本教材按照学习规律设计了两套循序渐进的实训方案，一套是“手工分岗实训”，一套是“会计信息化混岗实训”，希望通过本教材的学习，既通过手工分岗实训掌握会计核算的一般方法及会计业务办理的一般流程，又通过信息化混岗实训学会财务软件的运用。同时，本教材附有“实训指导”和“实训项目的操作步骤、操作要求和考核标准”，实训指导由工作流程、业务认知和实务操作三部分内容组成，为实训过程组织和理论及实践技能提高提供参考与指导；“实训项目操作步骤、操作要求和考核标准”提供了实训项目的步骤化量化考核标准，既可分步指导实践，又可作为考核标准。

本教材由山西省财政税务专科学校国家级精品资源共享课“会计综合实训”课程组编写完成。由董京原担任主编，高慧云、李妍担任副主编，方敏、徐洁及新道科技股份有限公司的袁梅秀参加了编写。编写分工如下：实训一、二、五由董京原编写，实训三由方敏编写，实训四、六由李妍编写，实训七由高慧云编写，实训八由袁梅秀编写。徐洁根据新的税率变化对相关业务的具体数据进行了修订。如果在学习中遇到了问题，欢迎与我们联系交流。

本次再版主要修订了以下内容，第一，修订了所有业务。本教材以 2019 年 6 月 30 日前发布的最新政策为依据，对所有涉及增值税税率的业务进行了原始单据及其实训指导的修订，是当前增值税税率业务实训最新的教材之一；第二，依据《关于修订印发 2019 年度一般企业财务报表格式的通知》，修改报表项目及报表格式；第三，修正上版教材存在的一些不足和疏漏，科学性进一步增强。

目前，我国财税体制改革已进入攻坚阶段，各项准则、制度、财税新政频出，为此，本书特别设计“扫我看变化”二维码，及时反映最新财税法规变化及教材勘误信息，方便教学使用。

编者

二〇一九年六月

第一版导言

同学们好！我们在这个学期将要学习“会计综合实训”这门课程了，那么为什么要在即将实习之前开设这门课程？通过这门课程的实训与学习，我们可以获得哪些职业能力？学习这门课程对我们的会计职业生涯会有哪些帮助？我们应该以什么样的态度来学习这门课程？

会计综合实训课程可以说是会计专业的结业课程，也是联结“学校”与“职业岗位”的一座桥梁。在学习这门课程之前，我们已经学习了会计基础、财务会计、成本会计、税法、财务管理等课程，并掌握了单项岗位技能。但是，会计工作是一项综合任务，不仅需要多个岗位、多种技能、多项知识的综合应用，还需要与他人配合与沟通，这些都是任何一门单项课程无法解决的，因此，我们需要开设这门会计综合实训课程。在这门课程的学习中，我们将会带领大家进入一家仿真企业，而每一个同学都将是这个企业的一名会计人员。我们将要面临的是所有新入职的会计人员所面临的工作和任务，包括：第一，企业的认知，如企业生产什么产品？企业的组织机构是怎样的？企业生产产品的流程有哪些？第二，会计机构认知，如会计岗位有哪些？每个岗位的工作职责是什么？现有会计人员有哪些？他们是怎样进行岗位分工的？第三，了解企业财务制度，包括企业采用的账务处理程序，企业的各项会计政策与会计估计，具体业务办理的审批手续与业务流程及企业现金、空白票据与印鉴等管理制度等；第四，明确业务处理流程，如收款业务办理流程、付款业务办理流程、转账业务办理流程等；第五，具体办理会计事务，如根据岗位职责进行建账，按照会计流程办理采购付款、销售收款、税费计算与申报、产品成本计算等会计事务，审核原始凭证，编制并审核记账凭证，登记会计账簿，进行结账、对账，编制财务会计报告等；第六，整理会计档案，如整理会计凭证、会计账簿、财务会计报告、其他会计资料等；第七，办理其他会计事务。与已学习过的各项课程相比较，会计综合实训课程是一门以企业业务为载体的任务驱动型课程，每完成一项任务，你都需要综合运用各种技能与知识，而当你完成这些任务后，就具备了完成各项会计工作任务的综合能力，它已经为你在学校与就业岗位间搭起了一座桥梁，你可以自信地走过这座桥，开始你的职业生涯了。

会计综合实训这门课程的培养目标取决于会计工作对会计人员的能力要求。一般会计工作要求会计人员必须具备一定的专业能力、社会能力和方法能力。会计专业能力主要包括出纳业务办理能力、会计核算能力、会计监督能力、会计事务管理能力、税务管理能力和财务管理能力等；社会能力主要包括会计职业道德、交流沟通能力、协调合作能力、统筹兼顾能力、灵活应变能力、社会认知能力；方法能力主要包括工作计划与控制能力、知识应用与迁移能力、逻辑思维能力和持续发展能力。为了帮助学生培养这三种能力，尽快成长为一名优秀的会计人员，本课程设计了“工作任务+实训组织”的教材方案，首先，根据会计专业能力培养的要求精心设计了会计工作任务。例如，为了培养会计核算能力，本书以万家食品有限公司为主体设计了涵盖资金筹集，采购供应，生产成本，期间费用，固定资产取得，折旧与处置，产品销售，税费计算与申报，非货币性资产交换，对外投资，职工薪酬，利润形成与分配等在内的一系列业务；再如，为了培养出纳业务能力，在上述业务中设计了多种银行结算方式，力图通过这些业务的学习培养学生较为全面的专业能力。其次，本书为实训教学提供了流程化的实训方案，有助于学习者在实训过程中强化三种专业能力。如为了培养手工核算和电算化核算能力，书中设计了手工分岗位核算实训方案和电算化混岗实训方案，既强化了手工和电算化核算的技能，又培养了学生岗位分工合作、交流沟通、统筹兼顾等社会能力。最后，本书实训方案为过程式的实训方案，即按照实训教学组织的过程形成与教学同步的实训方案，如在实训初始阶段，提供实训小组与岗位划分方案，在建账阶段提供科目设置的相关方案，在生产成本计算阶段提供Excel财务计算实训方案，在业务处理阶段，提供包括“工作过程、业务认识、实务操作”三方面的实训指导，以便于将“工作任务”与“实训组织”有机结合起来达到培养目标。

同学们，当你们开始学习会计综合实训这门课程时，一定已经开始了自己的职业规划和就业准备，一定期望自己能以过硬的专业能力、良好的社会能力和灵活的方法能力在会计职业的道路上一帆风顺，那么就让会计综合实训这门课程带你走进一个仿真的会计工作环境、工作任务、工作程序中，并在学习的过程中将自己培养成一名合格的会计人员。为此，我们希望在学习的过程中，你能做到以下几点：

第一，要着力培养自己的职业态度。态度决定未来，我们希望每一名学习这门课程的同学，能够认真地培养自己的职业态度。职业态度，简单地说就是对职业的忠诚与敬畏。例如，做实训时每记一笔账、每填一张表都要慎而又慎，不要当作是普通的作业，错了可以改，因为在实际工作中，会计出不得半点差错。再如，在实训中有些同学怕出错误，喜欢用铅笔填制凭证、登记账簿，以免发生错误后不好修改。“用铅笔做实训”看似一件小事，但是却反映出大家的职业距离感，希望同学们能在实训课中，消除这种距离，大胆使用“碳素笔”“钢笔”轻松地进行会计工作，因为我们将很快走上工作岗位，不再是学生，不再是做作业，不能再用橡皮来掩盖我们的职业失误了。

第二，要努力培养自己的职业思维和工作组织能力。实训课不是简单的动手操作，照搬照抄，而是一门综合运用知识技能解决问题的课程，我们应该抓住这个机会，在实践中多思考，在实践中多培养自己的职业思维和工作组织能力。本课程的实训任务设计包括三大类，第一类为会计事项日常业务处理，如填制凭证、登记账簿、编制报表等；第二类为典型任务情境模拟演练，这类任务要求学生对重要的典型任务的关键内控环节和操作流程进行设计和演练，在设计和演练的过程中训练其职业思维能力；第三类为能力拓展任务，如撰写工作计划、承担小组实训组织任务、进行相关典型任务的调查核实、撰写工作报告、运用 Excel 表单进行成本计算和相关统计分析等。通过有机结合的三类工作任务训练，培养大家的职业思维和工作组织能力。希望每一个同学都能踊跃地参与到各项实训任务中去，在实训中思考，在实训中成长。

第三，要认真培养自己的职业技能。广义来讲，会计的职业技能包括会计工作的所有能力，作为一门实训课程，我们尽量在任务中将一个会计人员应掌握的实践技能进行了设计，希望同学们在实训中能按照课程的设计去对待每一项任务，如规范地填写每一行账表，细心地装订会计凭证，认真地检查每一笔错账。当然，实训是难免会出错的，但是，我们担心的不是大家会出错，而是面对错误束手无策。所以，在这门课程中我们会教会大家如何面对会计工作中的常见错误，如何进行弥补与修正。

大家就要开始这门课程的学习了，下面是本书的框架与使用示意图，请大家先了解它的设计和意图，再开始认真地实践吧！

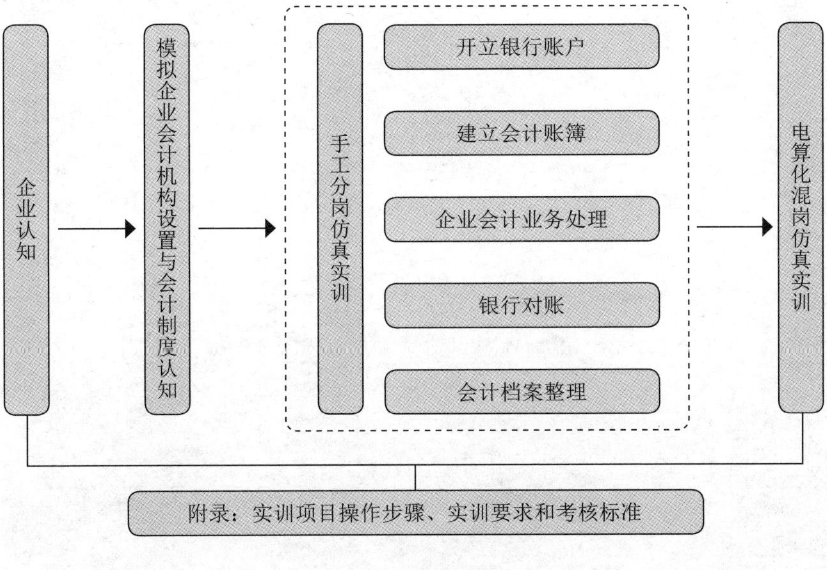

从上图中不难看出，本书是仿真会计专业学生顶岗实践的过程而进行设计的，也就是说，如果要在一个企业实践，首先要认知整个企业，包括其组织机构和生产工艺流程，其次要了解会计机构和会计制度，然后才能开展会计工作。在实训手段和内容上，本书按照学习规律，设计了两套循序渐进的实训方案，一套是“手工分岗实训”，一套是“电算化混岗实训”，希望通过本书的学习，学生既能通过手工分岗实训掌握会计核算的一般方法及会计业务办理的一般流程，又能通过电算化混岗实训学会财务

软件的运用。同时，在《指导手册》中介绍了92类业务的实训指导，对于学生操作的各项内容都附有“分步要求、量化考核”的“实训项目操作步骤、实训要求和考核标准”，供学生在实际操作时对照学习和教师在考核时参考使用。

同学们，本书是由山西省财政税务专科学校国家级精品资源共享课“会计综合实训”课程组编写完成的，其中由董京原担任主编，高慧云、李妍担任副主编，方敏副教授参加了编写工作。编写分工如下：实训一、实训二、实训五由董京原编写，实训三由方敏编写，实训四、实训六由李妍编写，实训七、实训八由高慧云编写。如果你在学习中遇到了问题，欢迎与我们联系交流。

让我们共同记住：会计是一项一丝不苟的工作，那么，就让我们一丝不苟地开始这门课程的学习吧！

编者

二〇一五年七月

目 录

实训一 企业认知

老师的话

各位同学，现在我们就要以万家食品有限公司会计人员的身份开始各项会计工作了。会计是一门描述企业经济业务活动的专业工作，因此，我们要做好会计工作，必须先了解企业的基本情况，明确企业有哪些部门，生产什么产品，生产的工艺流程有哪些。摸清企业的基本情况，是会计人员进行会计工作的前提条件。下面就让我们了解一下我们即将实习的企业——万家食品有限公司的基本情况。

视频：教学录像

政策法规：公司法

[实训目的]

了解模拟企业的基本情况、组织机构、生产产品和工艺流程。

[实训组织]

分小组进行该项实训认知→小组讨论后整理问题提交给教师→教师进行解释→小组发言→按实训要求完成实训任务→提交作业。

[实训内容]

一、企业性质、注册资金及经营范围

企业性质：食品企业
注册资金：2 700 万元人民币
经营范围：中西糕点的生产、批发、零售

二、万家食品有限公司组织机构

万家食品有限公司在册职工人数 450 人，设有采供部、生产部、营销部、行政部、研发部、财务部、人力资源部和办公室八个部门，具体组织机构如图 1–1 所示。采供部下设原料库和包装物库，负责人为赵海；营销部下设产成品库和研发组，负责人为刘强。生产部下设化验室，质检室，中点车间、西点车间、馅料车间三个基本生产车

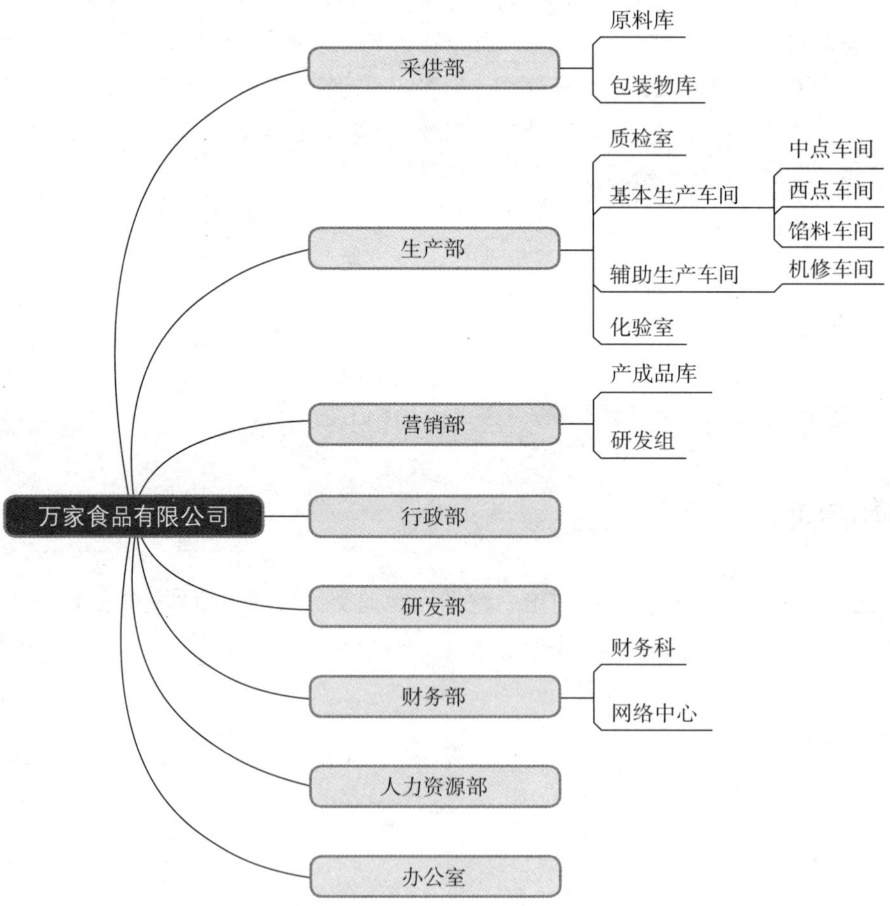

图 1–1　万家食品有限公司组织机构图

间及一个辅助生产车间（机修车间），中点车间生产奶黄包、豆沙包，西点车间生产火腿三明治和牛肉汉堡。

三、万家食品有限公司工艺流程

万家食品有限公司所生产的产品包括：豆沙包、奶黄包、火腿三明治、牛肉汉堡。四种产品的生产所用原料在生产开始时一次投入，机修车间为全厂提供生产和生活服务。

基本生产车间的生产工序主要包括下料、加工、出产成品。

中点车间生产豆沙包、奶黄包两种产品。豆沙包由包皮和豆沙馅组成，奶黄包由包皮和奶黄馅组成。其中，包皮由中点车间直接领料下料生产，其领用的材料包括面粉、酵母等。其馅料（豆沙馅、奶黄馅）由馅料车间按中点车间下料的定量比例同时进行生产，并专供中点车间产品使用。中点车间将包皮和豆沙馅、奶黄馅加工成豆沙包、奶黄包入产成品库。

西点车间生产火腿三明治、牛肉汉堡两种产品。火腿三明治由三明治面包及火腿构成，牛肉汉堡由汉堡及所夹烤牛肉组成，其中三明治面包和汉堡由西点车间直接领料下料生产，其领用的材料包括面粉、酵母、添加剂、鸡蛋、盐、白糖等，火腿和烤牛肉由馅料车间按西点车间下料的定量比例同时进行生产，并专供西点车间产品使用。西点车间将三明治面包、汉堡与火腿、烤牛肉加工成火腿三明治、牛肉汉堡入产成品库。

馅料车间生产豆沙馅、奶黄馅、火腿、烤牛肉四种馅料。四种馅料的成分比例见表 1-1。为保证食品质量安全，减少中间环节，馅料车间完工的豆沙馅、奶黄馅、火腿、烤牛肉等馅料不入库，也不外卖，直接由生产线输送给基本生产车间使用。

表 1-1　　馅料车间各产品材料构成及单位消耗定额　　单位：kg

馅料车间							
豆沙包		奶黄包		火腿三明治		牛肉汉堡	
材料名称	单位消耗定额	材料名称	单位消耗定额	材料名称	单位消耗定额	材料名称	单位消耗定额
红小豆	0.090	面粉（替代淀粉）	0.030	猪肉	0.075 00	牛肉	0.075 00
白糖	0.183	黄油	0.030	白糖	0.007 50	白糖	0.007 50
桂花	0.012	白糖	0.105	盐	0.015 00	盐	0.015 00
植物油	0.009	鲜牛奶	0.057	蛋白胶	0.027 00	蛋白胶	0.027 00
		植物油	0.009	面粉	0.069 00	面粉	0.069 00
		鸡蛋	0.057	香精	0.000 75	香精	0.000 75
		香精	0.003	添加剂	0.000 75	添加剂	0.000 75

基本生产车间产品完工后经质检人员检验后由车间交产成品库验收入库，由营销部完成所有销售工作。上述生产过程如图 1–2 所示。

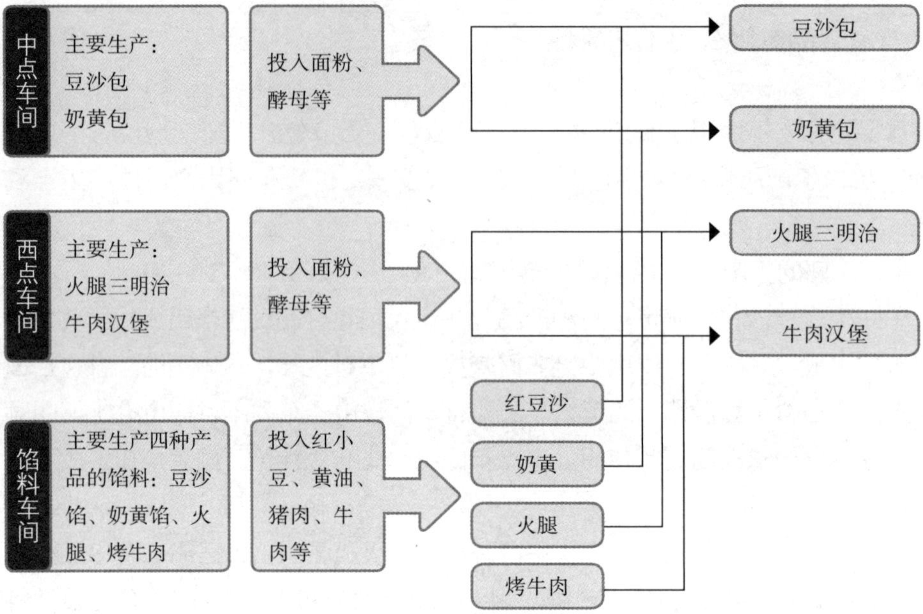

图 1–2　万家食品有限公司生产过程图

材料费用分配表

[实训任务]

1. 小组提交讨论记录稿。
2. 合理设计万家食品有限公司中点车间材料费用分配表。

实训二

会计机构与会计制度认知

老师的话

通过实训一的企业认知，我们已基本了解了万家食品有限公司的生产情况及组织机构。作为一名会计人员，接下来我们将深入万家食品有限公司的会计机构，了解会计岗位的设置、会计基本业务流程和会计制度规定。同学们，我们的会计综合实训将在这个会计机构中进行，每一个同学都将是会计岗位上的一员，按照会计基本业务流程和会计制度规定办理每一项会计事务。所以，请大家在老师的引导下认真实习本实训的内容，认知一般企业的会计机构，了解企业会计制度的相关规定。

[实训目的]

1. 明确模拟企业的会计机构设置、人员岗位分工情况，能够按照万家食品有限公司会计人员岗位分工情况组建 4 人实训小组。

视频：教学录像

2. 明确各岗位人员的工作任务、工作流程及办理各项业务的工作制度和操作要求，能够按照万家食品有限公司的岗位分工、会计制度和操作要求进行模拟实训。

[实训组织]

1. 会计机构认知实训

分小组进行该项实训认知→讨论万家食品有限公司会计机构设置、会计岗位设置和会计人员划分的合理性→提交问题→教师解答→划分实训小组，初步确定第一轮实训时 4 人的模拟岗位→提交分组情况及小组分岗位情况。

2. 会计工作任务、会计制度和会计业务办理一般流程认知

教师讲解→小组讨论→教师设置典型任务→分小组、分岗位按照万家食品有限公司的制度要求模拟该项任务的完成过程→提交工作过程总结。

[实训内容]

一、万家食品有限公司会计机构设置

(一)独立设置的会计机构——万家食品有限公司财务科

政策法规：会计法

《中华人民共和国会计法》(简称《会计法》) 规定，会计机构的设置可有三种方式：第一，设置独立的会计机构，如万家食品有限公司单独设置财务科，专门负责会计业务的处理，具有一定规模的单位均采用此种方式设置会计机构；第二，在有关机构中设置会计人员并指定会计主管人员，如一些小型企业可在办公室等机构中设置一名会计人员、一名会计主管，从事会计业务处理；第三，委托代理记账，对于更小的、不具备单独设置会计机构和会计人员的单位而言，可以委托经批准的代理记账机构进行代理记账。

万家食品有限公司独立设置了财务科作为会计机构，并配备 4 名会计人员从事会计工作。

(二)万家食品有限公司会计岗位设置

根据企业经济业务核算的需要，按照《会计法》《会计基础工作规范》等法规的要求，万家食品有限公司设置了会计主管、出纳等会计岗位，其岗位任务见表 2-1。

表 2-1 万家食品有限公司岗位划分与岗位任务一览表

序号	岗位	岗位任务
1	会计主管岗位	会计制度设计工作、会计监督与决策工作
2	出纳岗位	出纳业务办理
3	总账与报表岗位	总账业务办理、财务会计报告编制
4	往来核算岗位	往来业务办理
5	职工薪酬核算岗位	职工薪酬业务办理
6	存货核算岗位	材料业务、周转材料业务、库存商品业务办理
7	成本、费用核算岗位	生产成本核算、期间费用核算
8	固定资产、无形资产、投资性房地产核算岗位	固定资产、无形资产、投资性房地产业务办理

续表

序号	岗位	岗位任务
9	对外投资岗位	投资业务办理
10	资金核算岗位	筹资业务办理
11	销售核算岗位	销售业务办理
12	税费核算岗位	税费计算、申报与核算
13	财务成果核算岗位	经营成果形成及分配核算
14	其他业务核算岗位	其他业务办理
15	会计稽核岗位	财务稽核
16	档案管理岗位	档案整理与保管

老师的话

同学们，万家食品有限公司共划分了 16 个会计岗位，每个岗位都有明确的岗位任务，但是现在万家食品有限公司只配备了 4 名会计人员，那么这 4 名会计人员应如何进行岗位分工，承担上述 16 个岗位的工作任务呢？请大家在老师的带领下对万家食品有限公司的会计人员进行分工，分工时要注意以下几点：

会计机构设置

第一，在企业实务中，每个单位都会根据会计业务的多少及会计人员的配备情况，按照“一人一岗、一人多岗或多人一岗”的要求进行分岗，以确定每个会计人员应承担的岗位职责。对于会计人员较多的单位来说，可将业务繁多的岗位任务由多人一起承担，实行多人一岗；对于会计人员较少的单位来说，可在不违反内部控制原则的前提下，由一人承担多个岗位工作职责，实行一人多岗，如万家食品有限公司配备了 4 名会计人员承担 16 个会计岗位的任务。因此，其岗位分工将采用一人多岗的形式。

会计岗位与会计人员

第二，采用一人多岗的岗位划分形式应特别注意将不相容的职务相分离，如出纳人员不得兼任稽核、会计档案管理、收入支出明细核算、债权债务明细核算岗位工作，以避免舞弊行为的发生。

第三，岗位划分要结合企业的特点，如万家食品有限公司是一个制造企业，成本核算工作任务重，应由专门的会计人员进行该项工作，因此可将成本、费用岗位交由专门人员。

现在请各小组同学讨论，万家食品有限公司应如何进行岗位人员分工？并将讨论的结果与表 2-2 中万家食品有限公司的会计人员岗位分工情况进行对照比较，从而更好地理解会计任务、会计岗位、会计人员分工三者之间的关系。

（三）万家食品有限公司会计人员岗位分工

为了更好地开展会计工作，在坚持不相容职务相分离等内控原则的前提下，万家食品有限公司将 4 名会计人员进行了岗位任务分工，具体分工情况见表 2-2。

表 2-2 万家食品有限公司会计人员岗位分工表

人员名称	承担岗位分工
会计机构负责人	会计主管岗位，总账与报表岗位，会计稽核岗位，档案管理岗位
出纳	出纳岗位
综合会计	往来核算岗位，固定资产、无形资产、投资性房地产核算岗位，对外投资岗位，资金核算岗位，销售核算岗位，税费核算岗位，财务成果核算岗位，其他业务核算岗位
成本会计	存货核算岗位，职工薪酬核算岗位，成本、费用核算岗位

老师的话

同学们，万家食品有限公司对于 4 位会计人员的岗位划分与你们讨论的结果相同吗？总体而言，万家食品有限公司上述会计人员岗位划分情况遵循了内部控制的一般原则，符合制造业重点进行成本、费用、存货核算的一般要求，是一个相对理想的划分情况。我们在以后的实训中，将按照万家食品有限公司会计人员分工情况进行小组划分，每个小组 4 名成员，轮岗担任会计机构负责人、出纳、综合会计、成本会计 4 位会计人员，分岗位进行综合实训。

二、万家食品有限公司会计工作任务及其会计制度

老师的话

企业会计工作任务是由不同岗位人员分工完成的，为了帮助同学们顺利开展“分岗实训”，下面我们按照万家食品有限公司会计人员岗位分工结果分别了解会计机构负责人、出纳、综合会计、成本会计的会计工作任务及完成该项任务的相关会计制度。这既是对万家食品有限公司分岗位会计工作任务及会计制度的认知，也是今后分岗实训时划分岗位工作任务及制度规定的依据。

（一）会计机构负责人

［任务 1］会计制度设计工作

设计企业会计制度，包括设计企业会计组织机构、进行岗位划分及职责界定，设计会计科目、会计凭证、账簿格式及各项会计事务的办理流程。

［任务2］会计监督与决策工作

（1）进行会计监督：包括审批收支票据、审查经济合同、审查财务会计报告、审计会计工作质量等任务。

（2）参与经营决策：包括参与固定资产采购、改扩建等重大投资项目的论证、计划与实施；参与企业重要筹资项目的论证、计划与实施；参与企业利润分配方案的制订等重大事项的决策。

［任务3］会计部门工作计划与组织实施

制订会计机构工作计划，制订财务管理工作计划，按照工作计划和会计制度规定组织实施各项会计工作。

［任务4］总账业务办理

1. 建立总账账簿

根据总分类会计科目建立总账账簿，总账账簿采用订本式外表形式和三栏式账页格式。

视频：建立总分类账

（1）总分类会计科目表。万家食品有限公司总分类会计科目表见表2-3。

表2-3　万家食品有限公司总分类会计科目表

一、资产类	其他债权投资减值准备
库存现金	长期股权投资
银行存款	长期股权投资减值准备
其他货币资金	投资性房地产
交易性金融资产	固定资产
应收票据	累计折旧
应收账款	固定资产减值准备
预付账款	在建工程
坏账准备	固定资产清理
其他应收款	无形资产
应收股利	累计摊销
应收利息	无形资产减值准备
材料采购	递延所得税资产
在途物资	待处理财产损溢
原材料	二、负债类
材料成本差异	短期借款
库存商品	应付票据
周转材料	应付账款
存货跌价准备	预收账款
债权投资	应付职工薪酬
债权投资减值准备	应交税费
其他债权投资	应付利息

续表

应付股利	五、损益类
其他应付款	主营业务收入
长期借款	其他业务收入
应付债券	公允价值变动损益
预计负债	投资收益
递延所得税负债	营业外收入
三、所有者权益类	主营业务成本
实收资本	其他业务成本
盈余公积	税金及附加
资本公积	销售费用
其他综合收益	管理费用
本年利润	财务费用
利润分配	资产减值损失
四、成本类	营业外支出
基本生产成本	所得税费用
制造费用	以前年度损益调整
辅助生产成本	资产处置收益

建立总分类账

（2）建立总账账簿工作步骤。手工建立总账工作步骤见图 2-1。

总账的外表形式

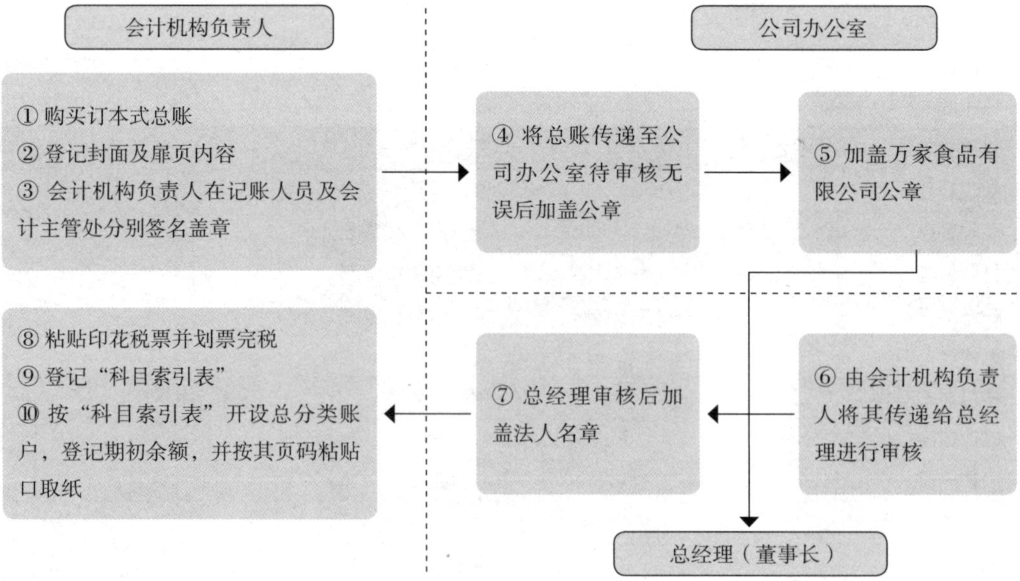

图 2-1　手工建立总账工作步骤

（3）建立总账工作的实训要求与考核标准见《会计综合实训学习指导手册》（以下简称《指导手册》）第二部分表1。

登记总分类账

2. 编制科目汇总表

每旬末，根据审核无误的会计凭证编制科目汇总表。

3. 记账、对账与结账

每旬末，根据编制的科目汇总表登记总账；月末，将总账与日记账、所属明细账进行核对，保证账账相符，并结出各总账账户的本期发生额与期末余额。

记账、结账的实训要求与考核标准见《指导手册》第二部分表3。

视频：结账

［任务5］**财务会计报告编制**

月末，在办理对账、结账的基础上，编制利润表和资产负债表后签名并盖章，年末编制现金流量表和所有者权益变动表后签名并盖章，所有财务会计报告均由单位负责人、总会计师审核签名并盖章，并加盖公章后方可对外报送。

财务会计报告编制、审核与报送的实训要求及考核标准见《指导手册》第二部分表4。

［任务6］**稽核**

进行财务稽核工作，主要复核会计凭证和账表内容是否真实、合法、有效，手续是否完备，金额是否正确，会计科目是否正确等。

［任务7］**档案管理**

按照《会计档案管理办法》要求，按月收集整理当月的会计资料，并分类进行保管和装订。年末，对所保管资料进行归档管理。会计部门按规定对会计档案进行保管，保管期满后会计部门自行保管档案的，需编制“档案保管清册”“档案使用登记簿”“档案销毁清册”，负责档案的使用、保管、销毁工作。需移交给专门档案管理部门进行保管的，应编制“档案移交清册”，办理移交工作。

会计档案管理办法解读

（二）出纳

［任务1］**建立现金、银行存款日记账**

建立现金、银行存款日记账。银行存款日记账的建立应根据企业所开立的银行账户进行开设，每一个银行结算账户开设一本银行存款日记账。日记账账簿采用订本式外表形式和三栏式账页格式。手工建立现金、银行存款日记账的步骤如图2-2所示。建立现金、银行存款日记账的实训要求与考核标准见《指导手册》第二部分表1。

［任务2］**办理现金、银行存款收款、付款业务**

（1）业务部门填制或取得现金、银行存款收付款业务的原始凭证，经审核后送交会计部门综合会计或成本会计进行审核。

（2）综合会计或成本会计编制收款凭证、付款凭证，经审核人员审核后交出纳人员。

（3）出纳人员应审核该业务的原始凭证及记账凭证，特别要审核现金的收入或支

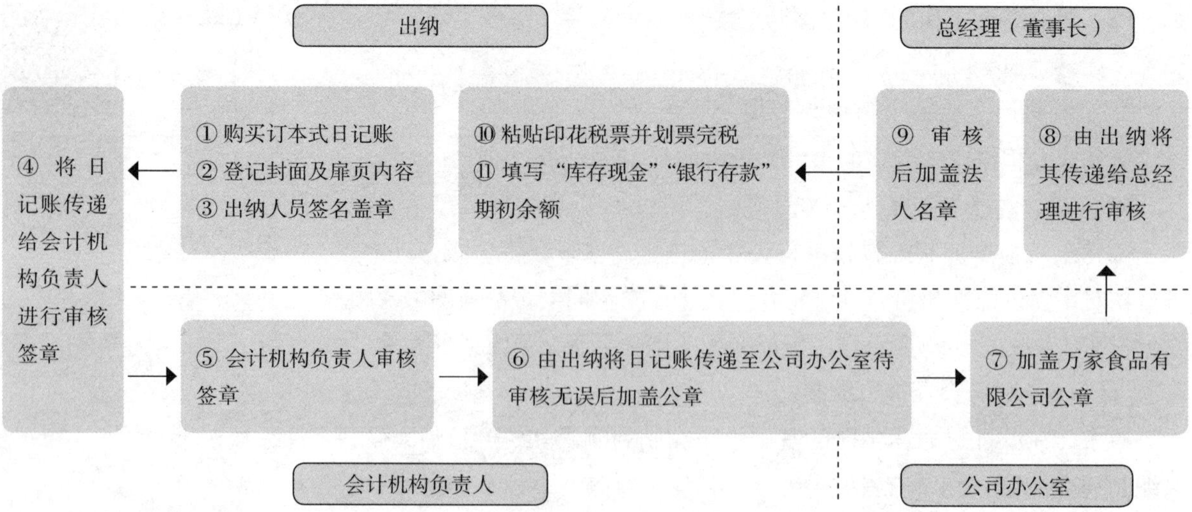

图 2-2　手工建立现金、银行存款日记账工作步骤

建立银行存款日记账

出，是否符合《现金管理暂行条例》的规定，符合其规定的可通过现金进行结算，不符合规定的收支业务，应采用银行存款结算方式。除合同另有规定外，与本市单位结算采用支票或网上银行结算方式，与外地单位结算采用网上银行、汇兑、银行汇票、商业汇票、委托收款、托收承付等结算方式。

（4）出纳人员办理收付款业务后，应在收付款的原始单据上加盖“收讫”“付讫”章，以免重复收付。

（5）出纳人员在收付款记账凭证上，加盖出纳人员的名章。

银行预留印鉴卡片

［任务 3］保管库存现金、有价证券及相关印鉴

出纳人员应保管企业的库存现金、有价证券。万家食品有限公司开户银行核定的库存现金限额为 3 000 元，超过库存限额的现金应及时送存银行。

出纳人员可有限制地保管银行预留印鉴。万家食品有限公司为防止出现管理控制的漏洞，财务专用章及法人代表印鉴分别由会计机构负责人和办公室人员保管，出纳人员未保管任何印鉴。

［任务 4］登记现金、银行存款日记账并结账

视频：登记日记账

进行现金、银行存款日记账的登记。每日出纳人员应根据审核无误的现金及银行存款收、付款凭证逐日逐笔登记“现金日记账”“银行存款日记账”，并结出每日余额。

［任务 5］配合进行现金、银行存款清查

参与现金、银行存款对账工作。每日终了，出纳人员在指定清查人员监督下，根据登记的“现金日记账”结余数与实际库存数进行核对，做到账实相符。每月终了，应与指定的清查人员一起进行银行存款对账工作，将“银行存款日记账”与“银行对账单”逐笔核对，银行存款日记账余额与银行对账单余额之间如有差额，必须逐笔查明未达账项，并编制“银行存款余额调节表”，以查明两者余额不符的原因，及时更正错账。月份终了，“现金日记账”“银行存款日记账”的余额必须与“现金总账”“银行存款总账”余额核对相符。

老师的话

出纳是会计部门重要的岗位，承担着企业现金、银行存款收付、保管的重任。因此，在企业管理中，必须对出纳岗位实施不相容职务相分离的内控制度，出纳人员不得兼任与现金、银行存款收付相关的任何工作。《会计法》明确规定其不得兼任收入费用、债权债务账目登记工作、会计稽核、会计档案管理工作。除此之外，在上述工作任务中，我们必须注意这样几个细节：第一，出纳人员办理收付款业务时，应依据会计人员编制的收款、付款记账凭证办理，不允许出纳人员自行开票办理收付款业务；第二，出纳人员虽然负责办理银行结算业务，但是为了防止失控，不允许出纳人员保管所有银行预留印鉴，万家食品有限公司的出纳不保管任何印鉴，这样就可以降低出纳人员职务犯罪的概率；第三，出纳人员必须与指定的其他人员一起进行现金清查和银行对账，不得自行一人完成。这一点看似简单，但在不少企业的实务中，现金清查和银行对账都是由出纳人员自行完成的。这样的做法就相当于“自己查自己”，根本无法及时查知出纳人员的贪污挪用行为。因此，单位在确定出纳岗位任务时，应明确现金清查人员和银行对账人员，在制度上预防上述违法事件的发生。

（三）综合会计

老师的话

万家食品有限公司只有 4 名会计人员，除了会计机构负责人和出纳以外，还有两名会计人员需承担会计的制证、审核、登记明细账等工作。为了突出成本核算和管理，万家食品有限公司按业务范围对两名会计人员进行了分工，成本会计主要对存货、费用成本、职工薪酬进行核算，其余的业务均由综合会计完成。

综合会计需要办理除成本核算之外的所有会计业务的审核、制证、登记明细账、结账、对账工作。其中，对每一项业务的原始单据进行审核并编制记账凭证的工作是其工作的重点，这需要按照单位会计制度的规定对会计业务进行确认、计量和记录。下面我们按综合会计的岗位分工，介绍其岗位任务和办理各类会计业务应遵循的会计制度。

［任务 1］建立明细账簿

1. 建立明细账簿的范围

视频：建立明细账

综合会计应建立下列总分类科目所属明细账簿：其他货币资金、交易性金融资产、应收票据、应收账款、预付账款、坏账准备、其他应收款、应收股利、应收利息、债权投资、债权投资减值准备、其他债权投资、其他债权投资减值准备、长期股权投资、长期股权投资减值准备、投资性房地产、固定资产、固定资产减值准备、在建工程、

票证账表：活页式账图片

固定资产清理、无形资产、无形资产减值准备、待处理财产损溢、短期借款、应付票据、应付账款、预收账款、应交税费、应付利息、应付股利、其他应付款、长期借款、应付债券、预计负债、实收资本、资本公积、其他综合收益、盈余公积、利润分配、主营业务收入、其他业务收入、公允价值变动损益、投资收益、营业外收入、税金及附加、资产减值损失、营业外支出、递延所得税资产、递延所得税负债、所得税费用、资产处置收益。

上述总账账户应按核算内容和管理要求设置明细账户，具体设置的方法和要求见下述各项不同业务办理制度的描述，万家食品有限公司明细科目表见实训三相关资料。

2. 明细账账页格式的选择（见表2-4）

表2-4 综合会计明细账账页格式

总账科目	二级明细账账页格式	三级明细账账页格式
其他货币资金、交易性金融资产、应收票据、应收账款、预付账款、坏账准备、其他应收款、应收股利、应收利息	三栏式明细账页	
债权投资、债权投资减值准备、其他债权投资、其他债权投资减值准备、长期股权投资、长期股权投资减值准备、投资性房地产	三栏式明细账页	
固定资产	三栏式明细账页	卡片式账页
固定资产减值准备、在建工程、固定资产清理、无形资产、无形资产减值准备、递延所得税资产、待处理财产损溢	三栏式明细账页	
应交税费	三栏式明细账页	增值税采用税务部门专制多栏式明细账页
短期借款、应付票据、应付账款、预收账款、应付利息、应付股利、其他应付款、长期借款、长期应付款、预计负债、实收资本、盈余公积、本年利润、利润分配、应付债券、资本公积、其他综合收益	三栏式明细账页	
主营业务收入、其他业务收入、公允价值变动损益、投资收益、营业外收入、税金及附加、资产减值损失、营业外支出、所得税费用、资产处置收益	多栏式明细账页	

账页格式

老师的话

上述明细账所核算的内容和管理需求各不相同，因此需要会计人员提供的信息也各不相同。在实务中，对于不同的明细账核算内容采用不同格式的账页。因此作为一名会计人员，必须明确明细账的账页格式及其适用的范围。

3. 建立明细账的工作步骤

综合会计建立明细账的工作步骤如图2-3所示。建立明细账工作的实训要求及考核标准见《指导手册》第二部分表1。

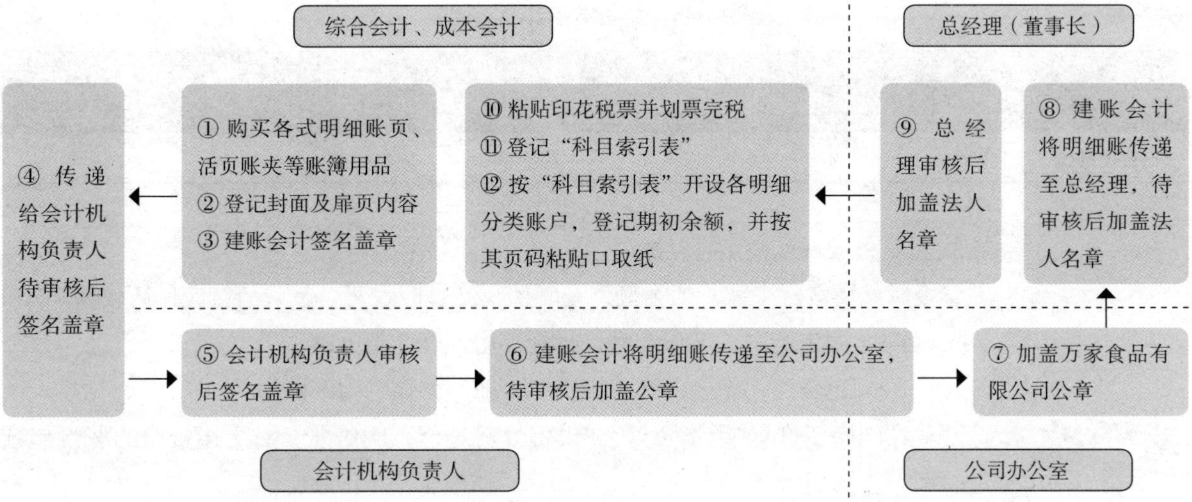

图 2-3　手工建立明细账工作步骤

［任务 2］往来业务办理

1. 进行往来业务核算

按往来单位名称开设往来明细账，审核收据、银行结算单据等原始凭证并据以编制往来业务记账凭证，经审核无误后据以登记往来账户明细账。

2. 进行坏账准备核算

（1）"坏账准备"账户的设置。开设"信用减值损失——坏账准备""坏账准备"账户，核算应收款项减值损失和坏账准备的计提情况。"坏账准备"账户应按"应收账款""应收票据""其他应收款""应收股利""应收利息""预付账款"等应收款项的分类设置明细账户进行明细核算。月末按下述方法进行应收款项减值的测试及减值准备的计提。

（2）坏账准备计提的制度要求。应收款项减值损失采用备抵法核算。企业于年末估计应收款项减值损失，其具体方法如下：

对于应收款项金额占所有应收款项金额 15% 及以上的，视为单项金额重大的应收款项，应当在年末单独进行减值测试，并以同期银行贷款利率为折现率计算其未来现金流量现值。未来现金流量现值低于原账面价值的，按其差额计提坏账准备，并记入"资产减值损失"账户；未来现金流量现值不低于原账面价值的，应将其与单项金额非重大的应收款项一起按账龄划分为若干组合，再按不同账龄的坏账计提比例计提减值准备。

对于应收款项金额占所有应收款项金额 15% 以下的，视为单项金额非重大的应收款项，应采用账龄分析法，将其按账龄划分为若干组合，再按不同账龄的坏账计提比例计提减值准备。某公司 2019 年应收款项各账龄区间计提坏账准备的比例如表 2-5 所示。

表 2-5　　账龄分析法坏账准备计提比例表

账龄	未到期	逾期 1~30 天	逾期 31~60 天	逾期 61~90 天	逾期 91~120 天	逾期 121~180 天	逾期 180 天以上
计提坏账比例	0.5%	5%	6%	8%	10%	12%	15%

3. 及时催收或结清各项往来

要及时结清各往来账户的余额，及时催收结算应收暂付款，清偿应付暂收款。

［任务 3］固定资产、无形资产、投资性房地产业务办理

1. 开设固定资产、无形资产、投资性房地产核算的明细账户

开设“固定资产”“无形资产”“投资性房地产”明细账，对上述资产的取得与减少进行明细核算。

“固定资产”账户按照“房屋建筑物”“机器设备”“运输设备”“管理设备”开设二级明细账户进行二级明细核算，按照固定资产的名称开设固定资产三级明细账户（固定资产卡片）进行三级明细核算；

无形资产按照各项无形资产的名称开设明细账户进行明细核算；

投资性房地产按照房地产名称开设二级明细账户进行明细核算。

2. 固定资产、无形资产、投资性房地产取得与减少的核算

票证账表： 固定资产卡片式账图片

审核固定资产、无形资产、投资性房地产取得与减少的原始凭证并据以编制记账凭证，根据审核无误的记账凭证登记上述明细账。

特别提示：对于购入固定资产所发生的增值税，根据最新相关政策进行相关核算。

3. 计提累计折旧和累计摊销

开设“累计折旧”“累计摊销”账户，按月计算固定资产折旧额和无形资产摊销额，填制计提折旧与摊销的原始凭证，编制相关的记账凭证。

累计折旧账户不设置明细账户。万家食品有限公司的固定资产折旧采用“年限平均法”（即直线法）并采用分类折旧的办法按月计提，房屋建筑物年折旧率为 4.8%（净残值率 4%，使用年限 20 年），车间设备年折旧率为 6%（净残值率 10%，使用年限 15 年），运输设备年折旧率为 12%（净残值率 4%，使用年限 8 年），管理设备年折旧率为 19.2%（净残值率 4%，使用年限 5 年）。其中，企业车间设备折旧年限设为 15 年，税法规定最低不得低于 10 年，故按税法规定的车间设备的折旧率为 9%（假设车间设备的净残值率为 10%），假设房屋建筑物、运输设备、管理设备的计税基础与账面价值相等。该企业的无形资产的使用寿命均可以可靠地确定，采用年限平均法按年摊销，净残值为零。该企业投资性房地产采用公允价值计量，不需进行折旧与摊销的核算。

4. 固定资产、无形资产在建成本核算

开设“在建工程”明细账，并按工程名称开设明细账户对在建固定资产进行核算。

开设“研发支出”明细账，并按研发项目开设二级明细账户，按“费用化支出”“资本化支出”开设三级明细账户对研发的无形资产进行核算。

5. 固定资产清理核算

开设“固定资产清理”明细账，按清理资产名称开设明细账户，对处置固定资产过程中发生的损益进行核算。

6. 固定资产、无形资产、在建工程减值测试与资产减值核算

年末，对固定资产、无形资产、在建工程进行减值测试，对于发生减值的固定资产、无形资产、在建工程通过“资产减值损失——固定资产（或无形资产、在建工程）”“固定资产减值准备”“无形资产减值准备”“在建工程减值准备”账户进行减值准备的计提和减值损失的核算。投资性房地产年末采用公允价值进行计量，对账面价值与公允价值之间的差额开设“公允价值变动损益”账户进行核算。

［任务 4］**销售业务办理**

1. 销售与退货处理的相关要求

销售单价为不含税价格。如果购买方为一般纳税人，开具增值税专用发票；如果购买方不能抵扣进项税额，开具增值税普通发票。

接受退货时，要做到手续完备，如果销售已入账，需按税务机关要求办理退货手续。

2. 销售收入核算

开设“主营业务收入”明细账，以“豆沙包”“奶黄包”“火腿三明治”“牛肉汉堡”作为明细科目进行明细核算。审核销售发票、出库单、银行存款结算收款通知等原始凭证并据以编制记账凭证，根据审核无误的记账凭证登记明细账。

3. 销售成本核算

销售成本采用全月一次加权平均法进行计算，月末根据“产成品出库单”汇总计算结转。为此，开设“主营业务成本”明细账，以“豆沙包”“奶黄包”“火腿三明治”“牛肉汉堡”作为明细科日进行明细核算。审核产成品出库单、产品成本计算单、销售成本计算单等原始凭证并据以编制记账凭证，根据审核无误的记账凭证登记明细账。

［任务 5］**税费计算、核算与申报**

1. 税费计算

企业为一般纳税人，增值税税率为 13%。

其他税费应按如下规定计算：城市维护建设税（简称城建税）、教育费附加、地方教育费附加分别按照本月实交流转税总额的 7%、3%、2% 计算缴纳；所得税税率为 25%；残疾人保障金按下述公式进行计算：（上年度在岗职工总人数 ×1.5% − 上年度在岗残疾人职工人数）× 当地统计部门公布的上年度本地区职工年平均工资数，若本企业在岗残疾人职工人数已超过上年度在岗职工总人数的 1.5%，则不交纳残疾人保障金。（假设本企业不缴纳残疾人保障基金。）

2. 税费核算

开设“应交税费”明细账，除印花税、契税、耕地占用税等税费外，其他税费按其名称开设“应交税费”明细账进行明细核算。增值税会计核算按“应交增值税”“未交增值税”“待认证进项税额”“待转销销项税额”“预交增值税”“转让金融商品应交增值税”“代扣代交增值税”“简易计税”开设二级明细账户，其中，“应交增值税”采用税务局统一印制的多栏式“增值税明细账”分九个栏目进行增值税明细核算。

审核税费计算表、税费纳税申报和税金缴款单等原始凭证并据以编制记账凭证，根据审核无误的记账凭证登记“应交税费”所属明细账。

开设“税金及附加”明细账，按“城市维护建设税”“教育费附加”“地方教育费附加”等设置明细账户进行明细核算。

企业所得税采用资产负债表债务法进行核算。所得税适用税率为25%，假设这一税率适用于未来可预见的期间。开设“所得税费用”“递延所得税资产”“递延所得税负债”账户对企业当年发生的所得税费用进行核算。“所得税费用”可按“当期所得税费用”和“递延所得税费用”开设二级明细账户进行明细核算。“递延所得税资产”“递延所得税负债”账户按其内容开设二级明细账户进行明细核算。

3. 税费申报

增值税、城建税、教育费附加、地方教育费附加等税费于月末计算，次月10日内缴纳。所得税按年计算，分月预交，年终汇算清缴，多退少补。

［任务6］投资业务办理

1. 参与投资决策

进行投资预测、分析，提供投资预测分析报告，参与投资决策。

2. 投资取得、持有、处置核算

开设“交易性金融资产”“债权投资”“其他债权投资”“其他权益工具投资”“长期股权投资”总账所属明细账户，审核投资合同、银行付款通知、实物移交证明等原始凭证并据以编制记账凭证，根据审核无误的记账凭证登记上述明细账。

开设与上述投资业务核算相关的“投资收益”“应收股利”“应收利息”“其他综合收益”“公允价值变动损益”等总账所属明细账户，审核相关原始凭证并编制记账凭证，根据审核无误的记账凭证登记上述明细账。

3. 投资减值测试与资产减值核算

年末，对“债权投资”“其他债权投资”“长期股权投资”进行减值测试，对于发生减值的投资项目通过“资产减值损失——债权投资（或其他债权投资、长期股权投资）”“债权投资减值准备”“其他债权投资减值准备”“长期股权投资减值准备”账户进行减值准备的计提和减值损失的核算。交易性金融资产年末采用公允价值进行计量，账面价值与公允价值之间的差额通过“公允价值变动损益”账户进行核算。

［任务7］筹资业务办理

1. 参与筹资决策

进行筹资预测、分析，提供筹资方案预测分析报告。

2. 筹资业务核算

开设“实收资本”“资本公积”“长期借款”“应付债券”“长期应付款”（实质为融资）、“短期借款”“长期借款”等总账账户所属明细账户，审核验资证明、借款合同、银行收款通知、实物验收单据等原始凭证并据以编制记账凭证，根据审核无误的记账凭证登记上述明细分类账。

［任务 8］其他业务及营业外收支业务办理

1. 其他业务办理

开设“其他业务收入”“其他业务成本”总账所属明细账户，按其经济业务内容开设明细账户进行明细核算。审核相关业务的原始凭证并编制记账凭证，根据审核无误的记账凭证登记上述明细账簿。

2. 营业外收支业务办理

开设“营业外收入”账户，并按其内容开设“处置非流动资产净收益”“接受捐赠收入”等明细账户进行明细核算；开设“营业外支出”账户，按其内容开设“处置非流动资产净损失”“捐赠支出”等明细账户进行明细核算。审核相关损益发生的原始凭证并据以编制记账凭证，根据审核无误的记账凭证登记相关损益类账户明细账。

除上述典型工作任务外，如有特殊业务发生，应开设相关内容的明细分类账户，审核有关原始凭证并据以编制记账凭证，根据审核无误的记账凭证登记相关明细账。

［任务 9］经营成果形成及分配核算

1. 经营成果核算

开设“本年利润”账户，月末进行损益结转业务的核算，计算本年利润。

2. 利润分配核算

开设“利润分配”账户，年末按照分配方案进行利润分配核算。“利润分配”按“未分配利润”“提取盈余公积”“应付利润”“盈余公积补亏”开设明细账户。

3. 利润分配政策

万家食品有限公司的利润分配于年终进行，按税后净利润的 10% 计提法定盈余公积，按税后净利润的 5% 计提任意盈余公积，按税后净利润的 30% 和出资比例向联营单位分配利润（12 月新增实收资本部分不在分配范围之列）。

（四）成本会计

［任务 1］建立明细账簿

1. 建立明细账簿的范围

视频：
建立明细账

成本会计应建立下列总分类科目所属明细账簿：材料采购、在途物资、原材料、包装物、低值易耗品、库存商品、存货跌价准备、应付职工薪酬、基本生产成本、辅助生产成本、制造费用、管理费用、财务费用、销售费用、主营业务成本、其他业务成本。

上述总账账户应按核算内容和管理要求设置明细账户，具体设置的方法和要求见下述各项不同业务办理制度的描述，万家食品有限公司明细科目表见实训四。

2. 明细账账页格式的选择（见表 2-6）

表 2-6 成本会计明细账账页格式

总账科目	二级明细账账页格式	三级明细账账页格式
材料采购、在途物资	横线登记明细账页	
原材料	三栏式明细账页	数量金额式明细账页
库存商品	数量金额式明细账页	
周转材料	三栏式明细账页	数量金额式明细账页
存货跌价准备、应付职工薪酬	三栏式明细账页	
基本生产成本	专项多栏式明细账页	
制造费用、辅助生产成本、主营业务成本、其他业务成本、销售费用、管理费用、财务费用	多栏式明细账页	

3. 建立明细账的工作步骤

成本会计建立明细账的工作步骤如图 2-3 所示。建立明细账工作的操作要求及考核标准见《指导手册》第二部分表 1。

［任务 2］**职工薪酬业务办理**

企业应付职工薪酬包括：短期薪酬、离职后福利、辞退福利和其他长期职工福利。其中，短期薪酬是指企业在职工提供相关服务的年度报告期间结束后十二个月内需要全部予以支付的职工薪酬，因解除与职工的劳动关系给予的补偿除外，具体包括：职工工资、奖金、津贴和补贴，职工福利费，医疗保险费、工伤保险费和生育保险费等社会保险费，住房公积金，工会经费和职工教育经费，短期带薪缺勤，短期利润分享计划，非货币性福利以及其他短期薪酬。养老保险作为离职后福利进行核算。

1. 职工薪酬的核算

按照“工资”“职工福利费”“社会保险”“住房公积金”“工会经费”“职工教育经费”和“非货币性福利”等明细科目开设“应付职工薪酬”明细账，审核工资分配表、各项职工薪酬计算分配表及发放、缴纳单据等原始凭证并据以编制职工薪酬业务的记账凭证，根据审核无误的记账凭证登记“应付职工薪酬”各明细账户。

2. 职工薪酬的计算

工资计算采用月薪制，月工资按 21.5 天计算，每月按照人力资源部门提供的出勤记录等原始资料计算应付工资与实发工资金额；企业承担的“五险一金”包括养老保险、医疗保险、失业保险、工伤保险和生育保险五种社会保险及住房公积金，均按照职工工资总额（假设本年月工资额与上年度月平均工资额相同）的一定比例计算确定，本公司缴纳养老保险比例为 20%，个人缴纳养老保险比例为 8%；单位缴纳医疗保险费比例为 6.5%，个人缴纳医疗保险费比例为 2%；单位缴纳失业保险费比例为 1.5%，个人缴纳失业保险费比例为 0.5%；工伤保险的比例为 1.2%（全部由单位缴纳）；生育保险费比例为 0.35%（全部由单位缴纳）；单位缴纳住房公积金比例为 10%，个人缴纳住房公积金比例为 6%。“五险一金”中个人缴纳的部分由企业代扣代交；职工教育经费按职工工资总额的 2.5% 计算确定；工会经费按职工工资总额的 2% 计算确定，并将应付工会经费的 40% 上缴到市总工会。福利费据实列支。

［任务 3］**材料业务办理**

万家食品有限公司的主要原材料为面粉、鸡蛋、植物油、白糖、食盐、猪肉、红小豆、牛肉等。材料业务办理主要包括：进行材料采购、入库、领用、差异的计算与分配等业务的核算；进行采购材料货款的结算；参与库存材料的清查与盘点；分析材料储备状况，参与材料消耗定额的制定；进行市场考察，参与材料计划成本的确定；年末进行材料减值测试，计提材料减值准备。

1. 材料核算总账及明细账户设置

计划成本法

本企业原材料核算采用计划成本法，材料成本差异月末一次结转。材料核算需要设置“材料采购”“原材料”“材料成本差异”总账及明细账。“材料采购”账户按材料的品名规格设置明细账进行明细核算，“原材料”账户按“原料及主要材料”“辅助材料”“备品备件”“燃料”设二级明细账户，并按品名规格设置三级明细分类账进行明细核算，“材料成本差异”账户只设置总账，不设置明细账。

2. 材料取得业务办理

企业采购材料，必须按照企业材料采购管理办法进行采购审批，经审批后的材料采购业务，财务科方予以付款、验收等。

企业取得材料业务，应根据审核无误的发票、运费单据及其他采购费用单据，按照采购材料的实际成本编制记账凭证，并据以登记“材料采购”“应交税费”等账户的总账及所属明细账，支付款项的，登记现金、银行存款日记账；验收入库时，仓库部门应填制“材料入库单”并传给财务部门，为简化核算，采用汇总方式于月末一次进行材料入库业务的核算，即平时入库时不编制“借记原材料、贷记材料采购”的记账凭证，仅根据“材料入库单”登记“原材料”明细账数量栏，月末，根据“材料入库单”编制“收料凭证汇总表”，并按入库材料计划成本编制材料验收入库的记账凭证，同时结转材料实际成本与计划成本之间的差异；采购材料如已验收入库但至月末尚未收到采购发票及其他单据的，以计划成本为暂估价进行暂估入账，登记“原材料”“应付账款”总账及明细账；下月月初，编制相同金额的红字记账凭证并入账后冲销上述记录，待收到相关原始单据时再进行相关核算。企业通过采购以外的其他途径取得原材料的，按《企业会计准则》规定比照上述要求进行会计核算。

3. 材料发出业务办理

发出材料时，为简化核算，不编制发出材料的记账凭证，仅根据仓库传来的“材

发料凭证汇总表

料领用单”登记“原材料”三级明细账数量栏。月末，根据“材料领用单”填制“发出材料汇总表”，并据以汇总编制发出材料及其材料成本差异结转的记账凭证，登记“原材料”“材料成本差异”和相关成本费用账户的总账及明细分类账。

4. 存货期末计量

年末，对材料进行减值测试，对于发生减值的材料开设“资产减值损失——存货”“存货跌价准备”账户进行减值准备的计提和减值损失的核算。

［任务 4］周转材料业务办理

万家食品有限公司的周转材料包括包装物及低值易耗品。周转材料业务办理主要包括：进行周转材料采购、入库、领用、摊销的计算与分配等业务的核算；参与周转材料的清查与盘点，分析周转材料储备状况。

1. 周转材料计价方法

本企业周转材料核算采用实际成本法，发出周转材料采用全月一次加权平均法计价，并采用一次摊销法进行摊销。

2. 周转材料账户设置

周转材料按包装物、低值易耗品设置二级明细账户，再根据包装物及低值易耗品的品名规格设置周转材料三级明细分类账进行明细分类核算。

3. 周转材料取得核算

企业取得周转材料并验收入库的，审核发票、周转材料入库单等原始凭证，审核无误后根据其编制记账凭证，并登记“周转材料”“应交税费”等账户的总账及所属明细分类账，支付款项的，登记现金、银行存款日记账；企业取得周转材料未验收入库的，审核发票等原始凭证，审核无误后根据其编制记账凭证，并登记“在途物资”“应交税费”等账户的总账及所属明细分类账；企业采购周转材料已验收入库但至月末尚未收到相关原始单据的，应先以暂估价编制记账凭证，并登记“周转材料”“应付账款”总账及所属明细分类账；下月月初，编制相同金额的红字记账凭证并入账后冲销上述记录，待收到相关原始单据时再进行相关核算。企业通过采购以外的其他途径取得周转材料的，按《企业会计准则》规定比照上述要求进行会计核算。

4. 周转材料发出核算

发出周转材料时，不编制发出周转材料的记账凭证，仅根据仓库传来的“周转材料领用单”登记“周转材料”三级明细账数量栏。月末，根据“周转材料领用单”填制“发出材料汇总表”，并据以汇总编制发出周转材料的记账凭证，登记“周转材料”和相关成本费用账户的总账及明细分类账。

5. 周转材料备查登记

设置“周转材料备查账簿”，对出租、出借包装物及尚未报废的周转材料进行备查登记。

6. 周转材料期末计价

年末，对周转材料进行减值测试，对于发生减值的周转材料通过“资产减值损失——存货”“存货跌价准备”账户进行减值准备的计提和减值损失的核算。

［任务5］生产成本核算

万家食品有限公司的产品主要有：豆沙包、奶黄包、火腿三明治和牛肉汉堡。其生产过程见图1-2。

生产成本核算任务主要包括：设置“基本生产成本”“辅助生产成本”及“制造费用”明细账；填制有关成本计算的原始凭证单据；审核成本计算、成本费用分配等原始凭证并据以编制记账凭证；根据审核无误的记账凭证登记上述明细账，进行有关生产成本的归集、计算和分配，计算产品成本；协助清查盘点库存商品等。

1. 设置成本核算账户

开设“基本生产成本”一级账户进行产品成本的总分类核算，并按具体产品名称开设“豆沙包”“奶黄包”“火腿三明治”和“牛肉汉堡”四个明细账户，按照“直接材料”“直接人工”“制造费用”三个成本项目对产品成本进行明细核算。

2. 万家食品有限公司生产成本核算的特点

由于该企业馅料生产只供本企业生产产品使用，所以豆沙馅、奶黄馅、火腿、烤牛肉四种馅料生产成本直接计入四种产品的成本中，因此四种产品的三个成本项目均由两部分组成，如豆沙包的直接材料由投入中点车间的材料费加上投入馅料车间生产豆沙馅的材料费组成，直接人工费用由中点车间分配至豆沙包的直接人工费用加上馅料车间分配至豆沙馅的直接人工费用组成，制造费用由中点车间分配至豆沙包的制造费用加上馅料车间分配至豆沙馅的制造费用组成。

3. 材料费用的分配

产品生产过程中中点车间和西点车间对其所生产产品共同耗用的材料费用以产品产量作为分配标准进行分配；馅料车间对其所生产产品共同耗用的材料费用采用单位消耗定额法进行分配。各种材料在四种产品中的单位消耗定额如表1-1所示。

4. 人工费用的分配

各车间人工费用按实际工时进行分配。月末，按品种法计算并结转各产品成本。在核算过程中，所有分配率保留四位小数，分配金额保留至分位，尾数由最后一项调整。

5. 制造费用的归集与分配

开设“制造费用”一级账户，其下设“中点车间”“西点车间”“馅料车间”三个明细账户，按照“材料费”“人工费”“折旧费”“水电费”“其他”等栏目进行明细核算，基本生产车间发生的各种间接费用，按生产工时在各产品之间进行分配。

6. 辅助生产成本核算

开设“辅助生产成本”账户对该厂辅助车间发生的费用进行集中核算，按车间名称设“机修车间”明细账，按照“材料费”“人工费”“折旧费”“水电费”“其他”等栏目进行明细核算。辅助生产车间不单独核算发生的制造费用。月末，计算发生的辅助生产费用，并根据原始记录等有关资料，按劳务工时在各生产车间及管理部门之间进行分配。（机修车间所发生的生产车间修理费用均满足资本化条件。）

7. 成本计算方法

公司采用品种法计算产品成本，成本项目为直接材料、直接人工和制造费用。

本月发生的共同材料费以本期产品投入产量为标准进行分配；本月发生的人工费用和制造费用按实际生产工时在各种产品之间进行分配。

月末在产品采用约当产量法进行计算。万家食品有限公司采用传统发酵办法，因此，和面发酵工序的原材料为生产开始时一次投入；同时，馅料车间按照中、西点车间和面发酵产量与所配馅料的定额比例一次投入原材料生产四种产品各自的馅料，因此，该企业在第一道工序开始时一次投入所有材料；月末在产品约当产量的计算，材料按生产开始时一次投料计算，加工成本则按完工程度计算。该企业生产产品的工序及各工序的工时定额如表 2-7 所示。

表 2-7　　工时定额资料　　计量单位：分钟

工序	和面发酵及馅料生产	成型（包馅）	焙（蒸）	冷却装箱	合计
工时定额	240	10	15	35	300

［任务 6］**库存商品核算**

万家食品有限公司的库存商品包括豆沙包、奶黄包、火腿三明治和牛肉汉堡四种商品。库存商品核算任务主要包括：进行库存商品入库、出库业务的核算；参与库存商品的清查与盘点；分析库存商品储备状况。本企业库存商品采用实际成本法核算，发出库存商品采用全月一次加权平均法计价。

1. 库存商品账户设置

开设“库存商品”总账，并按四种产品名称开设明细分类账进行明细核算。

2. 库存商品入、出库的核算

平时根据仓库传至的“产成品入库单”“产成品出库单”登记“库存商品”明细账数量栏，不编制记账凭证；月末，计算出单位产品成本后，汇总进行入库产成品成本的结转和销售商品成本的结转。

3. 库存商品期末计量

年末，对库存商品进行减值测试，对于发生减值的库存商品通过“资产减值损失——存货”“存货跌价准备”账户进行减值准备的计提和减值损失的核算。

［任务 7］**期间费用核算**

期间费用包括管理费用、财务费用和销售费用。

1. 期间费用账户设置

开设“管理费用”“财务费用”“销售费用”“应付利息”等账户，并按表 2-8 进行各费用账户明细核算。

表 2-8　期间费用明细栏目设置表

总分类会计科目	明细栏目
管理费用	材料费、职工薪酬、折旧费、水电费、业务招待费、差旅费、办公费、修理费、采暖费、无形资产摊销费、低值易耗品摊销费、咨询费、其他
财务费用	利息支出、现金折扣、手续费、利息收入、其他
销售费用	广告宣传费、运输费、装卸费、保险费、包装费、售后服务费、其他

2. 期间费用的核算

审核发票、银行结算付款通知等原始凭证，按照财务规定办理期间费用报销业务，并根据审核无误的原始凭证编制记账凭证，根据记账凭证登记上述明细账。

3. 借款费用核算要求

按照《企业会计准则第 17 号——借款费用》要求，年末（短期借款为季末）根据借款合同计算本期应付利息总额和借款费用资本化金额，并记入“财务费用”或“在建工程（或研发支出）”账户。对长期借款、发行债券、分期收款方式销售产品，分期付款方式采购固定资产等业务，要审慎计算实际利率、利息费用。

三、万家食品有限公司会计基本业务办理流程

（一）万家食品有限公司账务处理程序

万家食品有限公司采用集中核算制，并采用科目汇总表会计核算程序组织会计核算（见图 2-4）。

视频：
教学录像

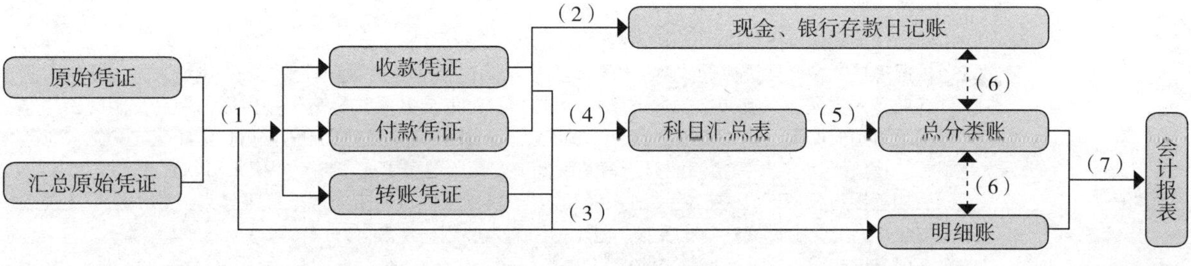

图 2-4　账务处理程序

（1）由综合会计、成本会计按照岗位分工根据原始凭证或汇总原始凭证编制记账凭证；

（2）由出纳人员根据审核无误的收、付款凭证逐笔登记现金和银行存款日记账；

（3）由综合会计、成本会计根据审核无误的记账凭证（有时需结合原始凭证和汇总原始凭证）逐笔登记各种明细分类账；

（4）由总账报表会计（会计机构负责人）根据记账凭证每 10 日编制一张科目汇总表，全月共编制 3 张科目汇总表；

科目汇总表账务处理程序（1）

科目汇总表账务处理程序（2）

（5）由总账报表会计（会计机构负责人）每旬旬末根据科目汇总表登记总分类账；

（6）月末，总账报表会计（会计机构负责人）、综合会计、成本会计、出纳将其所负责的总分类账与现金、银行存款日记账及所属明细分类账进行核对；

（7）总账报表会计（会计机构负责人）根据核对后的总分类账和明细账编制会计报表。

（二）万家食品有限公司收付款业务分岗办理流程

1. 收付款业务办理岗位职责（见表 2–9）

表 2–9　　收付款业务办理岗位职责

岗位	岗位职责
会计机构负责人	（1）负责对收款、付款业务原始单据的真实性、合法性、正确性、完整性进行审核，应注意审核业务授权审批人员的签名或盖章是否真实合法。 （2）保管已记明细账和日记账的会计凭证，以备编制科目汇总表
成本会计	办理成本费用业务的相关手续，包括存货的取得与发出、职工薪酬、生产成本及期间费用的业务。其主要工作任务为： （1）审核成本费用及存货业务单据，并在原始单据上加盖审核专用章。 （2）根据业务审批人员、会计机构负责人审核的原始凭证编制记账凭证，并交会计机构负责人审核。 （3）根据会计机构负责人及出纳人员再次审核后的记账凭证登记其负责的明细账。 （4）将已记账的会计凭证整理后交由会计机构负责人保管
综合会计	办理除成本费用业务以外的其他业务的相关手续，如往来业务、固定资产业务、无形资产业务、投资业务、筹资业务等。其主要工作任务为： （1）审核相关业务单据，并在原始单据上加盖审核专用章。 （2）根据业务审批人员、会计机构负责人审核的原始凭证编制记账凭证，并交会计机构负责人审核。 （3）根据会计机构负责人及出纳人员再次审核后的记账凭证登记其负责的明细账。 （4）将已记账的会计凭证整理后交由会计机构负责人保管
出纳	（1）对会计、会计机构负责人已审核的记账凭证再次进行审核。 （2）根据审核的会计凭证办理收款、付款业务。如为付款业务，需开具支票的，出纳人员应要求申请付款的业务人员登记“支票申领登记簿”，审核其登记的支票号码及其他项目后，填制支票交由“财务专用章”授权保管人员（如综合会计或成本会计）进行审核签字后加盖银行预留印鉴之一的“财务专用章”，其后出纳人员需持该业务所有的审批单据请单位负责人（或其授权人员如会计机构负责人）审核后加盖银行预留印鉴之二的“法人名章”。开具支票后，将支票存根撕下作为付款依据，支票正本可由业务人员交由收款方办理转账，也可由出纳人员倒送至银行办理转账。 （3）在已审核的原始凭证上加盖“收讫”“付讫”章。 （4）在记账凭证上加盖名章。 （5）登记现金、银行存款日记账。 （6）将会计凭证交由综合会计（非成本业务）或成本会计登记明细账

视频：费用报销业务办理教学录像及虚拟互动动画

2. 收付款业务办理操作步骤（见图 2–5）

3. 说明

（1）公司银行预留印鉴为“财务专用章”和“法人名章”，按照内部会计控制要求，应分别由不同的人员保管，不允许由出纳人员（或其他人员）统一保管。

（2）公司空白票据，可由专门会计人员或出纳人员保管，但不允许由一人同时保管印鉴及空白票据。

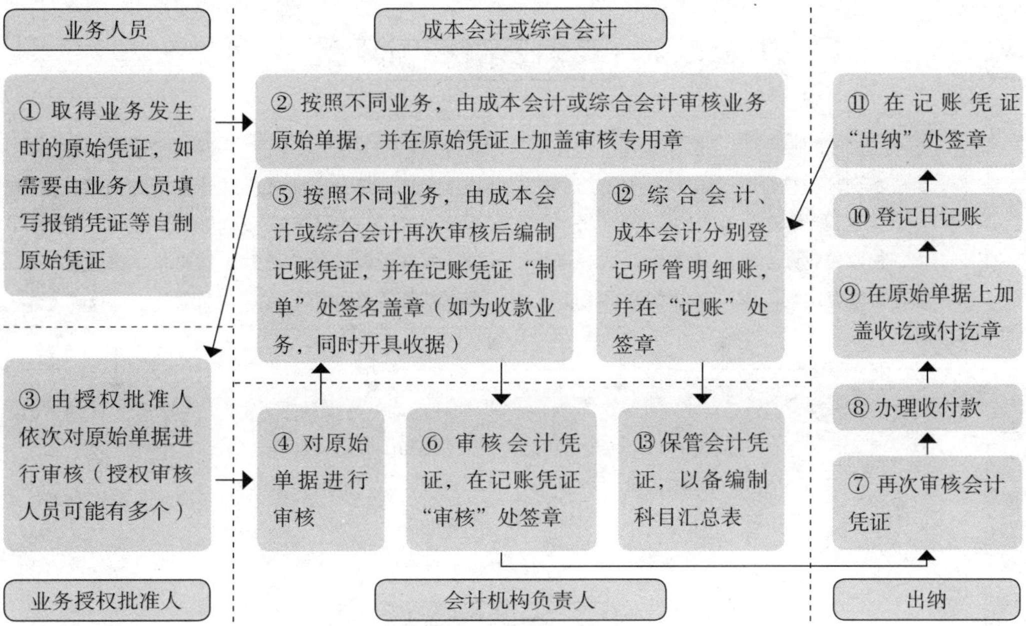

收付款业务办理流程

图 2-5　收付款业务办理操作步骤

（三）转账业务办理流程

1. 转账业务办理岗位职责（见表 2-10）

表 2-10　　转账业务办理岗位职责

岗位	岗位职责
会计机构负责人	（1）负责对转账业务原始单据的真实性、合法性、正确性、完整性进行审核，应注意审核业务授权审批人员的签名或盖章是否真实合法； （2）保管已记明细账的会计凭证，以备编制科目汇总表
成本会计	办理成本费用业务的相关手续，包括存货的取得与发出、职工薪酬、生产成本及期间费用的转账业务。其主要工作任务为： （1）审核成本费用及存货业务单据，并在原始单据上加盖审核专用章； （2）汇总编制或填制应由成本会计负责的自制原始凭证，如发出材料汇总表、成本计算单等； （3）将上述自制原始凭证交由会计机构负责人审核； （4）根据审核无误的原始凭证编制记账凭证； （5）将编制的记账凭证交由会计机构负责人审核； （6）根据会计机构负责人审核后的记账凭证登记其负责的明细账； （7）将已记账的会计凭证整理后交由会计机构负责人保管
综合会计	办理除成本费用业务以外的其他业务的相关手续，如往来业务、固定资产业务、无形资产业务、投资业务、筹资业务等。其主要工作任务为： （1）审核所负责的业务单据，并在原始单据上加盖审核专用章； （2）汇总编制或填制应由综合会计负责的自制原始凭证； （3）将上述自制原始凭证交由会计机构负责人审核； （4）根据审核无误的原始凭证编制记账凭证； （5）将编制的记账凭证交由会计机构负责人审核； （6）根据会计机构负责人审核后的记账凭证登记其负责的明细账； （7）将已记账的会计凭证整理后交由会计机构负责人保管

2. 转账经济业务办理操作步骤（见图 2-6）

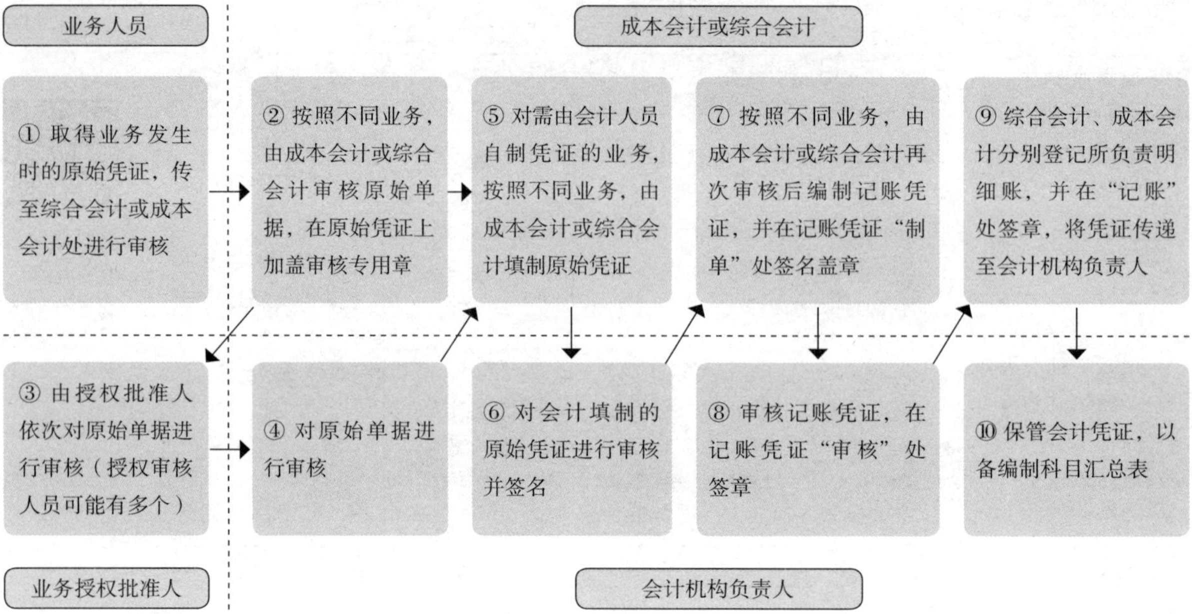

图 2-6 转账经济业务办理操作步骤

3. 说明

转账业务办理流程

（1）转账业务一般为企业内部业务，一般只需在审核的原始凭证上签名，审核时应注意授权审批人员及相关经办人员的签名是否齐全、真实。

（2）对于材料、库存商品等存货入库业务，为简化核算，成本会计平时只根据“入库单”登记材料、库存商品明细账的数量栏，不编制记账凭证，到月末时汇总编制“材料入库汇总表”或“产品成本计算单”等，并据以编制记账凭证，一次结转入库材料、库存商品等存货的成本；对于发出材料、库存商品等存货发出业务，成本会计平时也只根据“领料单”或“出库单”等原始凭证登记“原材料”“库存商品”明细账的数量栏，不编制记账凭证，到月末时汇总编制“发出材料汇总表”“销售产品成本计算单”等，并据以编制记账凭证，一次结转发出材料、库存商品的成本。

[实训任务]

1. 个人提交对万家食品有限公司会计机构设置、会计岗位划分和人员配备合理性的讨论意见。

2. 以小组为单位，按照万家食品有限公司的制度安排，分岗模拟销售商品收取货款业务、报销差旅费业务、领用材料业务的办理过程，并将操作过程以流程图或文字表述的形式提交作业。

实训三

银行账户开立实训

老师的话

大家好，创办一个企业需要下列流程：在国家市场监督管理总局网上申请核准公司名称（2~3 个工作日），并打印名称预先核准通知书→去国家市场监督管理总局办理营业执照（五证合一）（资料包括：公司设立申请书、公司章程、董事法人监事任免书、总经理任免书、全体股东法人身份证原件）→凭营业执照刻印公章、财务章、发票章、合同章→凭公司全套资料到开户银行开设银行账户。

【实训目的】

1. 强化各类结算账户知识；
2. 了解开设银行账户的一般程序，并能按要求办理开户业务；
3. 会正确使用和管理银行账户。

【实训组织】

实训教师讲解实训预备知识，提供任务→学生角色扮演完成任务，提交工作任务完成总结→学生和教师对照标准共同评价实训结果。

【实训内容】

老师的话

视频：教学录像

企业的经营活动过程与货币资金的收付有关，为了保证资金的安全和完整，绝大多数资金需要通过银行来办理，这就意味着需要在银行开立结算账户。一般而言，企业根据需要开设基本存款账户、一般存款账户、专用存款账户和临时存款账户，而且不同的账户其开设条件、程序、使用要求等也不同。因此，该实训设置以下具体任务。

［任务 1］认知银行账户

1. 了解银行账户管理办法

根据《人民币银行结算账户管理办法》及中国人民银行令〔2019〕第 1 号关于银行账户管理的规定，中华人民共和国境内设立的企业法人、非法人企业、个体工商户（以下统称为企业）在取消银行账户许可地区的银行业金融机构办理基本存款账户、临时存款账户，由核准制改为备案制，不再执行《人民币银行结算账户管理办法》中涉及银行账户核准以及开户许可证（开户登记证）的相关规定；一般存款账户、专用存款账户亦执行备案制度。

本书所指结算账户，是指《人民币银行结算账户管理办法》规定的基本存款账户、一般存款账户、专用存款账户和临时存款账户。

实训中，万家食品有限公司根据需要，在工商银行北街支行开立了基本存款账户，在民生银行解放支行和农行五一支行开立了一般存款账户，在建设银行千湖支行开立了专用存款账户。

2. 了解银行账户的管理规则

一个基本存款账户原则。存款人只能在银行开立一个基本存款账户；开立基本存款账户实行备案制度：银行为企业开立基本存款账户、临时存款账户后，应当立即至迟于当日将开户信息通过账户管理系统向人民银行当地分行备案，并在 2 个工作日内将开户资料复印件或影像报送至人民银行当地分行。

自愿选择原则。存款人可以自主选择银行开立账户，银行也可以自愿选择存款人开立账户；任何单位和个人不得强制干预存款人和银行开立或使用账户。

存款保密原则。银行依法为存款人保密，维护存款人资金的自主支配权；除国家法律规定和国务院授权中国人民银行总行的监督项目外，银行不得代任何单位和个人查询、冻结、扣划存款人账户内存款。

3. 了解各账户当事人的资格条件

基本存款账户：企业法人、企业法人内部单独核算的单位、私营企业、个体工商户。

一般存款账户：从基本存款账户以外的银行取得借款的单位（必须向开户银行出具借款合同或借款借据）；与基本存款账户的存款人不在同一地点的附属非独立核算单位（必须出具基本存款账户的存款人同意其开户的证明）。一般存款账户不需要中国人民银行核准，只需要报中国人民银行备案。

专用存款账户：有基本建设资金、更新改造资金、其他特定用途等需要专户管理的资金的存款人（向开户银行出具相应证明）。企业开立专用存款账户一般不需要中国人民银行核准，只需要报中国人民银行备案。

临时存款账户：有外地临时机构（必须出具当地工商行政管理机关核发的临时执照）、临时经营活动需要的单位（必须出具当地有关部门同意设立外来临时机构的批件），采用注册验资制的企业开立注册验资账户。临时存款账户（除注册验资账户外）实行中国人民银行核准制。

［任务 2］开立银行账户

1. 开设基本存款账户

［步骤 1］持介绍信到拟开户银行。

［步骤 2］领取并填制开户申请书，并加盖企业公章。

请根据表 3-1 的信息填写开户申请书（见表 3-2），并加盖企业公章。

老师的话

每位同学均应根据银行提供的开户申请书上显示的信息进行规范填写，填写完成后，加盖企业公章，提交给银行办理人员。完成该任务时，同学们试着想一想该用什么样的语言与银行工作人员沟通。

表 3-1　企业开户信息

企业开户信息

单位名称：万家食品有限公司
开户名称：万家食品有限公司
电　　话：3022537
地　　址：太原北大街 9 号
联 系 人：张天垣
企业单位代码：76865413-9
营业执照编号：135223000076543
营业执照有效期：2010 年至 2030 年
注册资本金：27 000 000 元
法人代表：李永国（总经理）
财务负责人：张昊
基本存款账户：工行北街支行，账号：1287654279

表 3-2　　　　银行存款账户开户申请书

银行存款账户开户申请书

年　月　日

申请单位名称		电　话	
户　名		邮　编	
地　址		联系人	
企业单位代码（技术监督局核发）	企字第　　　号	经营范围	
所有制（经济）性质	全民（　）集体（　）民营（　）个体（　）三资（　）股份（　）股份制（　）其他（　）		
企业法人执照或营业执照或批文编号	商企字第　　　号	法人代表	
执照批文期起讫日期	年　月—　年　月	注册资金数	
主管单位全称			
以下栏目由银行审核后填写：			
开户银行		账　号	
		币　种	
账户类别	基本存款账户（　）一般存款账户（　）专用存款账户（　）临时存款账户（　）其他存款账户（　）		
行业分类		开户登记证编号	开登字第　　　号
		开立账户日期	年　月　日
申请单位： （签章） 年　月　日	主管单位意见： （签章） 年　月　日	开户银行审核意见： （签章） 年　月　日	

第一联：中国人民银行留存

［步骤 3］填写一式三份的印鉴卡并加盖预留印鉴。

万家食品有限公司预留印鉴如图 3-1、图 3-2 所示。

图 3-1　法人代表章

图 3-2　企业财务专用章

注：法人名章由总经理或董事长保管，财务专用章由会计机构负责人保管。

填写银行预留印鉴卡（见表 3-3、表 3-4）。

表 3-3　　银行预留印鉴卡正面

银行 ________ 行　预留签章卡

必填信息				
	账　　号	________	启用日期	____年____月____日
	户　　名	________	客户号	________
	联系电话	________	邮　　编	________
	联 系 人	________	地　　址	________
预留签章	（旧预留签章卡装订于　　年　　月　　日凭证）　本行共预留　　　份预留签章卡			
	会计负责人：		经办：	

代号（兴会 44）10×15＝50 K 2003.6 月版

表 3-4　　银行预留印鉴卡背面

更换预留签章通知书（以下新开户免填）

我单位定于　　年　　月　　日启用新预留签章（见预留签章卡正面），旧预留签章同日注销，在更换预留签章以前本户开出之票据在规定有效期限内前来支取时该预留签章仍继续有效，由此产生的经济责任由本单位承担。

（原预留签章）

授权证明书

本签章系证明我单位所留预留签章（见预留签章卡正面）有效。

（单位公章及法定代表人签章）

［步骤 4］提交开户资料。提交"五证合一"证件（加载了社会统一信用代码的营业执照）、法人代表身份证、经办人身份证、结算证介绍信、法人授权书、单位公章、财务专用章、法人名章。

老师的话

同学们，向开户银行提交上述材料时，应事先向银行征询，一般来说，“五证合一”的营业执照需要提供副本及副本复印件一式两份（A4 纸）；法人、经办人身份证复印件一份（A4 纸）；就结算证介绍信而言，需要办理相关业务的企业，应提供此介绍信，并提供两张财务人员一寸照片；如果不是法人亲自开户，应出具法人授权书。公章、财务专用章、法人名章使用原子印章时，应签署责任书（一般不得使用）；名章非法人本人使用时，应提供印鉴授权书。请同学们课后模拟起草法人授权书和印鉴授权书。

［步骤 5］开户银行审核资料；填写开户银行基本信息及开立基本户的账号，并加盖开户银行业务公章。

老师的话

将需要提交的材料交给银行工作人员后，审查、报送和核准工作均由银行完成。也就是说，作为企业办理开户手续的人员的基本工作已经完成。

2. 开设一般存款账户

［步骤 1］持介绍信到拟开户银行；

［步骤 2］填写开户申请书；

［步骤 3］提供相应的证明文件；

［步骤 4］提供盖有存款人印章的印鉴卡片；

［步骤 5］开户银行审核同意并于 5 日内报中国人民银行备案后，即可开立该账户。

老师的话

从操作步骤上看，一般存款账户与基本存款账户的开立程序基本一致，但企业申请开立一般存款账户时，除需提交开立基本存款账户时所有材料外，还需向银行提供因借款需要而书立的借款合同，以及因其他结算需要的相关证明。同学们，在操作任务完成时，一定要注意：一般存款账户与基本存款账户不能开在同一机构；该结算账户不能提现。

3. 开设临时存款账户

［步骤 1］持介绍信到拟开户银行；

［步骤 2］填写开户申请书；

［步骤 3］提供相应的证明文件；

［步骤 4］提供盖有存款人印章的印鉴卡片。

4. 开设专用存款账户

［步骤 1］持介绍信到拟开户银行；

［步骤 2］填写开户申请书；

［步骤 3］提供相应的证明文件；

［步骤 4］提供盖有存款人印章的印鉴卡片；

［步骤 5］开户银行审核同意并报中国人民银行备案后，即可开立该账户。（注：万家食品有限公司为非预算单位，则其专用账户为非核准账户，只需报中国人民银行当地分支行备案即可。）

老师的话

同学们，经过临时存款账户和专用存款账户的开设模拟后发现，企业向银行申请办理开户手续基本一致，不同的是，在提供资料方面有所差异。当企业需要开设临时存款账户时，提供的材料中还应有企业预先核准通知书原件及其复印件一式三份。增资验资开立临时存款账户时，应出具股东会或董事会决议等证明文件。如为异地临时户，则需要提供异地经营合同或协议。当企业开设专用存款账户时，需要提供基本建设资金、更新改造资金、其他特定用途资金的证明、经有关部门批准立项的文件、其他国家有关文件的规定等。

5. 管理银行账户

（1）变更银行账户。

［步骤 1］了解变更原因，如变更印鉴、变更账户名称。

［步骤 2］变更印鉴时，填写“更换印鉴申请书”，并出具相关证明；变更账户名称时，向银行交验上级主管部门批准的正式函件，单位和个体工商户需交验工商行政管理部门登记注册的新营业执照。

［步骤 3］经银行审查同意后，重新填写印鉴卡片，并注销原预留的印鉴卡片；对于变更账户名称的，则变更账户名称或者撤销原账户，重立新账户。

（2）合并、撤销银行账户。

［步骤 1］了解合并、撤销原因。

老师的话

同学们，企业遇到以下几种情形时应办理合并和撤销手续。第一，开户单位合并其相同资金来源和相同资金性质的账户，或是两个单位合并后随之合并银行存款账户（只有在同一开户银行开设的账户才能合并）。第二，开户单位因关、停、并、转等原因，向银行提出撤销账户的申请。第三，连续一年以上没有发生收付活动的账户，开户银行经过调查认为该账户无须继续保留。

［步骤 2］向银行提出申请。

［步骤 3］银行同意后，同开户银行核对存贷款户的余额并结算全部利息。

［步骤 4］核对无误后开出支取凭证结清余额，同时将未用完的各种重要空白凭证交给银行注销。

［步骤 5］办理撤销、合并手续。

老师的话

同学们，现在需要大家想一想，在办理合并与撤销业务时，如有下列情况出现，你认为会有什么结果？第一，开户单位接到通知后的一个月内未办理；第二，单位未交回空白凭证。现在请同学们查找银行结算纪律的有关规定，并做出合理的解释。

（3）迁移银行账户。

［步骤 1］向原开户银行提出申请。

［步骤 2］迁入迁出行在同一城市的，凭迁出行出具的凭证到迁入行开立新户；搬迁异地的，在迁入银行重新办理开户手续。

老师的话

大家认为何种原因会引起企业银行账户的迁移？另外，在迁移过程中作为企业还应了解哪些规定？请查找有关资料，以书面形式提交。

（4）更换预留印鉴。

［步骤 1］填写“更换印鉴申请书”；

［步骤 2］填写新印鉴卡；

［步骤 3］在新印鉴卡的正面盖新印鉴，反面盖原印鉴，并注明启用日期，交开户银行。

（5）挂失预留印鉴。

［步骤 1］出具公函向银行申请；

［步骤 2］填写“更换印鉴申请书”；

［步骤 3］经银行同意后按规定办法更换印鉴。

【实训任务】

1. 参加实训的每位同学应全面了解每一任务的基本知识和技能。

2. 学生自主扮演万家食品有限公司人员和银行人员，按每一任务及其操作步骤，完成银行开户，银行账户变更、迁移，更换印鉴与挂失印鉴的工作任务。万家食品有限公司相关信息如下：

万家食品有限公司需在工行、民生银行、农行、建行开设银行结算账户，其中在工行北街支行所设的银行结算账户为基本存款户。银行结算账户的相关情况如下：

基本存款账户：工行北街支行，账号：1287654279

一般存款账户：民生银行解放支行，账号：87921678

农行五一支行，账号：98534216

专用存款账户：建行千湖支行

预留印鉴：法人代表章（见图 3-1）；企业财务专用章（见图 3-2）

3. 请根据对银行账户的认知，在你认为正确的选项后写上“√”。

（1）各单位可在不同的银行申请开立多个基本存款账户。（　　）

（2）企业开立的基本存款账户实行中国人民银行核准制，如果中国人民银行不核准，则申请开户行不得为单位开立基本存款账户。（　　）

（3）企业开立的一般存款账户实行中国人民银行核准制，不经中国人民银行核准，单位不得被许可开户。（　　）

（4）企业开立的临时存款账户实行备案制，即申请后由开户银行批准即可，不需要中国人民银行核准。（　　）

（5）除国家法律规定和国务院授权中国人民银行总行的监督项目外，银行不得代任何单位和个人查询、冻结、扣划存款人账户内存款。（　　）

【实训准备】

1. 布置银行窗口（办公桌椅、计算机）；
2. 布置企业办公场所（办公桌椅、计算机）；
3. 准备企业公章、财务专用章、法人代表名章、经办人员名章、银行印章各一枚；
4. 加载了社会统一信用代码的营业执照；
5. 更换印鉴申请书；
6. 预留印鉴卡片 3 份；
7. 空白介绍信（包括结算证介绍信）；
8. 身份证（包括法人、经办人、受托人）；
9. 授权书（包括印鉴授权书）；
10. 原子章使用责任书；
11. 复印机一台；
12. 复印纸（A4）。

实训四
手工建立会计账簿实训

老师的话

建立账簿是会计核算的第一项实务工作。在建立账簿之前应根据企业经济业务内容设置会计科目并进行岗位分工，然后各岗位人员方可根据会计科目和建账的相关要求建立各类账簿。万家食品有限公司会计科目设置和岗位分工情况见实训二的相关资料，实训时各小组要按照实训二的岗位分工情况分岗建立各类账簿。

[实训目的]

1. 学会手工建立现金日记账、银行存款日记账账簿；
2. 学会手工建立总账账簿；
3. 学会手工建立各明细账账簿。

[实训组织]

分岗建立各类账簿，出纳人员建立现金日记账、银行存款日记账；会计机构负责人建立总账；成本会计和综合会计按其岗位职责分别建立明细账（具体分工见实训二相关资料）。

[实训内容]

一、万家食品有限公司会计科目表及 12 月月初账户余额（见表 4-1）

视频：
教学录像

表 4-1 万家食品有限公司会计科目表及 12 月月初账户余额 单位：元

总账科目	二级科目	三级科目	借方余额	贷方余额
一、资产类				
库存现金			10 080.06	
银行存款				
	工行北街支行（基本存款账户）		1 900 000.00	
	农业银行五一支行		464 401.00	
	民生银行解放支行		550 000.00	
其他货币资金				
	银行汇票		300 000.00	
	存出投资款		5 462 875.00	
交易性金融资产				
应收票据				
	盼盼食品商场		60 000.00	
	河北蓝天商厦		54 000.00	
	大同华丰超市		60 000.00	
应收账款				
	侯马家和超市		190 500.00	
	银虎便利超市		180 000.00	
	广州鼎盛包装盒厂		370 500.00	
	沃尔玛连锁超市		162 000.00	
	古交四通食品超市		45 000.00	
预付账款				
坏账准备				
	应收账款			7 740.00
	其他应收款			
其他应收款				
	行政部		46 440.00	
	张建设		3 600.00	
应收股利				

续表

总账科目	二级科目	三级科目	借方余额	贷方余额
应收利息				
材料采购				
在途物资				
原材料				
	原料及主要材料		467 475.00	
	辅助材料		102 915.00	
	燃料		23 800.00	
材料成本差异			21 396.00	
库存商品				
	奶黄包		109 800.00	
	豆沙包		167 400.00	
	火腿三明治		242 775.00	
	牛肉汉堡		94 635.00	
周转材料	包装物		96 000.00	
	低值易耗品			
		劳保用品	15 240.00	
		模具	39 135.00	
存货跌价准备				
债权投资	Y 债券	成本	240 000.00	
		利息调整	7 919.94	
债权投资减值准备				
其他债权投资				
其他债权投资减值准备				
长期股权投资	海蓝公司	投资成本	2 400 000.00	
长期股权投资减值准备				
投资性房地产	北大街门面房			
		成本	350 000.00	
		公允价值变动	50 000.00	
固定资产				
	房屋建筑物		9 290 000.00	
	机器设备		6 450 000.00	
	运输设备		3 039 000.00	
	管理设备		1 288 950.00	
累计折旧				3 067 827.00

续表

总账科目	二级科目	三级科目	借方余额	贷方余额
固定资产减值准备				
在建工程				
	厂房		340 900.00	
	职工健身房		1 356 300.00	
固定资产清理				
无形资产				
	专有技术		360 000.00	
	土地使用权		4 500 000.00	
累计摊销				
	专有技术			36 000.00
	土地使用权			300 000.00
无形资产减值准备				
递延所得税资产				
	应收账款		1 935.00	
	弥补亏损		15 982.50	
	分期付款固定资产		173 399.28	
待处理财产损溢				
二、负债类				
短期借款	周转借款（农行）			360 000.00
应付票据				
	古船面粉厂			355 440.00
	双汇集团			148 944.00
应付账款				
	海南盛家粮油公司			535 950.00
	太原大象养鸡场			193 500.00
	太原肉联厂			363 000.00
	运城市面粉厂			208 931.28
	府东副食品公司			1 062 531.00
预收账款				
应付职工薪酬	工资			597 860.00
	职工福利费			0
	职工教育经费			1 500.00
	工会经费			4 800.00
	社会保险费			177 300.00

续表

总账科目	二级科目	三级科目	借方余额	贷方余额
	住房公积金			60 000.00
应交税费				
	应交所得税		735 000.00	
	应交个人所得税			2 140.00
	未交增值税			197 400.00
	应交城市维护建设税			13 818.00
	教育费附加			5 922.00
	地方教育附加			3 948.00
应付利息	短期借款利息			5 400.00
应付股利				
其他应付款				
长期借款	流动资金借款（民生银行）			750 000.00
长期应付款	万明房地产公司			2 400 000.00
未确认融资费用			498 072.00	
预计负债				
递延所得税负债				
	固定资产			77 400.00
	投资性房地产			12 500.00
	长期应付款			124 518.00
三、所有者权益				
实收资本				27 000 000.00
资本公积				
其他综合收益				
盈余公积				
	法定盈余公积			200 000.00
	任意盈余公积			55 380.00
本年利润				4 055 624.00
利润分配	未分配利润		47 947.50	
四、成本类				
基本生产成本	豆沙包			
	奶黄包			
	火腿三明治			
	牛肉汉堡			

续表

总账科目	二级科目	三级科目	借方余额	贷方余额
制造费用	中点车间			
	西点车间			
	馅料车间			
辅助生产成本	机修车间			
五、损益类				
主营业务收入				
其他业务收入				
公允价值变动损益				
投资收益				
营业外收入				
主营业务成本				
其他业务成本				
税金及附加				
销售费用				
管理费用				
财务费用				
资产减值损失				
营业外支出				
所得税费用				
以前年度损益调整				
资产处置收益				

注：以前年度未弥补的亏损未超过 5 年，可在税前弥补。

二、12 月月初周转材料结存表（见表 4–2）

表 4–2　　12 月月初周转材料结存表

包装物					低值易耗品				
名称	单位	数量	单价 / 元	金额 / 元	名称	单位	数量	单价 / 元	金额 / 元
豆沙包包装袋	包	600	30.00	18 000.00	劳保用品	包	762	20.00	15 240.00
奶黄包包装袋	包	600	30.00	18 000.00	中点模具	套	750	26.09	19 567.50
三明治包装盒	个	60 000	0.50	30 000.00	西点模具	套	750	26.09	19 567.50
牛肉汉堡包装盒	个	60 000	0.50	30 000.00					
合计				96 000.00	合计				54 375.00

三、万家食品有限公司 12 月月初库存原材料结存（见表 4-3）

表 4-3　　万家食品有限公司 12 月月初原材料结存额

材料类别、名称		数量	计量单位	计划单价 / 元	金额 / 元
原料及主要材料	面粉	90 000	kg	2.6	234 000.00
	白糖	6 050	kg	3.5	21 175.00
	鸡蛋	2 100	kg	7	14 700.00
	盐	2 800	kg	2.4	6 720.00
	植物油	800	kg	11.6	9 280.00
	鲜牛奶	1 000	kg	4.2	4 200.00
	蛋白胶	1 000	kg	18.4	18 400.00
	猪肉	1 100	kg	16	17 600.00
	红小豆	5 000	kg	6.5	32 500.00
	牛肉	1 500	kg	27	40 500.00
	桂花	700	kg	12	8 400.00
	黄油	2 000	kg	30	60 000.00
	小计				467 475.00
辅助材料	添加剂	850	kg	62	52 700.00
	香精	620	kg	38	23 560.00
	机油	377	kg	15.00	5 655.00
	酵母	1 500		14	21 000.00
	包装纸		包	75.00	
	小计				102 915.00
燃料	汽油	1 500	kg	5.60	8 400.00
	煤	77	吨	200.00	15 400.00
	小计				23 800.00
合计					594 190.00

四、万家食品有限公司 12 月月初库存商品结存（见表 4-4）

表 4-4　　万家食品有限公司 12 月月初库存商品结存

品名	计量单位	数量	单位成本 / 元	金额 / 元
奶黄包	kg	18 000.00	6.10	109 800.00
豆沙包	kg	27 000.00	6.20	167 400.00
火腿三明治	kg	29 250.00	8.30	242 775.00
牛肉汉堡	kg	10 515.00	9.00	94 635.00
合计	—	—	—	614 610.00

[实训任务]

视频：建立总账

视频：建立明细账

视频：建立日记账

1. 小组出纳岗位人员建立现金日记账和银行存款日记账，并办理账簿启用的各项手续；

2. 小组会计机构负责人建立总账账簿，并办理账簿启用的各项手续；

3. 小组成本会计和综合会计人员建立各负责经管的明细账簿，并办理账簿启用的各项手续。

老师的话

同学们在分岗建立上述会计账簿时，要根据实训二图 2-1、图 2-2、图 2-3 所示的建立总账、日记账、明细账工作步骤进行操作，特别是启用账簿时，按图示要求分别由相关人员或部门审核签章，并模拟粘贴印花税票。

[实训准备]

1. 在实训室模拟布置企业办公室，并配备一名办公室人员负责经管企业公章。

2. 在实训室模拟布置总经理办公室，并配备总经理人员 1 名负责经管总经理名章。

3. 订本式总账账簿 1 本。

4. 订本式现金日记账、银行存款日记账各 1 本。

5. 各类账页：现金、银行存款日记账；三栏式总账；三栏式明细账 50 张；数量金额式明细账 40 张；多栏式明细账 20 张（含基本生产成本明细账 4 张、应交增值税明细账 2 张）；材料采购明细账 2 张；材料成本差异明细账 1 张。（上述账页数量为实训五所需账簿的数量。）

6. 出纳人员名章、会计机构负责人名章、企业财务专用章、企业公章、法人代表名章。

老师的话

在组织学生进行实训教学时，上述实训准备工作可因地制宜地开展，避免浪费。如对于总账和日记账，购买市场上通用的订本式账簿成本过高且账页过剩，班级和学校可组织学生购买三栏式账页，在填制“账簿扉页”内容后按照实训所需账页数量自行装订订本式账簿，装订好的订本式账簿必须顺序排列页码；如横线登记式账页在市面上不易买到，教师可带领学生运用 Excel 表绘制相关账页格式并打印使用；如各类签章，教师可准备一套“出纳人员”“财务科长”“董事长”的名章和“××公司公章”“××公司财务专用章”的印鉴备用，各小组可轮流使用。

实训五

手工分岗会计业务处理实训

老师的话

同学们，手工分岗会计业务处理实训，将由每组同学分别担任会计机构负责人、综合会计、成本会计和出纳四个岗位角色，模拟单位会计业务办理流程，完成各项会计业务处理。本实训既要强化同学们的会计核算实践能力，又要提高大家会计内部控制的逻辑思维能力，还要培养大家在工作中的交流沟通、协调工作的社会能力及利用网络、Excel 等进行信息收集与处理的方法能力。请同学们在本实训中一定要按照实训指导的要求办理各项会计业务，不断提高自己的业务能力、社会能力和方法能力。

[实训目的]

1. 培养学生会计职业专业能力，包括出纳业务操作能力、会计核算能力、会计管理能力、会计监督能力、涉税业务办理能力和财务管理能力；

2. 培养学生会计职业社会能力，包括会计职业道德修养、交流沟通能力、团结协作能力、灵活应变能力、社会认知能力、统筹兼顾能力；

3. 培养学生会计职业方法能力，包括知识迁移、逻辑思维、制订工作计划、控制工作过程、工作评价、创新实践能力。

[实训组织]

将学生分为四人一组，分别承担会计机构负责人、出纳、综合会计、成本会计岗位工作任务，然后按照会计工作过程进行业务办理和会计处理，完成小组与个人的综合实训任务。四人小组可实行轮岗，建议每20笔业务轮岗一次。

[实训内容]

万家食品有限公司 12 月份业务凭证如下所示。

（1）12 月 1 日，借入长期借款 100 万元用于固定资产的购建，借款合同另行保管，借款借据见表 5-1。本业务实训指导见实训指导 1。

视频：借款业务办理

表 5-1　　借 款 借 据

中国农业银行 借 款 借 据 第一联借据回单

银行编号：　　立据 2019年12月1日　　No 0003154

借款单位名称	万家食品有限公司	放款账号	98765421	利率	6.4%
		存款账号	98534216		
借款金额（大写）	壹佰万元整	千百十万千百十元角分	¥100000000		
约定还款日期	2021年11月30日	借款种类	固定资产建造	借款合同号码	2019-15-338
展期到期日期	年　月　日				

借款直接用途		还款记录	年	月	日	还款金额	余额
1. 固定资产购建	4.						
2.	5.						
3.	6.						

根据签订的借款合同和你单位申请借款用途，经审查同意发放上列金额贷款。

中国农业银行　　批准人

（银行转账盖章）

中国农业银行股份有限公司 太原五一支行 2019.12.01 转讫

2019年12月1日

此联退交借款单位

（2）12 月 1 日，根据上月材料入库单冲销暂估入账材料和应付账款，上月暂估入账的记账凭证复印件见表 5-2，入库单复印件见表 5-3。本业务实训指导见实训指导2。

表 5-2　　转账凭证

复印无误

转　账　凭　证

总字 87 号

2019 年 11 月 30 日　　转字　　号

摘　要	会计科目				借方金额											贷方金额										
	总分类科目	√	明细科目	√	万	千	百	十	万	千	百	十	元	角	分	万	千	百	十	万	千	百	十	元	角	分
材料暂估入账	原材料	√	植物油	√							5	8	0	0	0											
	应付账款	√	海南盛家粮油公司	√																		5	8	0	0	0
合　计										¥	5	8	0	0	0						¥	5	8	0	0	0

附单据 1 张

主管：张　昊　　记账：张怀东　　审核：张　昊　　制单：张怀东

表 5-3　　材料入库单

复印无误

万家食品有限公司材料入库单

供货单位：海南盛家粮油公司　　材料类别：　　编号：0065

发票号码：　　2019 年 11 月 30 日　　材料编号：原料及主要材料　　仓库：2 号库

材料名称	计量单位	数　量		实　际　成　本					计 划 成 本	
		应收	实收	单价	金额	运杂费	其他	合计	单价	金额
植物油	kg	50	50						11.60	580.00
备注：				合计						580.00

②财会

采供负责人：赵　海　　采购：钱　云　　保管员：孙　陆　　业务经办：李　雪

（3）12 月 1 日，向民生银行申请一笔贷款，银行将款项划至公司存款账户。借款合同另行保管，借款凭证见表 5-4。本业务实训指导见实训指导 1。

表 5-4　　借 款 凭 证

民生银行借款凭证

立据 2019 年 12 月 1 日　　（晋）No.0005846

借款人	万家食品有限公司	贷款账号		存款账号	87921678									
借款金额	人民币（大写）肆佰伍拾万元整			千	百	十	万	千	百	十	元	角	分	
				¥	4	5	0	0	0	0	0	0	0	
用途	基建	期限	约定还款日期		2021 年 12 月 1 日									
		2 年	贷款利率	6.65%	借款合同号	2019–1232								

兹借到上列贷款，保证按规定用途使用，不作他用，到期时请凭此证收回贷款。	分次还款记录						
	日期			还款金额	余额	经办	复核
	年	月	日				

中国民生银行股份有限公司 太原解放支行 2019.12.01 转讫

银行审批意见　　行长　　信贷科长　　信贷员

（4）12 月 1 日，按照合同约定，经审批预付在建工程——厂房的工程款 600 万元。其中，550 万元使用借入的专门借款，50 万元使用了 2019 年 11 月 30 日借入的一般借款（总借款额 75 万元）。付款审批单、转账支票存根、收款收据见表 5-5～表 5-8，工程建造合同另行保管。进行业务分析核算，根据付款审批单以收款方为会计主体填制收据（表 5-8），并注明签章内容。本业务指导见实训指导 3。

预付工程款业务核算（营改增）

表 5-5　　付款审批单

付款审批单

承办部门	负责人	承办人
行政部	崔亮	王力

2019 年 12 月 1 日　　No 000001

付款项目		附件张数	金额	结算方式	
厂房基建款		1	6 000 000.00	现　　金：¥	
				银行转账：¥ 6 000 000.00	
				商业汇票：¥	
收款人全称	山西建筑公司		收款人	其　　他：¥	
开户行全称	中国民生银行太铁支行			资金计划列支	
账　　号	123768797			计划总额	10 000 000.00
申请付款金额（大写）	陆佰万元整		¥ 6 000 000.00	累计支付额	6 000 000.00
批准金额（大写）	陆佰万元整		¥ 6 000 000.00	非计划列支额	
会计机构负责人	总经理	分管副总	审核会计	资金计划审核人员	
张昊	李永国	谢克勤	李小玉	张山	

第二联　会计联

表 5-6　转账支票存根

中国民生银行转账支票存根（　）

GE 02 659087655

附加信息

出票日期 2019年12月1日

收款人：	山西建筑公司
金　额：	5 000 000.00
用　途：	基建预付款

单位主管　　会计

上海金达证券印制有限公司·2000年印制

表 5-7　转账支票存根

中国农业银行转账支票存根（　）

GE 02 587096862

附加信息

出票日期 2019年12月1日

收款人：	山西建筑公司
金　额：	1 000 000.00
用　途：	基建预付款

单位主管　　会计

上海金达证券印制有限公司·2000年印制

表 5-8

收　款　收　据

NO.00490021

年　月　日

今收到________

交来：________

金额（大写）____拾____万____仟____佰____拾____元____角____分

¥______　□现金　□支票　□信用卡　□其他　收款单位（盖章）

核准　　会计　　记账　　出纳　　经手人

第二联交对方

（5）12 月 2 日，从华源面粉厂购入的面粉到达，经检验后办理入库，货款未付。资产采购入库批准单、增值税专用发票、材料入库单见表 5-9、表 5-10、表 5-11。本业务实训指导见实训指导 4。

表 5-9　资产采购入库批准单

资产采购入库批准单

承办部门	部门负责人	承办人
采供部	赵海	王小波

2019 年 12 月 2 日

销货单位	全称	华源面粉厂				合同管理员	备注
	纳税人资质	一般纳税人		合同编号	563	张东	
项目	入库单号码	发票号码	货物售价金额	进项税额	价税合计		
采购面粉	001	60972952	25 000.00	2 250.00	27 250.00		
小计							
货款合计（大写）贰万柒仟贰佰伍拾元整			¥27 250.00				

总经理	分管副总	供应部门	财务部门		
			会计机构负责人	材料会计	结算方式
李永国	高天华	赵海	张昊	张怀东	银行转账

第二联　会计联

表 5-10　增值税专用发票

1100082140　　山西增值税专用发票　　发票联

（全国统一发票监制章　山西　国家税务总局监制）

No. 60972952

开票日期：20191202

购买方	名　　称：万家食品有限公司 纳税人识别号：14012846987200123F 地 址、电 话：太原北大街　3022537 开户行及账号：工行北街支行　1287654279	密码区	3-65745<19458<3840481　加密版本：01 75/37503848*7>+>-2//5　1100082140 >*8574567-7<8*873/+<4　60972952 13-3001152->7142>>8-

货物或应税劳务、服务名称	规格型号	单位	数量	单价	金额	税率	税额
淀粉制品 面粉		kg	10 000	2.50	25 000.00	9%	2 250.00
合　计					¥25 000.00		¥2 250.00
价税合计（大写）	⊗ 贰万柒仟贰佰伍拾元整				（小写）¥27 250.00		

销售方	名　　称：华源面粉厂 纳税人识别号：14273646985732036B 地 址、电 话：临汾　6087531 开户行及账号：民生银行　1140356984	备注	（华源面粉厂　14273646985732036B　发票专用章）

收款人：　　复核：　　开票人：　　销售方：（章）

税总函〔2019〕562号海南华森实业公司

第三联：发票联　购买方记账凭证

表 5-11　　　　材料入库单

万家食品有限公司材料入库单

供货单位：华源面粉厂　　　　材料类别：　　　　编号：001

发票号码：60972952　　2019 年 12 月 2 日　　材料编号：原料及主要材料　　仓库：2 号库

材料名称	计量单位	数量		实际成本					计划成本	
		应收	实收	单价	金额	运杂费	其他	合计	单价	金额
面粉	kg	10 000	10 000	2.50	25 000.00			25 000.00	2.60	26 000.00
备注：				合计	25 000.00			25 000.00		26 000.00

②财会

采供部负责人：赵　海　　采购：钱　云　　保管员：孙　陆　　业务经办：李　雪

（6）12 月 4 日，应收河北蓝天商厦的商业汇票到期，办理进账。根据银行承兑汇票（见表 5-12）所提供的信息办理银行承兑汇票背书手续（见表 5-13），填制托收凭证并送达银行（见表 5-14）。本业务实训指导见实训指导 5。

动画：银行承兑汇票结算方式

表 5-12　　　　银行承兑汇票正面

银行承兑汇票　　2　　GE 02　63251049

出票日期（大写）　贰零壹玖 年 零壹拾 月 零叁 日

出票人全称	河北蓝天商厦	收款人	全称	万家食品有限公司
出票人账号	140153461		账号	1287654279
付款行全称	农业银行邯郸支行		开户银行	工行北街支行
出票金额	人民币（大写）伍万肆仟元整			亿 千 百 十 万 千 百 十 元 角 分：¥ 5 4 0 0 0 0 0
汇票到期日（大写）	贰零壹玖年壹拾贰月零肆日	付款行	行号	103127010007
承兑协议编号	20195698		地址	河北省邯郸市和平路300号
本汇票请你行承兑，到期无条件付款。（印章：河北蓝天商厦 财务专用章；王红英印）出票人签章		本汇票已经承兑，到期日由本行付款。（印章：农业银行邯郸支行 103127010007 汇票专用章）承兑行签章　承兑日期 2019 年 10 月 03 日		备注：

此联收款人开户行随托收凭证寄付款行作借方凭证附件

上海证券印制有限公司 · 2005年印制

表 5-13　　银行承兑汇票背面

被背书人	被背书人	被背书人
背书人签章 年　月　日	背书人签章 年　月　日	背书人签章 年　月　日

（贴粘单处）

动画：委托收款结算方式

表 5-14　　空白托收凭证

托收凭证（受理回单）　　1

委托日期　　年　月　日

业务类型		委托收款（□邮划、□电划）			托收承付（□邮划、□电划）		
付款人	全　称			收款人	全　称		
	账　号				账　号		
	地　址	省　市县	开户行		地　址	省　市县	开户行
金额	人民币（大写）				亿 千 百 十 万 千 百 十 元 角 分		
款项内容		托收凭据名称			附寄单证张数		
商品发运情况					合同名称号码		
备注： 复核　　记账			年　月　日		收款人开户银行签章 年　月　日		

此联作收款人开户银行给收款人的受理回单

(2005) 1C×17.5公分　交15角直印刷　0512-65011866

（7）12 月 4 日，从太原下元百货商场购买笔记本，以转账支票支付。费用报销审批单、发票、转账支票存根见表 5-15、表 5-16、表 5-17。本业务实训指导见实训指导 6。

动画：费用报销业务办理

表 5-15　　费用报销审批单

费用报销审批单

承办部门	负责人	承办人
办公室	段运捷	段运捷

2019 年 12 月 4 日　　№ 000006

付款项目		附件张数	金额	结算方式	
笔记本		2	881.40	现　　金：¥	
				银行转账：¥881.40	
				商业汇票：¥	
收款人全称	太原下元百货商场		收款人	其　　他：¥	
开户行全称	工行下元支行			资金计划列支	
账　　号	12365498			计划总额	80 000.00
申请付款金额（大写）	捌佰捌拾壹元肆角整		¥881.40	累计支付额	75 620.00
批准金额（大写）	捌佰捌拾壹元肆角整		¥881.40	非计划列支额	
会计机构负责人	总经理	分管副总	审核会计	资金管理人员	
张昊	李永国	谢克勤	李小玉	张山	

第二联　会计联

表 5-16　　增值税专用发票

山西增值税专用发票

发　票　联

（全国统一发票监制章：山西　国家税务总局监制）

No. 00908106

开票日期：20191204

购买方	名　　称：万家食品有限公司 纳税人识别号：14012846987200123F 地 址、电 话：太原北人街　3022537 开户行及账号：工行北街支行　1287654279					密码区	67/*+3*0/611*++0/+0*/*+3+2/9 *11*+66666**066611*+66666* 1**+216***6000*261*2*4/*547 203994+-42*64151*6915361/3*	
货物或应税劳务、服务名称	规格型号	单位	数量	单价	金额	税率	税额	
*纸质品*笔记本		本	130	6.00	780.00	13%	101.40	
合　计					¥780.00		¥101.40	
价税合计（大写）	⊗ 捌佰捌拾壹元肆角整				（小写）¥881.40			
销售方	名　　称：太原下元百货商场 纳税人识别号：140109876509836B 地 址、电 话：下元街　6574987 开户行及账号：工行下元支行　12365498					备注	（太原下元百货商场　140109876509836B　发票专用章）	

收款人：　　复核：　　开票人：　　销售方：（章）

国税函〔2019〕257号浙江印钞厂

第三联：发票联　购买方记账凭证

表 5-17　　　　　　　　　　转账支票存根

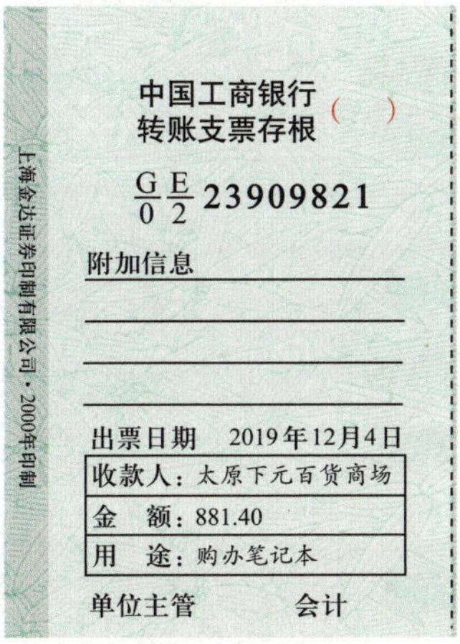
中国工商银行
转账支票存根（　）

$\frac{G\ E}{0\ 2}$ 23909821

附加信息

出票日期　2019年12月4日

收款人：	太原下元百货商场
金　额：	881.40
用　途：	购办笔记本

单位主管　　会计

上海金达证券印制有限公司·2000年印制

动画：支票付款业务办理

现金付款业务办理

（8）12 月 4 日，从太原博通印刷厂购入包装纸到货，经检验入库，与对方协商，货款于下年年初 10 日内支付。资产采购入库批准单见表 5-18，增值税专用发票见表 5-19。请审核增值税专用发票。该材料已如数验收入库，未发生短缺和溢余。根据上述资料填制材料入库单（见表 5-20），并按工作流程办理该业务。本业务实训指导见实训指导 7。

表 5-18　　　　　　　　　　资产采购入库批准单

资产采购入库批准单

承办部门	部门负责人	承办人
采供部	赵海	王小波

2019 年 12 月 4 日

销货单位	全称	太原博通印刷厂			合同管理员	备注
	纳税人资质	一般纳税人	合同编号	564	张东	
项目	入库单号码	发票号码	货物售价金额	进项税额	价税合计	
包装纸	003	60972869	60 000.00	7 800.00	67 800.00	
小计						
货款合计（大写）陆万柒仟捌佰元整			￥67 800.00			

总经理	分管副总	供应部门	财务部门		
			会计机构负责人	审核会计	结算方式
李永国	高天华	赵海	张昊	张怀东	银行转账

第二联　会计联

表 5-19　　增值税专用发票

1100082140　　山西增值税专用发票

发　票　联　　（全国统一发票监制章：国家税务总局监制 山西）

No. 60972869

开票日期：20191204

购买方	名　　称：万家食品有限公司 纳税人识别号：14012846987200123F 地 址、电 话：太原北大街　3022537 开户行及账号：工行北街支行　1287654279				密码区	3-65745<19458<3840481 75/37503848*7>+>-2//5 >*8574567-7<8*873/+<4 13-3001152-/>7142>>8-	加密版本：01 1100082140 60972869

货物或应税劳务、服务名称	规格型号	单位	数量	单价	金额	税率	税额
*纸质品*包装纸		包	750	80.00	60 000.00	13%	7 800.00
合　计					¥ 60 000.00		¥ 7 800.00
价税合计（大写）	⊗ 陆万柒仟捌佰元整				（小写）	¥ 67 800.00	

销售方	名　　称：太原博通印刷厂 纳税人识别号：14032565234891536B 地 址、电 话：太原　0351-4366678 开户行及账号：工行大营盘支行　982532	备注	（太原博通印刷厂 14032565234891536B 发票专用章）

收款人：　　复核：　　开票人：　　销售方：（章）

第三联：发票联　购买方记账凭证

税总函〔2019〕562号海南华森实业公司

表 5-20　　材料入库单

万家食品有限公司材料入库单

供货单位：　　材料类别：　　编号：003

发票号码：　　年　月　日　　材料编号：　　仓库：3 号库

材料名称	计量单位	数量		实际成本					计划成本	
		应收	实收	单价	金额	运杂费	其他	合计	单价	金额
备注：				合计						

采供负责人：　　采购：　　保管员：　　业务经办：

②财会

（9）12 月 5 日，车间领用白糖、面粉等材料投入生产，有关情况见表 5-21 至表 5-42。本业务实训指导见实训指导 8。

表 5-21　领　料　单

领 料 单

领用单位：馅料车间　　2019 年 12 月 5 日　　编号：001

用途	材料名称　白糖		规格型号		计量单位　kg
	请领	实发	计划单位成本（元）	成本（元）	备注
生产用	3 876	3 876	3.5	13 566.00	
合计	3 876	3 876	3.5	13 566.00	

采供部主管：赵　海　　领料：赵　虎　　仓库：孙　陆

此联交成本组

领料业务办理（1）

领料业务办理（2）

表 5-22　领　料　单

领 料 单

领用单位：馅料车间　　2019 年 12 月 5 日　　编号：002

用途	材料名称　桂花		规格型号		计量单位　kg
	请领	实发	计划单位成本（元）	成本（元）	备注
生产用	300	300	12	3 600.00	
合计	300	300	12	3 600.00	

采供部主管：赵　海　　领料：赵　虎　　仓库：孙　陆

此联交成本组

表 5-23　领　料　单

领 料 单

领用单位：馅料车间　　2019 年 12 月 5 日　　编号：003

用途	材料名称　植物油		规格型号		计量单位　kg
	请领	实发	计划单位成本（元）	成本（元）	备注
生产用	459	459	11.6	5 324.40	
合计	459	459	11.6	5 324.40	

采供部主管：赵　海　　领料：赵　虎　　仓库：孙　陆

此联交成本组

表 5-24　领　料　单

领料单

领用单位：馅料车间　　2019 年 12 月 5 日　　编号：004

用途	材料名称　面粉		规格型号		计量单位　kg
	请领	实发	计划单位成本（元）	成本（元）	备注
生产用	2 014	2 014	2.6	5 236.40	
合计	2 014	2 014	2.6	5 236.40	

采供部主管：赵　海　　领料：赵　虎　　仓库：孙　陆

此联交成本组

表 5-25　领　料　单

领料单

领用单位：馅料车间　　2019 年 12 月 5 日　　编号：005

用途	材料名称　黄油		规格型号		计量单位　kg
	请领	实发	计划单位成本（元）	成本（元）	备注
生产用	500	500	30	15 000.00	
合计	500	500	30	15 000.00	

采供部主管：赵　海　　领料：赵　虎　　仓库：孙　陆

此联交成本组

表 5-26　领　料　单

领料单

领用单位：馅料车间　　2019 年 12 月 5 日　　编号：006

用途	材料名称　鲜牛奶		规格型号		计量单位　kg
	请领	实发	计划单位成本（元）	成本（元）	备注
生产用	900	900	4.2	3 780.00	
合计	900	900	4.2	3 780.00	

采供部主管：赵　海　　领料：赵　虎　　仓库：孙　陆

此联交成本组

表 5-27　　领　料　单

领 料 单

领用单位：馅料车间　　2019 年 12 月 5 日　　编号：007

用途	材料名称　鸡蛋		规格型号		计量单位　kg
	请领	实发	计划单位成本（元）	成本（元）	备注
生产用	938	938	7	6 566.00	
合计	938	938	7	6 566.00	

此联交成本组

采供部主管：赵　海　　领料：赵　虎　　仓库：孙　陆

表 5-28　　领　料　单

领 料 单

领用单位：馅料车间　　2019 年 12 月 5 日　　编号：008

用途	材料名称　香精		规格型号		计量单位　kg
	请领	实发	计划单位成本（元）	成本（元）	备注
生产用	102	102	38	3 876.00	
合计	102	102	38	3 876.00	

此联交成本组

采供部主管：赵　海　　领料：赵　虎　　仓库：孙　陆

表 5-29　　领　料　单

领 料 单

领用单位：馅料车间　　2019 年 12 月 5 日　　编号：009

用途	材料名称　猪肉		规格型号		计量单位　kg
	请领	实发	计划单位成本（元）	成本（元）	备注
生产用	500	500	16	8 000.00	
合计	500	500	16	8 000.00	

此联交成本组

采供部主管：赵　海　　领料：赵　虎　　仓库：孙　陆

表 5-30　领　料　单

领 料 单

领用单位：馅料车间　　2019 年 12 月 5 日　　编号：010

用途	材料名称　盐		规格型号		计量单位　kg
	请领	实发	计划单位成本（元）	成本（元）	备注
生产用	216	216	2.4	518.40	
合计	216	216	2.4	518.40	

采供部主管：赵　海　　领料：赵　虎　　仓库：孙　陆

此联交成本组

表 5-31　领　料　单

领 料 单

领用单位：馅料车间　　2019 年 12 月 5 日　　编号：011

用途	材料名称　蛋白胶		规格型号		计量单位　kg
	请领	实发	计划单位成本（元）	成本（元）	备注
生产用	389	389	18.4	7 157.60	
合计	389	389	18.4	7 157.60	

采供部主管：赵　海　　领料：赵　虎　　仓库：孙　陆

此联交成本组

表 5-32　领　料　单

领 料 单

领用单位：馅料车间　　2019 年 12 月 5 日　　编号：012

用途	材料名称　添加剂		规格型号		计量单位　kg
	请领	实发	计划单位成本（元）	成本（元）	备注
生产用	10.8	10.8	62	669.60	
合计	10.8	10.8	62	669.60	

采供部主管：赵　海　　领料：赵　虎　　仓库：孙　陆

此联交成本组

表 5-33　　领　料　单

领料单

领用单位：馅料车间　　2019 年 12 月 5 日　　编号：013

用途	材料名称　牛肉		规格型号		计量单位　kg
	请领	实发	计划单位成本（元）	成本（元）	备注
生产用	500	500	27	13 500.00	
合计	500	500	27	13 500.00	

采供部主管：赵　海　　领料：赵　虎　　仓库：孙　陆

此联交成本组

表 5-34　　领　料　单

领料单

领用单位：中点车间　　2019 年 12 月 5 日　　编号：014

用途	材料名称　面粉		规格型号		计量单位　kg
	请领	实发	计划单位成本（元）	成本（元）	备注
生产用	25 500	25 500	2.6	66 300.00	
合计	25 500	25 500	2.6	66 300.00	

采供部主管：赵　海　　领料：张　华　　仓库：孙　陆

此联交成本组

表 5-35　　领　料　单

领料单

领用单位：中点车间　　2019 年 12 月 5 日　　编号：015

用途	材料名称　酵母		规格型号		计量单位　kg
	请领	实发	计划单位成本（元）	成本（元）	备注
生产用	255	255	14	3 570.00	
合计	255	255	14	3 570.00	

采供部主管：赵　海　　领料：张　华　　仓库：孙　陆

此联交成本组

表 5-36　领　料　单

领 料 单

领用单位：西点车间　　2019 年 12 月 5 日　　编号：016

用途	材料名称　面粉		规格型号		计量单位　kg
	请领	实发	计划单位成本（元）	成本（元）	备注
生产用	18 000	18 000	2.6	46 800.00	
合计	18 000	18 000	2.6	46 800.00	

采供部主管：赵　海　　领料：王　乐　　仓库：孙　陆

此联交成本组

表 5-37　领　料　单

领 料 单

领用单位：西点车间　　2019 年 12 月 5 日　　编号：017

用途	材料名称　白糖		规格型号		计量单位　kg
	请领	实发	计划单位成本（元）	成本（元）	备注
生产用	2 160	2 160	3.5	7 560.00	
合计	2 160	2 160	3.5	7 560.00	

采供部主管：赵　海　　领料：王　乐　　仓库：孙　陆

此联交成本组

表 5-38　领　料　单

领 料 单

领用单位：西点车间　　2019 年 12 月 5 日　　编号：018

用途	材料名称　鸡蛋		规格型号		计量单位　kg
	请领	实发	计划单位成本（元）	成本（元）	备注
生产用	1 080	1 080	7	7 560.00	
合计	1 080	1 080	7	7 560.00	

采供部主管：赵　海　　领料：王　乐　　仓库：孙　陆

此联交成本组

表 5-39　领　料　单

领 料 单

领用单位：西点车间　　2019 年 12 月 5 日　　编号：019

用途	材料名称　盐		规格型号		计量单位　kg
	请领	实发	计划单位成本（元）	成本（元）	备注
生产用	360	360	2.4	864.00	
合计	360	360	2.4	864.00	

采供部主管：赵　海　　领料：王　乐　　仓库：孙　陆

此联交成本组

表 5-40　领　料　单

领 料 单

领用单位：西点车间　　2019 年 12 月 5 日　　编号：020

用途	材料名称　酵母		规格型号		计量单位　kg
	请领	实发	计划单位成本（元）	成本（元）	备注
生产用	324	324	14	4 536.00	
合计	324	324	14	4 536.00	

采供部主管：赵　海　　领料：王　乐　　仓库：孙　陆

此联交成本组

表 5-41　领　料　单

领 料 单

领用单位：西点车间　　2019 年 12 月 5 日　　编号：021

用途	材料名称　添加剂		规格型号		计量单位　kg
	请领	实发	计划单位成本（元）	成本（元）	备注
生产用	36	36	62	2 232.00	
合计	36	36	62	2 232.00	

采供部主管：赵　海　　领料：王　乐　　仓库：孙　陆

此联交成本组

表 5-42　　领　料　单

领 料 单

领用单位：馅料车间　　　　2019 年 12 月 5 日　　　　编号：022

用途	材料名称　红小豆		规格型号		计量单位　kg
	请领	实发	计划单位成本（元）	成本（元）	备注
生产用	2 590	2 590	6.5	16 835.00	
合计	2 590	2 590	6.5	16 835.00	

采供部主管：赵　海　　　　领料：赵　虎　　　　仓库：孙　陆

此联交成本组

（10）12 月 6 日，4 日托收的河北蓝天商厦的商业汇票款项已到，相关原始凭证见表 5-43。本业务实训指导见实训指导 9。

动画：委托收款业务办理

表 5-43　　托 收 凭 证

托收凭证（汇款依据或收账通知）

4

委托日期　2019 年 12 月 4 日　　　　付款期限　2019 年 12 月 06 日

业务类型	委托收款（☑邮划、□电划）		托收承付（□邮划、□电划）		
付款人 全称	河北蓝天商厦		收款人 全称	万家食品有限公司	
付款人 账号	140153461		收款人 账号	1287654279	
付款人 地址	河北省邯郸市县	开户行　农行邯郸支行	收款人 地址	山西省太原市县	开户行　工行北街支行
金额 人民币（大写）	伍万肆仟元整		亿千百十万千百十元角分	¥ 5 4 0 0 0 0 0	
款项内容	货款	托收凭据名称	银行承兑汇票	附寄单证张数	1
商品发运情况	已发出		合同名称号码	098837	
备注： 复核　记账	上列款项已划回收入你方账户内。 收款人开户银行签章 2019 年 12 月 06 日				

中国工商银行股份有限公司 太原北街支行 2019.12.06 转讫

此联付款人开户行凭以汇款或收款人开户银行作收账通知

(2005) 10×17.5公分 交15角直印制 01512-65011866

（11）12 月 6 日，办公室购入 6 台计算机，以银行存款支付，并交付使用，预计使用 5 年，净残值率为 4%，以转账支票予以结算。资产采购入库批准单、付款审批单、增值税专用发票、固定资产交接单见表 5-44～表 5-47，根据上述单据，登记固定资产卡片（见表 5-48），签发转账支票（见表 5-49）。本业务实训指导见实训指导 10。

支票结算业务办理

表 5-44　资产采购入库批准单

资产采购入库批准单

承办部门	部门负责人	承办人
采供部	赵海	张建设

2019 年 12 月 6 日

销货单位	全称	阳光电子科技发展有限公司			合同管理员	备注
	纳税人资质	一般纳税人	合同编号	790	张东	
项目	入库单号码	发票号码	货物售价金额	进项税额	价税合计	
联想计算机	201	60972198	58 800.00	7 644.00	66 444.00	
小计					¥66 444.00	
货款合计（大写）陆万陆仟肆佰肆拾肆元整			¥66 444.00			

总经理	分管副总	供应部门	财务部门		
			会计机构负责人	审核会计	结算方式
李永国	高天华	赵海	张昊	李小玉	银行转账

第二联　会计联

表 5-45　付款审批单

付款审批单

承办部门	负责人	承办人
采供部	赵海	张建设

2019 年 12 月 6 日　　No 000002

付款项目		附件张数	金额	结算方式	
采购联想计算机		2	66 444.00	现　金：¥	
				银行转账：¥66 444.00	
				商业汇票：¥	
收款人全称	阳光电子科技发展有限公司		收款人	其　他：¥	
开户行全称	工行西羊市街支行			资金计划列支	
账　号	6957423102			计划总额	100 000.00
申请付款金额（大写）	陆万陆仟肆佰肆拾肆元整		¥66 444.00	累计支付额	66 444.00
批准金额（大写）	陆万陆仟肆佰肆拾肆元整		¥66 444.00	非计划列支额	
会计机构负责人	总经理	分管副总	审核会计	资金计划审核人员	
张昊	李永国	谢克勤	李小玉	张山	

第二联　会计联

表 5-46　增值税专用发票

1100082140　　**山西增值税专用发票**

发　票　联

No. 60972198

开票日期：20191206

购买方	名　　称：万家食品有限公司 纳税人识别号：14012846987200123F 地 址、电 话：太原北大街　3022537 开户行及账号：工行北街支行　1287654279	密码区	3-65745<19458<3840481　加密版本：01 75/37503848*7>+>-2//5　1100082140 >*8574567-7<8*873/+<4　60972198 13-3001152-/>7142>>8-

货物或应税劳务、服务名称	规格型号	单位	数量	单价	金额	税率	税额
*电子计算机*联想计算机	BD	台	6	9 800.00	58 800.00	13%	7 644.00
合　计					¥58 800.00		¥7 644.00
价税合计（大写）	⊗ 陆万陆仟肆佰肆拾肆元整				（小写）	¥66 444.00	

销售方	名　　称：阳光电子科技发展有限公司 纳税人识别号：14045322985637134B 地 址、电 话：太原市西羊市街136号　8236903 开户行及账号：工行西羊市街支行　6957423102	备注	阳光电子科技发展有限公司 14045322985637134B 发票专用章

收款人：　　复核：　　开票人：　　销售方：（章）

税总函〔2019〕562号海南华森实业公司

第三联：发票联　购买方记账凭证

表 5-47　固定资产交接单

固定资产交接单

固定资产类别：办公设备

固定资产项目名称	联想计算机	型号及规格	BD	建设单位		取得来源	购入
原　值	58 800.00	其中安装费		预计残值	2 352	预计清理费	0
建造日期		验收日期	2019.12.6	开始使用日期	2019.12.6	预计使用年限	5
年折旧额	11 289.6	年折旧率	19.2%	月折旧额	940.8	月折旧率	1.6%
投入日期	0	投入时已使用年限	0	尚能使用年限	5	投入时已提折旧额	0

接收人员：李永国　　　　采供人员：张建设

表 5-48　固定资产卡片

固定资产卡片

年　月　日填卡

类别		编号		预计使用年限　　年	原始价值
固定资产名称				预计残值　　元	千 百 十 万 千 百 十 元 角 分
规格及型号				预计清理费　　元	
建造单位				折旧方法	其中安装费
建造年份				年折旧率　　%	
来源				分类折旧率　　%	变动后价值
验收日期				取得时已使用　　年	
技术特征				减少时已使用　　年	年折旧额
拨出单位				开始使用日期	

使用单位	年	月	使用单位	存放地点	已提折旧截止		月折旧额
						年　月末　　元	
						年　月末　　元	
						年　月末　　元	
					卡片注销　　年　月　日		

表 5-49　转 账 支 票

中国工商银行（　）
转账支票存根

GE 02 23909821

附加信息

出票日期　年　月　日

收款人：

金　额：

用　途：

单位主管　　会计

上海金达证券印制有限公司・2019年印制

中国工商银行　转账支票（　）　BG 02 23909821

出票日期（大写）　年　月　日　付款行名称：

收款人：　出票人账号：

本支票付款期限十天

人民币（大写）	亿	千	百	十	万	千	百	十	元	角	分

用途

上列款项请从

我账户内支付

出票人签章　　复核　　记账

（12）12 月 8 日，办理增值税、城市维护建设税等 5 项税费的交纳手续，电子缴税付款凭证见表 5-50、表 5-51。本业务实训指导见实训指导 11。

政策法规：银企税系统介绍

表 5-50　电子缴税付款凭证

ICBC 中国工商银行　凭证

中国工商银行电子缴税付款凭证　No. 12334

转账日期：　2019年12月8日　　凭证字号：02530589

纳税人全称及纳税人识别号：　14012846987200123F

付款人全称：万家食品有限公司

付款人账号：1287654279　　征收机关名称：太原市国税局

付款人开户银行：工行北街支行　　收款国库（银行）名称：太原市金库

小写（合计）金额：197 400.00　　缴款书交易流水号：98765

大写（合计）金额：壹拾玖万柒仟肆佰元整　　税票号码：654321

税（费）种名称	所属日期	实缴金额
增值税	20191101-20191130	197 400.00

第 1 次打印　　打印时间：20191208

（中国工商银行股份有限公司 太原北街支行 2019.12.08 转讫）

(1405公分×21公分)　　第二联　作付款回单（无银行收讫章无效）　　复核：　　记账：

表 5-51　电子缴税付款凭证

ICBC 中国工商银行　凭证

中国工商银行电子缴税付款凭证　No.

转账日期：　2019年12月8日　　凭证字号：02530588

纳税人全称及纳税人识别号：　14012846987200123F

付款人全称：万家食品有限公司

付款人账号：1287654279　　征收机关名称：太原地税局

付款人开户银行：工行北街支行　　收款国库（银行）名称：太原市金库

小写（合计）金额：25 828.00　　缴款书交易流水号：01235689

大写（合计）金额：贰万伍仟捌佰贰拾捌元整　　税票号码：123698

税（费）种名称	所属日期	实缴金额
城市维护建设税	20191101-20191130	13 818.00
教育费附加	20191101-20191130	5 922.00
地方教育附加	20191101-20191130	3 948.00
个人所得税	20191101-20191130	2 140.00

第 1 次打印　　打印时间：20191208

（中国工商银行股份有限公司 太原北街支行 2019.12.08 转讫）

(1405公分×21公分)　　第二联　作付款回单（无银行收讫章无效）　　复核：　　记账：

（13）12 月 8 日，经法定程序批准发行企业债券。代理发行企业债券协议书见表 5-52。本业务实训指导见实训指导 12。

表 5-52　代理发行企业债券协议书

代理发行企业债券协议书

发行债券单位：（甲方）万家食品有限公司

代理发行债券单位：（乙方）山西证券股份有限公司

为解决甲方因自有资金不足的困难，保证企业生产经营的正常进行，经中国人民银行批准，发行企业债券 150 万元（按面值发行），期限为 5 年，债券年利率为 10%，委托乙方采用代销方式代理发行，为明确责任，经双方协商，达成如下协议：

一、甲方为企业债券的债务人，承担债券的全部风险和经济、法律责任，债券的设计、印刷、广告宣传费用由甲方负责，乙方协助办理。

二、乙方为甲方债券发行的代理人，负责债券的保管、发行、兑付、销毁工作，但不承担债券到期不能按时兑付本息的经济责任和法律责任。

三、在债券发行完毕后，甲方向乙方按实际发行额的 0.4% 支付代理发行兑付手续费，债券发行完毕五日内，乙方将全部所销债券资金划到甲方账户上。

四、债券到期 7 日前，甲方将全部债券本息划到乙方账户。甲方的发行担保单位是恒达担保公司。债券到期甲方不能如期还本付息时，担保方必须向乙方提供全部资金，确保债券按期还本付息。债券到期由乙方一次兑付本金和利息。

五、发行债券筹集的资金，甲方只能按人民银行批准的项目用于生产性固定资产的购建，不得挪作他用。

六、本协议一式五份，甲、乙双方各执一份，担保方一份，报送中国人民银行两份，协议自中国人民银行批准后生效。

七、甲方应将申请发行企业债券的全套资料各一份，作为协议的附件报送乙方。

（甲方）印章 发行债券单位　万家食品有限公司 合同专用章	（乙方）印章 代理发行单位　山西证券股份有限公司 合同专用章	印章 发行担保单位　恒达担保公司
法人代表章　李永国印	法人代表章　高德鹏印	法人代表章　王江涛印
开户行：工行太原北街支行 账号：1287654279	开户行：工行太原迎泽支行 账号：4251579129	

2019 年 12 月 8 日

（14）12 月 8 日，工商银行太原北街支行转来收账通知，系上月侯马家和超市所欠货款，相关凭证见表 5-53。本业务实训指导见实训指导 9。

表 5-53　托收凭证

托收凭证（汇款依据或收账通知）　4

委托日期　2019 年 11 月 29 日　　付款期限　2019 年 12 月 08 日

业务类型	委托收款（□邮划、☑电划）			托收承付（□邮划、□电划）			
付款人 全称	侯马家和超市			收款人 全称	万家食品有限公司		
付款人 账号	3563264589			收款人 账号	1287654279		
付款人 地址	山西省侯马 市/县	开户行	工行新田路支行	收款人 地址	山西省太原 市/县	开户行	工行北街支行
金额 人民币（大写）	叁万元整			亿 千 百 十 万 千 百 十 元 角 分	¥ 3 0 0 0 0 0 0		
款项内容	货款	托收凭据名称	发票单、运单	附寄单证张数	2		
商品发运情况	已发送			合同名称号码	销售合同0325		
备注： 复核　　记账	上列款项已划回收入你方账户内。 收款人开户银行签章 2019 年 12 月 8 日						

中国工商银行股份有限公司
太原北街支行
2019.12.08
转讫

此联付款人开户行凭以汇款或收款人开户银行作收账通知

(2005) 10×17.5公分　交15角直印刷　01512-65011866

（15）12 月 9 日，职工健身房建造完工并交付使用。工程竣工结算单、工程竣工验收单、固定资产交接单见表 5-54、表 5-55、表 5-56。本业务实训指导见实训指导 13。

表 5-54　工程竣工结算单

工程竣工结算单

2019 年 12 月 9 日

工程名称	万家食品有限公司职工健身房	施工单位	中铁三局建筑公司
合同编号	11063	合同价款	1 356 300.00 元
质量评定：合格			
工程追加款：0 元		扣罚款：0 元	
总结算款：1 356 300.00 元			
甲方		乙方	
万家食品有限公司		中铁三局建筑公司	

万家食品有限公司

中铁三局建筑公司

表 5-55　工程竣工验收单

工程竣工验收单

2019 年 12 月 9 日

工程名称		万家食品有限公司职工健身房	
工程地点		万家食品有限公司	
竣工验收单位	甲方	万家食品有限公司	签字（盖章）
	监理部门	太原亿城工程监理有限公司	签字（盖章）
	乙方	中铁三局建筑公司	签字（盖章）

表 5-56　固定资产交接单

固定资产交接单

固定资产类别：房屋建筑物　　2019 年 12 月 9 日

固定资产项目名称	职工健身房	型　号及规格		建　设单　位	中铁三局建筑公司	取　得来　源	委托建造
原　值	1 356 300.00	其　中安装费		预　计残　值	54 252.00	预　计清理费	
建造日期	2017.5.10	验　收日　期	2019.12.8	开始使用日期	2019.12.10	预计使用年限	20
年折旧额	65 102.40	年　折旧　率	4.8%	月　折旧　额	5 425.20	月　折旧　率	0.4%
投入日期	2019.12.10	投入时已使用年　限	0	尚可使用年限	20	投入时已　提折旧额	0

接收人员：李永国　　交付人员：袁生林

（16）12 月 9 日，购买盘江股份 1 000 股，划分为交易性金融资产。每股 25 元（其中包含已宣告但未发放的股利 1 000 元），支付手续费等费用共计 25 元（本业务未开具增值税发票），交割单见表 5-57。本业务实训指导见实训指导 14。

表 5-57　证券交易成交报告单

山西证券西矿街营业部
证券交易成交报告单［买入成交］

成交日期：2019.12.09 资金账号：15004892 客户姓名：	打印日期： 证券账号：600395 证券名称：盘江股份
申报日期： 申报时间：10：15：25 成交数量：1 000	申报编号： 成交时间：11：05：05 佣金：16.000
成交均价：25.000 成交金额：25 000 收付金额：25 025 前 / 后金额： 本次余股：1 000	印花税：8 过户费：1.000 附加费用：0.000

经办单位________________　客户盖章________

（17）12 月 10 日，太原北大街门面房承租方宇乐公司交付房屋租金，租赁合同、发票见表 5-58、表 5-59。请根据合同、发票内容填制进账单（表 5-60）。本业务实训指导见实训指导 15。

纳税人登记号　14098765432123436B　　　　税率：9%

表 5-58　房屋租赁合同

房屋租赁合同

出租方（以下简称甲方）：万家食品有限公司

承租方（以下简称乙方）：宇乐公司

第一条　房屋基本情况（略）。

第二条　房屋用途。该房屋用途为商业服务。除双方另有约定外，乙方不得改变房屋用途。

第三条　租赁期限。租赁期限自 2018 年 1 月 1 日至 2020 年 12 月 31 日止。

第四条　租金。该房屋租金为（人民币）陆拾万元整，每月租金壹万零伍佰元整。租赁期间，如遇到市场变化，双方可另行协商调整租金标准；除此之外，出租方不得以任何理由任意调整租金。

第五条　付款方式。乙方应于本合同生效之日向甲方支付定金（人民币）贰万元整。租金按月结算，由乙方于每月月末交付给甲方。

其余条款（略）

表 5-59　增值税专用发票

1100082140　山西增值税专用发票

此联不作报销、扣税凭证使用

（印章：全国统一发票监制章　山西　国家税务总局监制）

No. 60972952

开票日期：20191212

购买方	名称：华亿百货公司 纳税人识别号：14098765432123436B 地址、电话：太原上马街12号　3048765 开户行及账号：工行五一支行　8765901				密码区	3-65745<19458<3840481 75/37503848*7>+>-2//5 >*8574567-7<8*873/+<4 13-3001152-/>7142>>8-	加密版本：01 1100082140 60972952
货物或应税劳务、服务名称	规格型号	单位	数量	单价	金额	税率	税额
*经营租赁*北大街门面房					10 500.00	9%	945.00
合　计					¥10 500.00		¥ 945.00
价税合计（大写）	⊗ 壹万壹仟肆佰肆拾伍元整					（小写）	¥ 11 445.00
销售方	名称：万家食品有限公司 纳税人识别号：14012846987200123F 地址、电话：太原北大街　3022537 开户行及账号：工行太原北街支行　1287654279				备注	（印章：万家食品有限公司　14012846987200123F　发票专用章）	

收款人：　　复核：　　开票人：　　销售方：（章）

第一联：记账联　销售方记账凭证

税总函［2019］562号海南华森实业公司

表 5-60　进　账　单

ICBC 中国工商银行　进 账 单（收账通知）　3

年　月　日

出票人	全　称		收款人	全　称	
	账　号			账　号	
	开户银行			开户银行	
金额	人民币（大写）			亿 千 百 十 万 千 百 十 元 角 分	
票据种类		票据张数			
票据号码					
复核　记账			收款人开户银行签章		

中国工商银行股份有限公司 太原北街支行 2019.12.10 转讫

此联是收款人开户银行交给收款人的收账通知

（18）12 月 10 日，从府东副食品公司购入白砂糖，资产采购入库批准单、付款审批单、增值税专用发票、支票存根、材料入库单见表 5-61～表 5-65。本业务实训指导见实训指导 16。

表 5-61　资产采购入库批准单

资产采购入库批准单

承办部门	部门负责人	承办人
采供部	赵海	王小波

2019 年 12 月 10 日

销货单位	全称	府东副食品公司			合同管理员	备注
	纳税人资质	一般纳税人	合同编号	567	张东	
项目	入库单号码	发票号码	货物售价金额	进项税额	价税合计	
采购白砂糖	006	60972743	28 000.00	3 640.00	31 640.00	
小计						
货款合计（大写）叁万壹仟陆佰肆拾元整			¥31 640.00			

总经理	分管副总	供应部门	财务部门		
			会计机构负责人	材料会计	结算方式
李永国	高天华	赵海	张昊	张怀东	银行转账

第二联　会计联

表 5-62　付款审批单

付款审批单

承办部门	负责人	承办人
采供部	赵海	王小波

2019 年 12 月 10 日　　No 000003

付款项目		附件张数	金额	结算方式	
采购白砂糖		2	31 640.00	现　金：¥	
				银行转账：¥ 31 640.00	
				商业汇票：¥	
收款人全称	府东副食品公司		收款人	其　他：¥	
开户行全称	工行府东街支行			资金计划列支	
账　号	853479			计划总额	500 000.00
申请付款金额（大写）	叁万壹仟陆佰肆拾元整		¥ 31 640.00	累计支付额	320 000.00
批准金额（大写）	叁万壹仟陆佰肆拾元整		¥ 31 640.00	非计划列支额	
会计机构负责人	总经理	分管副总	审核会计	资金计划审核人员	
张昊	李永国	谢克勤	张怀东	张山	

第二联　会计联

表 5-63　增值税专用发票

1100082140　　山西增值税专用发票　　（印章：全国统一发票监制章　山西　国家税务总局监制）

发　票　联

No. 60972743

开票日期：20191210

购买方	名　　称：万家食品有限公司 纳税人识别号：14012846987200123F 地 址、电 话：太原北大街　3022537 开户行及账号：工行太原北街支行　1287654279				密码区	3-65745<19458<3840481 75/37503848*7>+>-2//5 >*8574567-7<8*873/+<4 13-3001152-/>7142>>8-	加密版本：01 1100082140 60972743
货物或应税劳务、服务名称	规格型号	单位	数量	单价	金额	税率	税额
*糖果类制品*白砂糖		kg	8 000	3.50	28 000.00	13%	3 640.00
合　计					¥ 28 000.00		¥ 3 640.00
价税合计（大写）	⊗ 叁万壹仟陆佰肆拾元整					（小写）	¥ 31 640.00
销售方	名　　称：府东副食品公司 纳税人识别号：14036786497235836B 地 址、电 话：府东街89号　6689158 开户行及账号：工行府东街支行　853479				备注	（印章：府东副食品公司　14036786497235836B　发票专用章）	

收款人：　　复核：　　开票人：　　销售方：（章）

税总函〔2019〕562号海南华森实业公司

第三联：发票联　购买方记账凭证

表 5-64　　支票存根

上海金达证券印制有限公司・2000年印制

中国工商银行（　）
转账支票存根

$\frac{GE}{02}$ 23909821

附加信息

出票日期 2019年12月10日

收款人：	府东副食品公司
金　额：	31 640.00
用　途：	购进白砂糖

单位主管　　会计

表 5-65　　材料入库单

万家食品有限公司材料入库单

供货单位：府东副食品公司　　材料类别：　　编号：006

发票号码：　　2019 年 12 月 10 日　　材料编号：原料及主要材料　　仓库：2 号库

材料名称	计量单位	数量		实际成本					计划成本	
		应收	实收	单价	金额	运杂费	其他	合计	单价	金额
白砂糖	kg	8 000	8 000	3.50	28 000.00			28 000.00	3.50	28 000.00
备注：				合计	28 000.00			28 000.00		28 000.00

②财会

采供部负责人：赵　海　　采购：钱　云　　保管员：孙　陆　　业务经办：李　雪

（19）12 月 10 日，上缴工会经费，交纳职工个人和企业应负担的住房公积金及 5 项保险费，相关原始凭证见表 5-66～表 5-70。本业务实训指导见实训指导 17。

政策法规：职工五险一金的交纳

表 5-66　住房公积金计算表

住房公积金计算表

2019 年 11 月 30 日　单位：元

部门		应付工资	住房公积金		
			个人承担	企业承担	合计
			比例 6%	比例 10%	
中点车间	生产工人	139 000	8 340	13 900	22 240
	管理人员	31 000	1 860	3 100	4 960
西点车间	生产工人	130 000	7 800	13 000	20 800
	管理人员	59 000	3 540	5 900	9 440
馅料车间	生产工人	39 000	2 340	3 900	6 240
	管理人员	11 000	660	1 100	1 760
机修车间		61 000	3 660	6 100	9 760
管理部门		130 000	7 800	13 000	20 800
合计		600 000	36 000	60 000	96 000

表 5-67　社会保险费计算表

社会保险费计算表

2019 年 11 月 30 日　单位：元

部门		应付工资	社会保险费							
			个人承担			企业承担				
			养老 8%	失业 0.5%	医疗 2%	养老 20%	失业 1.5%	医疗 6.5%	生育 0.35%	工伤 1.2%
中点车间	生产工人	139 000	11 120	695	2 780	27 800	2 085	9 035	486.5	1 668
	管理人员	31 000	2 480	155	620	6 200	465	2 015	108.5	372
西点车间	生产工人	130 000	10 400	650	2 600	26 000	1 950	8 450	455	1 560
	管理人员	59 000	4 720	295	1 180	11 800	885	3 835	206.5	708
馅料车间	生产工人	39 000	3 120	195	780	7 800	585	2 535	136.5	468
	管理人员	11 000	880	55	220	2 200	165	715	38.5	132
机修车间		61 000	4 880	305	1 220	12 200	915	3 965	213.5	732
管理部门		130 000	10 400	650	2 600	26 000	1 950	8 450	455	1 560
小计		600 000	48 000	3 000	12 000	120 000	9 000	39 000	2 100	7 200
合计			63 000			177 300				

表 5-68　住房公积金汇（补）缴书

住房公积金汇（补）缴书

No

2019 年 12 月 10 日　　附：缴存变更清册　页

缴款单位	单位名称	万家食品有限公司	收款单位	单位名称	太原市住房公积金管理中心	
	单位账号	1287654279		公积金账号	098765543	
	开户银行	工行太原北街支行		开户银行	建行千湖支行	
缴款类型	☑汇缴	□补缴	补缴原因			
缴款人数	450	缴款时间	2019 年 11 月 至 2019 年 11 月	月数	1	
缴款方式	□现金	☑转账			百十万千百十元角分	
金额（大写）	人民币 玖万陆仟元整				¥ 9 6 0 0 0 0 0	

上次汇缴		本次增加汇缴		本次减少汇缴		本次汇（补）缴	
人数	金额	人数	金额	人数	金额	人数	金额
450	96 000.00					450	96 000.00

上述款项已划转至市住房公积金管理中心住房公积金存款户内。

（银行盖章）

复核：　　经办：　　2019年12月10日

中国工商银行股份有限公司 太原北街支行 2019.12.10 转讫

第一联：缴款单位开户行给缴款单位的回单

表 5-69　社会保险费专用收款票据

太原市社会保险费专用收款票据

全国统一发票监制章 发票联 地方税务局监制

流水号：09876　　No：249000093457

付款单位：万家食品有限公司　　经济类别：制造业　　单位：元

收费项目	起始年月	终止年月	人数	单位缴纳额	个人缴纳额	滞纳金	利息	合计金额
养老保险	2019.11	2019.11	450	120 000.00	48 000.00			168 000.00
失业保险	2019.11	2019.11	450	9 000.00	3 000.00			12 000.00
工伤保险	2019.11	2019.11	450	7 200.00				7 200.00
生育保险	2019.11	2019.11	450	2 100.00				2 100.00
医疗保险	2019.11	2019.11	450	39 000.00	12 000.00			51 000.00
人民币合计（大写）：贰拾肆万零叁佰元整							¥240 300.00	

太原市社会保险管理中心 财务专用章

中国工商银行股份有限公司 太原北街支行 2019.12.10 转讫

收款单位（章）：　财务复核人：　业务复核人：　操作员：　开据时间：20191210

第二联：发票联

表 5-70 工会专用结算凭证

工会专用结算凭证（行政拨交工会经费缴款书）

缴款日期 2019年12月10日

付款单位	全称	万家食品有限公司	收款单位	全称	太原市工会
	账号	1287654279		账号	1789879
	开户银行	工行北街支行		开户银行	工行千峰路支行
所属月份		201911	职工人数		450
上月职工工资总额		600 000.00	按2%计应缴工会经费		4 800.00（上交40%）
迟交天数			按1%计应缴滞纳金		
合计金额（大写）肆仟捌佰元整					十万千百十元角分 ¥ 4 8 0 0 0 0
缴款单位盖章	万家食品有限公司 财务专用章	工会委员会盖章	太原市工会 财务专用章 年 月 日	银行盖章	中国工商银行股份有限公司 太原北街支行 2019.12.10 转讫 2019年12月10日

此联交缴款单位作回单

(20) 12 月 11 日，上月海南盛家粮油公司有关结算票据到达，运费由对方承担，通过银行付款。付款审批单、发票见表 5-71、表 5-72，根据发票资料填制电汇凭证（见表 5-73）。本业务实训指导见实训指导 18。

动画：汇兑结算方式

表 5-71 付款审批单

付款审批单

承办部门	负责人	承办人
采供部	赵海	王小波

2019 年 12 月 11 日　　No 000004

付款项目		附件张数	金额	结算方式	
采购植物油		2	599.50	现　金：¥	
				银行转账：¥ 599.50	
				商业汇票：¥	
收款人全称	海南盛家粮油公司		收款人	其　他：¥	
开户行全称	工行海南支行			资金计划列支	
账　号	1123658139			计划总额	500 000.00
申请付款金额（大写）	伍佰玖拾玖元伍角整		¥ 599.50	累计支付额	320 621.50
批准金额（大写）	伍佰玖拾玖元伍角整		¥ 599.50	非计划列支额	
会计机构负责人	总经理	分管副总	审核会计	资金计划审核人员	
张昊	李永国	谢克勤	张怀东	张山	

第二联 会计联

表 5-72

增值税专用发票

1100082140

海南增值税专用发票

（全国统一发票监制章　海南　国家税务总局监制）

发票联

No. 60978650

开票日期：2019年12月11日

购买方	名　　称：万家食品有限公司 纳税人识别号：14012846987200123F 地 址、电 话：太原北大街　3022537 开户行及账号：工行北街支行　1287654279					密码区	3-65745<19458<3840481 75/37503848*7>+>-2//5 >*8574567-7<8*873/+<4 13-3001152-/>7142>>8- 加密版本：01 1100082140 60978650
货物或应税劳务、服务名称	规格型号	单位	数量	单价	金额	税率	税额
*植物油*植物油			50	11.00	550.00	9%	49.50
合　计					¥550.00		¥49.50
价税合计（大写）	⊗ 伍佰玖拾玖元伍角整					（小写）	¥599.50
销售方	名　　称：海南盛家粮油公司 纳税人识别号：12032768521479536B 地 址、电 话：文明路127号　022-8532198 开户行及账号：工行海南支行　1123658139					备注	（海南盛家粮油公司　12032768521479536B　发票专用章）

收款人：　　　复核：　　　开票人：　　　销售方：（章）

税总函〔2019〕562号海南华森实业公司

第三联：发票联　购买方记账凭证

表 5-73

电 汇 凭 证

中国工商银行 电汇凭证（回　单）　　1

委托日期　　年　月　日

汇款人	全　称		收款人	全　称	
	账　号			账　号	
	汇出地点	省　　市/县		汇入地点	省　　市/县
汇出行名称			汇入行名称		
金额	人民币（大写）			亿 千 百 十 万 千 百 十 元 角 分	
			支付密码		
汇出行签章			附加信息及用途：		

（中国工商银行股份有限公司　太原北街支行　2019.12.11　转讫）

此联汇出行给汇款人的回单

（21）12 月 11 日，填制“付款审批单”（见表 5-74），经审核后，向银行申领银行汇票，准备持票向大同古城乳制品公司购货。根据下列资料填制“业务委托书”（见表 5-75）。本业务实训指导见实训指导 19。原始凭证填制资料如下：

收款人：大同古城乳制品公司　　开户银行：工行大同支行

账号：12385281　　金额：11 000 元

动画：银行汇票结算方式

表 5-74　付款审批单

付款审批单

承办部门	负责人	承办人
采供部	赵海	王小波

2019 年 12 月 11 日　　No 000005

<table>
<tr><td colspan="2">付款项目</td><td>附件张数</td><td>金额</td><td colspan="2">结算方式</td></tr>
<tr><td colspan="2">采购鲜牛奶</td><td>2</td><td>11 000.00</td><td colspan="2">现　金：¥</td></tr>
<tr><td colspan="2"></td><td></td><td></td><td colspan="2">银行转账：¥</td></tr>
<tr><td colspan="2"></td><td></td><td></td><td colspan="2">商业汇票：¥</td></tr>
<tr><td>收款人全称</td><td colspan="2">大同古城乳制品公司</td><td>收款人</td><td colspan="2">其　他：¥11 000（银行汇票）</td></tr>
<tr><td>开户行全称</td><td colspan="2">工行大同支行</td><td rowspan="2"></td><td colspan="2">资金计划列支</td></tr>
<tr><td>账　号</td><td colspan="2">12385281</td><td>计划总额</td><td>500 000.00</td></tr>
<tr><td>申请付款金额（大写）</td><td colspan="3">壹万壹仟元整　¥11 000.00</td><td>累计支付额</td><td>331 621.5</td></tr>
<tr><td>批准金额（大写）</td><td colspan="3">壹万壹仟元整　¥11 000.00</td><td>非计划列支额</td><td></td></tr>
<tr><td>会计机构负责人</td><td>总经理</td><td>分管副总</td><td>审核会计</td><td colspan="2">资金计划审核人员</td></tr>
<tr><td>张昊</td><td>李永国</td><td>谢克勤</td><td>张怀东</td><td colspan="2">张山</td></tr>
</table>

第二联　会计联

银行汇票结算业务

表 5-75　　业务委托书

ICBC　中国工商银行

业务委托书　APPLICATION FOR MONEY TRANSFER　　晋B 00180440　　委托日期 Date　年 Y　月 M　日 D

业务类型 Type	□现金汇款 Cash Remittance　□转账汇款 Transfer Remittance　☑汇票申请书 D/D　□本票申请书 P/D　□其他 others ____			
委托人	全称 Full Name		收款人 全称 Full Name	
	账号或地址 Account No. or Addr.		账号或地址 Account No. or Addr.	
	开户行名称 Account Bank Name		开户行名称 Account Bank Name	
汇款方式 Type Of Remittance	□普通 Regular　□加急 Urgent　加急汇款签字 Signature For Urgent Payment		开户银行 Account Bank	
币种及金额（大写） Currency and Amount in Words				亿 千 百 十 万 千 百 十 元 角 分
用途 In Payment of			支付密码 S.C.	
委托人确认上列委托信息填写正确，且已完全理解和接受背面“客户须知”的内容，上列款项及相关费用请从委托人账户内支付				
银行填写 Bank Use	□联动收费　□非联动收费　□不收费		备注：Remarks	

受理（扫描）：　　审核：

ICBC　中国工商银行

业务委托书　回执
APPLICATION FOR MONEY TRANSFER ACKNOWLEDGEMENT

晋B 00180440

委托人全称	
委托人账号	
收款人全称	
收款人账号	
金额	
委托日期	

此联为银行受理通知书。若委托人申请汇票或本票业务，应凭此联领取汇票或本票
This Paper is the bank acceptance advice. For draft or promissory note application, please return this paper.

（22）承业务（21）。12 月 12 日，收到开户行签发的银行汇票第二联、第三联（见表 5-76、表 5-77）。根据相关资料填制下列银行汇票内容，并根据票据法的要求审核银行汇票应具备的要素。本业务实训指导见实训指导 20。

动画：银行汇票结算方式

表 5-76　　银行汇票第二联

付款期限 壹 个 月

中国工商银行
银行汇票　2　　GB 02　6320291

第　　号

出票日期（大写）　　年　　月　　日　　代理付款行：　　行号：

收款人：		账号：									
出票金额：人民币（大写）											
实际结算金额 人民币（大写）		千	百	十	万	千	百	十	元	角	分

申请人：＿＿＿＿＿＿　　账号或住址：＿＿＿＿＿＿

出票行：＿＿＿＿＿＿　行号：＿＿＿＿＿＿

备　注：＿＿＿＿＿＿

凭票付款

出票行签章

（印章：中国工商银行太原北街支行 030984657126 汇票专用章）

多余金额										
千	百	十	万	千	百	十	元	角	分	

科目（借）＿＿＿＿＿＿

对方科目（贷）＿＿＿＿＿＿

兑付日期　　年　　月　　日

复核　　记账

此联代理付款行付款后作联行往账借方凭证附件

表 5-77　　银行汇票第三联

付款期限 壹 个 月

中国工商银行
银行汇票（解讫通知）　3　　GB 02　6320291

第　　号

出票日期（大写）　　年　　月　　日　　代理付款行：　　行号：

收款人：		账号：									
出票金额：人民币（大写）											
实际结算金额 人民币（大写）		千	百	十	万	千	百	十	元	角	分

申请人：＿＿＿＿＿＿　　账号或住址：＿＿＿＿＿＿

出票行：＿＿＿＿＿＿　行号：＿＿＿＿＿＿

备　注：＿＿＿＿＿＿

代理付款行签章

复核　　经办

多余金额										
千	百	十	万	千	百	十	元	角	分	

复核　　记账

此联代理付款行兑付后随报单寄出票行　由出票行作多余款贷方凭证

（23）12 月 12 日，购消防器材，交机修车间直接使用，货款通过银行支付。资产采购入库批准单、付款审批单、发票、低值易耗品领用单、支票存根见表 5-78～表 5-82。本业务实训指导见实训指导 21。

表 5-78　资产采购入库批准单

资产采购入库批准单

承办部门	部门负责人	承办人
采供部	赵海	王小波

2019 年 12 月 12 日

销货单位	全称	山西省安全消防器材专卖店			合同管理员	备注
	纳税人资质	一般纳税人	合同编号	568	张东	
项目	入库单号码	发票号码	货物售价金额	进项税额	价税合计	
采购消防栓		60972893	2 400.00	312.00	2 712.00	
小计						
货款合计（大写）贰仟柒佰壹拾贰元整			¥2 712.00			

总经理	分管副总	供应部门	财务部门		
			会计机构负责人	材料会计	结算方式
李永国	高天华	赵海	张昊	张怀东	银行转账

第二联　会计联

表 5-79　付款审批单

付款审批单

承办部门	负责人	承办人
采供部	赵海	王小波

2019 年 12 月 12 日　　No 000006

付款项目		附件张数	金额	结算方式	
采购消防栓		2	2 712.00	现　金：¥	
				银行转账：¥2 712.00	
				商业汇票：¥	
收款人全称	山西省安全消防器材专卖店		收款人	其　他：¥	
开户行全称	工行大众街支行			资金计划列支	
账　号	2783214569			计划总额	20 000.00
申请付款金额（大写）	贰仟柒佰壹拾贰元整		¥2 712.00	累计支付额	12 345.50
批准金额（大写）	贰仟柒佰壹拾贰元整		¥2 712.00	非计划列支额	
会计机构负责人	总经理	分管副总	审核会计	资金计划审核人员	
张昊	李永国	谢克勤	张怀东	张山	

第二联　会计联

表 5-80　增值税专用发票

1100082140　山西增值税专用发票　发票联　（全国统一发票监制章 山西 国家税务总局监制）

No. 60972893

开票日期：20191212

购买方	名称：万家食品有限公司 纳税人识别号：14012846987200123F 地址、电话：太原北大街 3022537 开户行及账号：工行太原北街支行 1287654279					密码区	3-65745<19458<3840481 75/37503848*7>+>-2//5 >*8574567-7<8*873/+<4 13-3001152-/>7142>>8-	加密版本：01 1100082140 60972893
货物或应税劳务、服务名称	规格型号	单位	数量	单价	金额	税率	税额	
*金属铸件*消防栓		个	6	400.00	2 400.00	13%	312.00	
合　计					¥2 400.00		¥312.00	
价税合计（大写）	⊗贰仟柒佰壹拾贰元整					（小写）¥2 712.00		
销售方	名称：山西省安全消防器材专卖店 纳税人识别号：14012858967321436B 地址、电话：太原大众街 6582885 开户行及账号：工行大众街支行 2783214569					备注	（山西省安全消防器材专卖店 14012858967321436B 发票专用章）	

收款人：　　复核：　　开票人：　　销售方：（章）

税总函〔2019〕562号海南华森实业公司

第三联：发票联　购买方记账凭证

表 5-81　低值易耗品领用单

低值易耗品领用单

领用单位：机修车间　　2019 年 12 月 12 日　　编号 009

项目 / 用途	名称	消防栓	计量单位：个	规格：	
	请领	实发	单位成本	总成本	备注
一般耗用	6	6	400.00	2 400.00	一次摊销
合计	6	6	400.00	2 400.00	

领料单位负责人：胡　凯　　保管：　　领料：毛林杰

第二联：交财务部

表 5-82　　**转账支票存根**

上海金达证券印制有限公司·2000年印制

中国工商银行（　）
转账支票存根

$\frac{G\ E}{0\ 2}$ 23909821

附加信息

出票日期 2019年12月12日

收款人：	山西省安全消防器材专卖店
金　额：	2 712.00
用　途：	购货

单位主管　　会计

（24）12 月 12 日，收到华亿百货公司因租用 300 只货物贮藏桶而交来的租金及押金，收到银行转来的收账通知，发票、收据、进账单见表 5-83、表 5-84、表 5-85。本业务实训指导见实训指导 22。

表 5-83　　**增值税专用发票**

税总函〔2019〕562号海南华森实业公司

1100082140　　山西增值税专用发票

此联不作报销、扣税凭证使用

（全国统一发票监制章 山西 国家税务总局监制）

No. 60972952

开票日期：20191212

购买方	名　　称：华亿百货公司 纳税人识别号：14098765432123436B 地 址、电 话：太原上马街12号　3048765 开户行及账号：工行五一支行　8765901				密码区	3-65745<19458<3840481 75/37503848*7>+>-2//5 >*8574567-7<8*873/+<4 13-3001152-/>7142>>8-	加密版本：01 1100082140 60972952
货物或应税劳务、服务名称	规格型号	单位	数量	单价	金额	税率	税额
*租赁服务*货物储藏桶租金					5 000.00	13%	650.00
合　计					¥5 000.00		¥ 650.00
价税合计（大写）	⊗伍仟陆佰伍拾元整					（小写）	¥ 5 650.00
销售方	名　　称：万家食品有限公司 纳税人识别号：14012846987200123F 地 址、电 话：太原北大街　3022537 开户行及账号：工行太原北街支行　1287654279				备注	（万家食品有限公司 14012846987200123F 发票专用章）	

收款人：　　复核：　　开票人：　　销售方：（章）

第一联：记账联　销售方记账凭证

表 5-84　　收款收据

收款收据

2019 年 12 月 12 日　　No. 00490980

今收到	华亿百货公司
交来	租赁押金
金额（大写）	⊗ 拾 ⊗ 万 壹 仟 贰 佰 零 拾 零 元 零 角 零 分
¥1 200.00	☐现金　☑支票　☐信用卡　☐其他　收款单位（盖章）

第三联　交财务

万家食品有限公司 财务专用章

核准：　会计：　记账：　出纳：　经手人：

表 5-85　　进账单

ICBC　中国工商银行　　进账单（收账通知）　3

2019年12月12日

出票人	全称	华亿百货公司	收款人	全称	万家食品有限公司
	账号	8765901		账号	1287654279
	开户银行	工行五一支行		开户银行	工行北街支行
金额	人民币（大写）	陆仟捌佰伍拾元整		亿千百十万千百十元角分	¥685000
票据种类	转	票据张数	1		
票据号码					
复核　记账				收款人开户银行签章	

中国工商银行股份有限公司 太原北街支行 2019.12.12 转 讫

此联是收款人开户银行交给收款人的收账通知

（25）12 月 13 日，从太原大象养鸡场购入鸡蛋 3 500 千克，用网银支付，资产采购入库批准单、付款审批单、发票、网银付款凭证、入库单见表 5-86～表 5-90。本业务实训指导见实训指导 23。

政策法规： 低税率税目表

表 5-86　资产采购入库批准单

资产采购入库批准单

承办部门	部门负责人	承办人
采供部	赵海	王小波

2019 年 12 月 13 日

销货单位	全称	太原大象养鸡场			合同管理员	备注
	纳税人资质	一般纳税人	合同编号	569	张东	
项目	入库单号码	发票号码	货物售价金额	进项税额	价税合计	
采购鸡蛋	0069	60973421	24 150.00	2 173.50	26 323.50	
小计						
货款合计（大写）贰万陆仟叁佰贰拾叁元伍角整					¥26 323.50	

总经理	分管副总	供应部门	财务部门		
			会计机构负责人	审核会计	结算方式
李永国	高天华	赵海	张昊	张怀东	银行转账

第二联　会计联

表 5-87　付款审批单

付款审批单

承办部门	负责人	承办人
采供部	赵海	王小波

2019 年 12 月 13 日　　No 000007

付款项目		附件张数	金额	结算方式	
采购鸡蛋		2	26 323.50	现　　金：¥	
				银行转账：¥26 323.50	
				商业汇票：¥	
收款人全称	太原大象养鸡场		收款人	其　　他：¥	
开户行全称	农行西宫支行			资金计划列支	
账　　号	22875238			计划总额	500 000.00
申请付款金额（大写）	贰万陆仟叁佰贰拾叁元伍角整		¥26 323.50	累计支付额	358 911.00
批准金额（大写）	贰万陆仟叁佰贰拾叁元伍角整		¥26 323.50	非计划列支额	
会计机构负责人	总经理	分管副总	审核会计	资金计划审核人员	
张昊	李永国	谢克勤	张怀东	张山	

第二联　会计联

表 5-88　增值税专用发票

1100082140　山西增值税专用发票　发票联

No. 60973421

开票日期：20191213

购买方	名　称：万家食品有限公司 纳税人识别号：14012846987200123F 地址、电话：太原北大街　3022537 开户行及账号：工行太原北街支行　1287654279				密码区	3-65745<19458<3840481　加密版本：01 75/37503848*7>+>-2//5　1100082140 >*8574567-7<8*873/+<4　60973421 13-3001152-/>7142>>8-	
货物或应税劳务、服务名称	规格型号	单位	数量	单价	金额	税率	税额
*畜禽产品*鸡蛋		千克	3 500	6.9	24 150.00	9%	2 173.50
合　计					¥24 150.00		¥2 173.50
价税合计（大写）	⊗ 贰万陆仟叁佰贰拾叁元伍角整				（小写）¥26 323.50		
销售方	名　称：太原大象养鸡场 纳税人识别号：14067526598417536B 地址、电话：上兰村　6549827 开户行及账号：农行西宫支行　22875238				备注	太原大象养鸡场 14067526598417536B 发票专用章	

收款人：　　复核：　　开票人：　　销售方：（章）

税总函[2019]562号海南华森实业公司

第三联：发票联　购买方记账凭证

表 5-89　网银付款凭证

中国工商银行电子银行转账凭证（回单联）

2019年12月13日　　序号：098776

付款人	户　名	万家食品有限公司		
	账　号	1287654279	汇出地点	太原
	汇出行	工行北街支行		
收款人	户　名	太原大象养鸡场		
	账　号	22875238	汇入地点	太原
	汇入行	农行西宫支行		
金额大写		贰万陆仟叁佰贰拾叁元伍角整		
金额小写		¥26 323.50	用　途	采购鸡蛋
加急标志：		客户标识：	渠道：	流水号：
上列款项已按委托办理			中国工商银行股份有限公司 太原北街支行 2019.12.13 转讫	（经办行盖章）

电脑打印　手工无效

付款通知

表 5-90　　材料入库单

万家食品有限公司材料入库单

供货单位：太原大象养鸡场　　材料类别：　　编号：0069

发票号码：　　2019 年 12 月 13 日　　材料编号：原料及主要材料　　仓库：2 号库

材料名称	计量单位	数量		实际成本					计划成本	
		应收	实收	单价	金额	运杂费	其他	合计	单价	金额
鸡蛋	kg	3 500	3 500	6.90	24 150.00			24 150.00	7.00	24 500.00
备注：				合计	24 150.00			24 150.00		24 500.00

采供部负责人：赵　海　　采购：钱　云　　保管员：孙　陆　　业务经办：李　雪

②财会

（26）12 月 13 日，从海南盛家粮油公司购入的黄油到货，结算凭证未到，款未付。资产采购入库批准单、入库单见表 5-91、表 5-92。本业务实训指导见实训指导 24。

表 5-91　　资产采购入库批准单

资产采购入库批准单

承办部门	部门负责人	承办人
采供部	赵海	王小波

2019 年 12 月 13 日

销货单位	全称	海南盛家粮油公司				合同管理员	备注
	纳税人资质	一般纳税人		合同编号	570	张东	
项目	入库单号码	发票号码	货物售价金额	进项税额	价税合计		
采购黄油	0070						
小计							
货款合计（大写）			¥				

总经理	分管副总	供应部门	财务部门		
			会计机构负责人	材料会计	结算方式

第二联　会计联

表 5-92　材料入库单

万家食品有限公司材料入库单

供货单位：海南盛家粮油公司　材料类别：　编号：0070

发票号码：　2019 年 12 月 13 日　材料编号：原料及主要材料　仓库：2 号库

材料名称	计量单位	数量		实际成本					计划成本	
		应收	实收	单价	金额	运杂费	其他	合计	单价	金额
黄油	kg	100	100						30.00	3 000.00
备注：				合计						3 000.00

②财会

采供部负责人：赵　海　采购：钱　云　保管员：孙　陆　业务经办：李　雪

（27）12 月 14 日，收到职工张天春（中点车间）违反操作规定的罚款 300 元，罚款处理决定、收据见表 5-93、表 5-94。本业务实训指导见实训指导 25。

动画：现金收款业务办理

表 5-93　罚款处理决定

关于对张天春违规操作处罚的决定

财务处及其他单位：

中点车间张天春由于违规操作，给车间的生产和安全造成了一定的隐患。为了加强单位各项管理，促进全公司职工按规操作，杜绝同类事件的发生，现经公司会议决定，对张天春同志罚款 300元（人民币叁佰元整）。

望财务处协助办理。

万家食品有限公司

2019 年 12 月 14 日

表 5-94　收款收据

收款收据

2019 年 12 月 14 日　　No. 00490023

今收到	张天春			
交来	罚款			
金额（大写）	⊗ 拾 ⊗ 万 ⊗ 仟 叁 佰 零 拾 零 元 零 角 零 分			
¥300.00	☑现金	□支票	□信用卡	□其他

收款单位（盖章）　（印章：万家食品有限公司 财务专用章）

第三联 交财务

核准：　会计：　记账：　出纳：　经手人：

（28）12 月 14 日，用现金支付研发专家王良璐的房租 2 000 元（不满足资本化条件），原始凭证见表 5-95、表 5-96、表 5-97。本业务指导见实训指导 26。

政策法规：非货币性职工薪酬

表 5-95　房补决定

关于对研发专家王良璐进行住房补助的决定

财务处及其他单位：

根据公司下发的职工薪酬制度的有关规定，经会议决定，公司每月承担研发专家王良璐的房租费用。望财务处协助办理。

（印章：万家食品有限公司）

万家食品有限公司

2019 年 12 月 14 日

表 5-96　　增值税专用发票

山西增值税专用发票

发　票　联

No. 11320110

开票日期：2019年12月14日

购买方	名　　称：万家食品有限公司 纳税人识别号：14012846987200123F 地 址、电 话：太原北大街　3022537 开户行及账号：工行北街支行　1287654279				密码区	67/*+3*0/611*++0/+0*/*+3+2/9 *11*+66666**066611*+66666* 1**+216***6000*261*2*4/*547 203994+-42*64151*6915361/3*	
货物或应税劳务、服务名称	规格型号	单位	数量	单价	金额	税率	税额
*租赁服务*房屋租赁					2 000.00	9%	180.00
合　计					¥2 000.00		¥180.00
价税合计（大写）	⊗贰仟壹佰捌拾元整					（小写）	¥2 180.00
销售方	名　　称：望江公寓管理公司 纳税人识别号：14010787659843236B 地 址、电 话：艺术街　3987563 开户行及账号：工行解放支行　98766543				备注	望江公寓管理公司 14010787659843236B 发票专用章	

收款人：　　复核：　　开票人：　　销售方：（章）

国税函〔2019〕257号浙江印钞厂

第三联：发票联　购买方记账凭证

表 5-97　　费用报销审批单

费用报销审批单

承办部门	负责人	承办人
研发部	王小璐	高军

2019 年 12 月 14 日　　№ 000007

付款项目		附件张数	金额	结算方式	
研发专家房租费用		1	2 180.00	现　金：¥2 180.00	
				银行转账：¥	
				商业汇票：¥	
收款人全称	望江公寓管理公司		收款人	其　他：¥	
开户行全称	工行解放支行			资金计划列支	
账　　号	98766543			计划总额	24 000.00
申请付款金额（大写）	贰仟壹佰捌拾元整		¥2 180.00	累计支付额	24 000.00
批准金额（大写）	贰仟壹佰捌拾元整		¥2 180.00	非计划列支额	
会计机构负责人	总经理	分管副总	审核会计	资金管理人员	
张昊	李永国	谢克勤	李小玉	张山	

第二联　会计联

（29）12 月 15 日，收到银行利息清单，见表 5-98。本业务指导见实训指导 27。

表 5-98　　银行计付存款利息清单

银行（ 工商银行 ）计付存款利息清单（收款通知）

2019 年 12 月 15 日

单位名称：万家食品有限公司					
结算账号：1287654279			付款账号：1287654279		
编号	计息类型	计息起讫日期	计息积数	利率	利息金额
		2019年9月15日至2019年12月15日	171 699 166.67	2.592%	12 362.34
摘要：				金额合计	￥12 362.34
金额合计（大写）壹万贰仟叁佰陆拾贰元叁角肆分					

中国工商银行股份有限公司 太原北街支行 2019.12.15 转讫

复核　　记账

（30）12 月 15 日，企业车间修理设备，支付设备修理费用（不满足资本化条件）。费用报销审批单、发票、转账支票存根见表 5-99、表 5-100、表 5-101。本业务指导见实训指导 28。

表 5-99　　费用报销审批单

费用报销审批单

承办部门	负责人	承办人
中点车间	王彩兵	刘玉照

2019 年 12 月 15 日　　№ 000007

付款项目		附件张数	金额	结算方式	
车间机器设备检修费		2	3 390.00（含税额 390）	现　　金：￥	
				银行转账：￥3 390.00	
				商业汇票：￥	
收款人全称	山西建筑安装公司		收款人	其　　他：￥	
开户行全称	工行并州支行			资金计划列支	
账　　号	7856433			计划总额	5 000.00
申请付款金额（大写）	叁仟叁佰玖拾元整		￥3 390.00	累计支付额	3 390.00
批准金额（大写）	叁仟叁佰玖拾元整		￥3 390.00	非计划列支额	
会计机构负责人	总经理	分管副总	审核会计	资金管理人员	
张昊	李永国	谢克勤	李小玉	张山	

第二联　会计联

表 5-100　　增值税专用发票

1100082140　　山西增值税专用发票　　发票联　　No. 60975432

开票日期：2019年12月15日

购买方	名　　称：万家食品有限公司 纳税人识别号：14012846987200123F 地址、电话：太原北大街　3022537 开户行及账号：工行北街支行　1287654279	密码区	3-65745<19458<3840481 75/37503848*7>+>-2//5 >*8574567-7<8*873/+<4 13-3001152-/>7142>>8- 加密版本：01 1100082140 60975432

货物或应税劳务、服务名称	规格型号	单位	数量	单价	金额	税率	税额
*劳务*设备检修					3 000.00	13%	390.00
合　计					¥3 000.00		¥390.00
价税合计（大写）	⊗ 叁仟叁佰玖拾元整				（小写）¥3 390.00		

销售方	名　　称：山西建筑安装公司 纳税人识别号：14020387651987636B 地址、电话：太原并州路87号　7865439 开户行及账号：工行并州支行　7856433	备注	山西建筑安装公司 14020387651987636B 发票专用章

收款人：　　复核：　　开票人：　　销售方：（章）

第三联：发票联　购买方记账凭证

税总函[2019]562号海南华森实业公司

表 5-101　　转账支票存根

中国工商银行（　）
转账支票存根

$\frac{G\ E}{0\ 2}$ 23909821

附加信息

出票日期 2019年12月15日

收款人：	山西建筑安装公司
金　额：	3 390.00
用　途：	设备检修

单位主管　　会计

上海金达证券印制有限公司·2019年印制

（31）12 月 15 日，生产车间领用材料，具体见表 5-102～表 5-123 领料单。本业务指导见实训指导 8。

表 5-102　领料单

领 料 单

领用单位：馅料车间　2019 年 12 月 15 日　编号：023

用途	材料名称　白糖		规格型号		计量单位　kg
	请领	实发	计划单位成本（元）	成本（元）	备注
生产用	225	225	3.5	787.50	
合计	225	225	3.5	787.50	

采供部主管：赵　海　领料：赵　虎　仓库：孙　陆

此联交成本组

表 5-103　领料单

领 料 单

领用单位：馅料车间　2019 年 12 月 15 日　编号：024

用途	材料名称　桂花		规格型号		计量单位　kg
	请领	实发	计划单位成本（元）	成本（元）	备注
生产用	312	312	12	3 744.00	
合计	312	312	12	3 744.00	

采供部主管：赵　海　领料：赵　虎　仓库：孙　陆

此联交成本组

表 5-104　领料单

领 料 单

领用单位：馅料车间　2019 年 12 月 15 日　编号：025

用途	材料名称　植物油		规格型号		计量单位　kg
	请领	实发	计划单位成本（元）	成本（元）	备注
生产用	306	306	11.6	3 549.60	
合计	306	306	11.6	3 549.60	

采供部主管：赵　海　领料：赵　虎　仓库：孙　陆

此联交成本组

表 5-105　领　料　单

领 料 单

领用单位：馅料车间　2019 年 12 月 15 日　编号：026

用途	材料名称　面粉		规格型号		计量单位　kg
	请领	实发	计划单位成本（元）	成本（元）	备注
生产用	1 076	1 076	2.6	2 797.6	
合计	1 076	1 076	2.6	2 797.6	

采供部主管：赵　海　领料：赵　虎　仓库：孙　陆

此联交成本组

表 5-106　领　料　单

领 料 单

领用单位：馅料车间　2019 年 12 月 15 日　编号：027

用途	材料名称　黄油		规格型号		计量单位　kg
	请领	实发	计划单位成本（元）	成本（元）	备注
生产用	520	520	30	15 600.00	
合计	520	520	30	15 600.00	

采供部主管：赵　海　领料：赵　虎　仓库：孙　陆

此联交成本组

表 5-107　领　料　单

领 料 单

领用单位：馅料车间　2019 年 12 月 15 日　编号：028

用途	材料名称　鲜牛奶		规格型号		计量单位　kg
	请领	实发	计划单位成本（元）	成本（元）	备注
生产用	100	100	4.2	420.00	
合计	100	100	4.2	420.00	

采供部主管：赵　海　领料：赵　虎　仓库：孙　陆

此联交成本组

表 5-108　领　料　单

领料单

领用单位：馅料车间　2019 年 12 月 15 日　编号：029

用途	材料名称　鸡蛋		规格型号		计量单位　kg
	请领	实发	计划单位成本（元）	成本（元）	备注
生产用	1 000	1 000	7	7 000.00	
合计	1 000	1 000	7	7 000.00	

采供部主管：赵　海　领料：赵　虎　仓库：孙　陆

此联交成本组

表 5-109　领　料　单

领料单

领用单位：馅料车间　2019 年 12 月 15 日　编号：030

用途	材料名称　香精		规格型号		计量单位　kg
	请领	实发	计划单位成本（元）	成本（元）	备注
生产用	22.5	22.5	38	855.00	
合计	22.5	22.5	38	855.00	

采供部主管：赵　海　领料：赵　虎　仓库：孙　陆

此联交成本组

表 5-110　领　料　单

领料单

领用单位：馅料车间　2019 年 12 月 15 日　编号：031

用途	材料名称　猪肉		规格型号		计量单位　kg
	请领	实发	计划单位成本（元）	成本（元）	备注
生产用	580	580	16	9 280.00	
合计	580	580	16	9 280.00	

采供部主管：赵　海　领料：赵　虎　仓库：孙　陆

此联交成本组

表 5-111　　领 料 单

领 料 单

领用单位：馅料车间　　2019 年 12 月 15 日　　编号：032

用途	材料名称　盐		规格型号		计量单位　kg
	请领	实发	计划单位成本（元）	成本（元）	备注
生产用	234	234	2.4	561.60	
合计	234	234	2.4	561.60	

采供部主管：赵　海　　领料：赵　虎　　仓库：孙　陆

此联交成本组

表 5-112　　领 料 单

领 料 单

领用单位：馅料车间　　2019 年 12 月 15 日　　编号：033

用途	材料名称　蛋白胶		规格型号		计量单位　kg
	请领	实发	计划单位成本（元）	成本（元）	备注
生产用	421.2	421.2	18.4	7 750.08	
合计	421.2	421.2	18.4	7 750.08	

采供部主管：赵　海　　领料：赵　虎　　仓库：孙　陆

此联交成本组

表 5-113　　领 料 单

领 料 单

领用单位：馅料车间　　2019 年 12 月 15 日　　编号：034

用途	材料名称　添加剂		规格型号		计量单位　kg
	请领	实发	计划单位成本（元）	成本（元）	备注
生产用	11.7	11.7	62	725.40	
合计	11.7	11.7	62	725.40	

采供部主管：赵　海　　领料：赵　虎　　仓库：孙　陆

此联交成本组

表 5-114　　领　料　单

领料单

领用单位：馅料车间　　2019 年 12 月 15 日　　编号：035

用途	材料名称　牛肉		规格型号		计量单位　kg
	请领	实发	计划单位成本（元）	成本（元）	备注
生产用	670	670	27	18 090.00	
合计	670	670	27	18 090.00	

采供部主管：赵　海　　领料：赵　虎　　仓库：孙　陆

此联交成本组

表 5-115　　领　料　单

领料单

领用单位：中点车间　　2019 年 12 月 15 日　　编号：036

用途	材料名称　面粉		规格型号		计量单位　kg
	请领	实发	计划单位成本（元）	成本（元）	备注
生产用	27 000	27 000	2.6	70 200.00	
合计	27 000	27 000	2.6	70 200.00	

采供部主管：赵　海　　领料：张　华　　仓库：孙　陆

此联交成本组

表 5-116　　领　料　单

领料单

领用单位：中点车间　　2019 年 12 月 15 日　　编号：037

用途	材料名称　酵母		规格型号		计量单位　kg
	请领	实发	计划单位成本（元）	成本（元）	备注
生产用	270	270	14	3 780.00	
合计	270	270	14	3 780.00	

采供部主管：赵　海　　领料：张　华　　仓库：孙　陆

此联交成本组

表 5-117　领　料　单

领 料 单

领用单位：西点车间　　2019 年 12 月 15 日　　编号：038

用途	材料名称　面粉		规格型号		计量单位　kg
	请领	实发	计划单位成本（元）	成本（元）	备注
生产用	19 500	19 500	2.6	50 700.00	
合计	19 500	19 500	2.6	50 700.00	

此联交成本组

采供部主管：赵　海　　领料：王　乐　　仓库：孙　陆

表 5-118　领　料　单

领 料 单

领用单位：西点车间　　2019 年 12 月 15 日　　编号：039

用途	材料名称　白糖		规格型号		计量单位　kg
	请领	实发	计划单位成本（元）	成本（元）	备注
生产用	3 510	3 510	3.5	12 285.00	
合计	3 510	3 510	3.5	12 285.00	

此联交成本组

采供部主管：赵　海　　领料：王　乐　　仓库：孙　陆

表 5-119　领　料　单

领 料 单

领用单位：西点车间　　2019 年 12 月 15 日　　编号：040

用途	材料名称　鸡蛋		规格型号		计量单位　kg
	请领	实发	计划单位成本（元）	成本（元）	备注
生产用	1 170	1 170	7	8 190.00	
合计	1 170	1 170	7	8 190.00	

此联交成本组

采供部主管：赵　海　　领料：王　乐　　仓库：孙　陆

表 5-120　领　料　单

领料单

领用单位：西点车间　　2019 年 12 月 15 日　　编号：041

用途	材料名称　盐		规格型号		计量单位　kg
	请领	实发	计划单位成本（元）	成本（元）	备注
生产用	390	390	2.4	936.00	
合计	390	390	2.4	936.00	

采供部主管：赵　海　　领料：王　乐　　仓库：孙　陆

此联交成本组

表 5-121　领　料　单

领料单

领用单位：西点车间　　2019 年 12 月 15 日　　编号：042

用途	材料名称　酵母		规格型号		计量单位　kg
	请领	实发	计划单位成本（元）	成本（元）	备注
生产用	351	351	14	4 914.00	
合计	351	351	14	4 914.00	

采供部主管：赵　海　　领料：王　乐　　仓库：孙　陆

此联交成本组

表 5-122　领　料　单

领料单

领用单位：西点车间　　2019 年 12 月 15 日　　编号：043

用途	材料名称　添加剂		规格型号		计量单位　kg
	请领	实发	计划单位成本（元）	成本（元）	备注
生产用	39	39	62	2 418.00	
合计	39	39	62	2 418.00	

采供部主管：赵　海　　领料：王　乐　　仓库：孙　陆

此联交成本组

表 5-123　　领　料　单

领 料 单

领用单位：馅料车间　　2019 年 12 月 15 日　　编号：044

用途	材料名称　红小豆		规格型号		计量单位　kg
	请领	实发	计划单位成本（元）	成本（元）	备注
生产用	2 000	2 000	6.5	13 000.00	
合计	2 000	2 000	6.5	13 000.00	

此联交成本组

采供部主管：赵　海　　领料：赵　虎　　仓库：孙　陆

（32）12 月 15 日，核销坏账。接到山西省太原市中级人民法院民事裁定书和银虎便利超市破产清算报告，银虎便利超市因资不抵债宣告破产清算，债务按 30% 比例偿还。12 月 15 日，收到还款 54 000 元。相关凭证见表 5-124、表 5-125、表 5-126。本业务指导见实训指导 29。

政策法规：企业所得税法

表 5-124　　公　告

关于核销银虎便利超市坏账的公告

本公司经理会于 2019 年 12 月 15 日召开的会议上，以 9 票同意、无反对票和弃权票批准本公司核销银虎便利超市坏账 126 000 元。公司审计处经审核认为：本次核销的部分坏账事实清楚，并已证明确实无法收回，公司经理会对其进行核销是合理的，不存在损害公司及所有者利益的情况，审计处同意上述处置方案。

特此公告。

万家食品有限公司

2019 年 12 月 15 日

表 5-125　民事裁定书

民事裁定书（宣告破产用）

申　请　人：银虎便利超市　　（______号）
住　　　所：大众街 32 号
法定代表人：李友好
被申请人：银虎便利超市
住　　　所：大众街 32 号
法定代表人：李友好

本院于 2019 年 12 月 13 日依法受理了银虎便利超市申请银虎便利超市破产还债一案，并组成合议庭对该案件进行审理。

现查明：被申请人（或申请人）银虎便利超市（注册资本 2 000 000 元，具有独立法人资格，因采购商品欠供应商货款共计 2 100 000 元，现有资产 1 990 000 元，现金流量为负）。

本院认为：被申请人（或申请人）经营管理不善，不能清偿到期债务呈连续状态，符合法定破产条件，根据《中华人民共和国企业破产法》（条例）第 107 条之规定，裁定如下：

一、宣告公司破产还债；

二、由本院指定清算组接管破产企业。

本裁定为终审裁定，自宣告之日起生效。

审判长：周小有
审判员：侯书红
审判员：黄志向
2019 年 12 月 13 日
书记员：李静涛

附件：破产清算组破产清算报告（略）

表 5-126　进　账　单

ICBC 中国工商银行　进账单（收账通知）　3

2019年12月15日

出票人	全称	银虎便利超市	收款人	全称	万家食品有限公司
	账号	12897655		账号	1287654279
	开户银行	太原市工商银行大众支行		开户银行	工行北街支行
金额	人民币（大写）	伍万肆仟元整		亿千百十万千百十元角分	¥5400000
票据种类	转账支票	票据张数	1		
票据号码					
复核　记账				收款人开户银行签章	

中国工商银行股份有限公司 太原北街支行 2019.12.15 转讫

此联是收款人开户银行交给收款人的收账通知

（33）12 月 16 日，通过民生银行预付广州鼎盛包装盒厂货款 12 000 元。付款审批单、电汇付款凭证、收据见表 5-127、表 5-128、表 5-129。本业务指导见实训指导 30。

表 5-127　付款审批单

付款审批单

承办部门	负责人	承办人
采供部	赵海	王小波

2019 年 12 月 16 日　№ 000008

付款项目		附件张数	金额	结算方式	
预付采购包装物款		1	12 000.00	现　　金：¥	
				银行转账：¥ 12 000.00	
				商业汇票：¥	
收款人全称	广州鼎盛包装盒厂		收款人	其　　他：¥	
开户行全称	农行广州支行			资金计划列支	
账　　号	4353980			计划总额	500 000.00
申请付款金额（大写）	壹万贰仟元整		¥ 12 000.00	累计支付额	370 911.00
批准金额（大写）	壹万贰仟元整		¥ 12 000.00	非计划列支额	
会计机构负责人	总经理	分管副总	审核会计	资金计划审核人员	
张昊	李永国	谢克勤	李小玉	张山	

第二联　会计联

表 5-128　电汇付款凭证

民生银行　电汇凭证（回　单）　1

委托日期　2019 年 12 月 16 日

汇款人	全　　称	万家食品有限公司	收款人	全　　称	广州鼎盛包装盒厂
	账　　号	87921678		账　　号	4353980
	汇出地点	山西 省　太原 市/县		汇入地点	广东 省　广州 市/县
汇出行名称		民生银行解放支行	汇入行名称		农业银行广州支行
金额	人民币（大写）	壹万贰仟元整	亿 千 百 十 万 千 百 十 元 角 分		¥ 1 2 0 0 0 0 0
			支付密码		
		汇出行签章	附加信息及用途：		

中国民生银行股份有限公司 太原解放支行 2019.12.16 转 讫

此联汇出行给汇款人的回单

表 5-129　　收款收据

收款收据

2019年12月16日　　No. 00090087

今 收 到　万家食品有限公司

交　　来　预付货款

金额（大写）　⊗ 拾 壹 万 贰 仟 零 佰 零 拾 零 元 零 角 零 分

¥ 12 000.00　　☐现金　☐支票　☐信用卡　☑其他　　收款单位（盖章）

广州鼎盛包装盒厂　财务专用章

第二联　交对方

核准：　会计：　记账：　出纳：　经手人：

（34）12月16日，用转账支票支付50 000元公司会议室装修费（不满足资本化条件），费用报销审批单见表5-130，填制空白支票（见表5-131、表5-132）、进账单（见表5-133~表5-134）、发票（见表5-135）。本业务企业采用转账支票倒送的方式从基本存款户支付款项。宏源有限责任公司开户银行为工行大南门支行，账号167-5283。本业务指导见实训指导31。

动画：转账支票结算

支票倒送业务办理

表 5-130　　费用报销审批单

费用报销审批单

承办部门	负责人	承办人
办公室	段运捷	张花

2019年12月16日　　No 000008

付款项目		附件张数	金额	结算方式	
办公室装修费		2	54 500.00	现　金：¥	
				银行转账：¥ 54 500.00	
				商业汇票：¥	
收款人全称	宏源有限责任公司		收款人	其　他：¥	
开户行全称	工行大南门支行			资金计划列支	
账　号	167-5283			计划总额	55 000.00
申请付款金额（大写）	伍万肆仟伍佰元整		¥ 54 500.00	累计支付额	54 500.00
批准金额（大写）	伍万肆仟伍佰元整		¥ 54 500.00	非计划列支额	
会计机构负责人	总经理	分管副总	审核会计	资金管理人员	
张昊	李永国	谢克勤	李小玉	张山	

第二联　会计联

表 5-131　　转账支票正面

上海金达证券印制有限公司 • 2019年印制

中国工商银行（　）
转账支票存根

$\frac{GE}{02}$ 23909821

附加信息

出票日期　　年　月　日

收款人：	
金　额：	
用　途：	

单位主管　　会计

本支票付款期限十天

中国工商银行　转账支票（　）　$\frac{GE}{02}$ 23909821

出票日期（大写）　年　月　日　付款行名称：
收款人：　出票人账号：

人民币（大写）	亿	千	百	十	万	千	百	十	元	角	分

用途

上列款项请从
我账户内支付
出票人签章　　复核　　记账

表 5-132　　转账支票背面

上海金达证券印制有限公司 2019年印制

附加信息	被背书人
	背书人签章 年　月　日

（贴粘单处）

表 5-133　　进账单第一联

ICBC　中国工商银行　　进账单（回　单）　1

年　月　日

出票人	全　称		收款人	全　称	
	账　号			账　号	
	开户银行			开户银行	

金额	人民币（大写）	亿	千	百	十	万	千	百	十	元	角	分

票据种类		票据张数		
票据号码				
复核　记账				开户银行签章

此联是开户银行交给持（出）票人的回单

175×85 mm　GH082413

表 5-134　　　　进账单第三联

ICBC 中国工商银行　　　　进 账 单（收账通知）　3

年　月　日

出票人	全　　称		收款人	全　　称	
	账　　号			账　　号	
	开户银行			开户银行	
金额	人民币（大写）				亿 千 百 十 万 千 百 十 元 角 分
票据种类		票据张数			
票据号码					
复核　　记账			收款人开户银行签章		

此联是收款人开户银行交给收款人的收账通知

表 5-135　　　　增值税专用发票

山西增值税专用发票

（全国统一发票监制章　山西　国家税务总局监制）

发　票　联

No. 11398765

开票日期：20191216

购买方	名　　称：万家食品有限公司 纳税人识别号：14012846987200123F 地 址、电 话：太原北大街　3022537 开户行及账号：工行北街支行　1287654279				密码区	67/*+3*0/611*++0/+0*/*+3+2/9 *11*+66666**066611*+66666* 1**+216***6000*261*2*4/*547 203994+-42*64151*6915361/3*	
货物或应税劳务、服务名称	规格型号	单位	数量	单价	金额	税率	税额
*建筑服务*办公室装修					50 000.00	9%	4 500.00
合　计					¥50 000.00		¥4 500.00
价税合计（大写）	⊗ 伍万肆仟伍佰元整				（小写）¥54 500.00		
销售方	名　　称：宏源有限责任公司 纳税人识别号：14010819876123436B 地 址、电 话：上马街　3876549 开户行及账号：工行大南门支行　167-5283				备注	宏源有限责任公司 14010819876123436B 发票专用章	

收款人：　　复核：　　开票人：　　销售方：（章）

国税函〔2019〕257号浙江印钞厂

第三联：发票联　购买方记账凭证

（35）12 月 17 日，以银行汇票购入材料（运费由销售方代垫），发票已到，材料已验收入库，余款退回，资产采购入库批准单、发票、银行汇票（多余款收账通知）、入库单见表 5-136～表 5-140。该材料于当日领出（领料单见表 5-141）。本业务指导见实训指导 32。

动画：银行汇票结算

表 5-136　资产采购入库批准单

资产采购入库批准单

承办部门	部门负责人	承办人
采供部	赵海	王小波

2019 年 12 月 17 日

销货单位	全称	大同古城乳制品公司			合同管理员	备注
	纳税人资质	一般纳税人	合同编号	8765	张东	
项目	入库单号码	发票号码	货物售价金额	进项税额	价税合计	
采购纯牛奶	0071	00122346097	8 337.00	1 050.33	9 387.33	
小计						
货款合计（大写）玖仟叁佰捌拾柒元叁角叁分			¥9 387.33			

总经理	分管副总	供应部门	财务部门		
			会计机构负责人	材料会计	结算方式
李永国	高天华	赵海	张昊	张怀东	银行转账

第二联　会计联

表 5-137　增值税专用发票

1100082140　　山西增值税专用发票　　发票联

No. 00122346097

开票日期：2019年12月17日

购买方	名称：万家食品有限公司 纳税人识别号：14012846987200123F 地址、电话：太原北大街　3022537 开户行及账号：工行北街支行　1287654279					密码区	3-65745<19458<3840481 75/37503848*7>+>-2//5 >*8574567-7<8*873/+<4 13-3001152-/>7142>>8-	加密版本：01 1100082140 0012234609 72952
货物或应税劳务、服务名称	规格型号	单位	数量	单价	金额	税率	税额	
*畜禽产品*纯牛奶		KG	1 500	5.00	7 500.00	13%	975.00	
合　计					¥7 500.00		¥975.00	
价税合计（大写）	⊗捌仟肆佰柒拾伍元整				（小写）¥8 475.00			
销售方	名称：大同古城乳制品公司 纳税人识别号：14322734896217536B 地址、电话：新建路127号 开户行及账号：工行大同支行　12385281					备注		

收款人：张　梅　　复核：　　开票人：　　销售方：（章）

第三联：发票联　购买方记账凭证

大同古城乳制品公司　14322734896217536B　发票专用章

表 5-138

增值税专用发票

山西增值税专用发票

发票联

No. 11398765

开票日期：20191220

购买方	名称：万家食品有限公司 纳税人识别号：14012846987200123F 地址、电话：太原北大街　3022537 开户行及账号：工行北街支行　1287654279				密码区	67/*+3*0/611*++0/+0*/*+3+2/9 *11*+66666**066611*+66666* 1**+216***6000*261*2*4/*547 203994+-42*64151*6915361/3*	
货物或应税劳务、服务名称	规格型号	单位	数量	单价	金额	税率	税额
*运输服务*运费					837.00	9%	75.33
合　计					¥837.00		¥75.33
价税合计（大写）	⊗ 玖佰壹拾贰元叁角叁分				（小写）¥912.33		
销售方	名称：山西省大同运输公司 纳税人识别号：14012852348167236B 地址、电话：大成路29号　8976598 开户行及账号：工行大同分行　8975654				备注	大同—太原 晋B098765 纯中奶	

收款人：　　复核：　　开票人：　　销售方：（章）

国税函[2019]257号浙江印钞厂

第三联：发票联　购买方记账凭证

表 5-139

银行汇票

付款期限　贰个月

中国工商银行

银行汇票（多余款收账通知）　4

GE 02　20529585

第　号

出票日期（大写）　贰零壹玖年　壹拾贰月　壹拾贰日

代理付款行：　　行号：

收款人：大同古城乳制品公司　　账号：12385281

出票金额：人民币（大写）壹万壹仟元整

实际结算金额 人民币（大写）	千	百	十	万	千	百	十	元	角	分
玖仟叁佰捌拾柒元叁角叁分				¥	9	3	8	7	3	3

申请人：万家食品有限公司　　账号或住址：1287654279 太原北大街

出票行：工行北街支行　行号：

备　注：

出票行签章

2019年12月12日

多余金额										左列退回多余金额已收入你账户内。
千	百	十	万	千	百	十	元	角	分	
			¥	1	6	1	2	6	7	

中国工商银行股份有限公司 太原北街支行 2019.12.17 转讫

上海证券印制有限公司　2005年印制

此联出票行作多余款后交申请人

表 5-140　材料入库单

万家食品有限公司材料入库单

供货单位：大同古城乳制品公司　　材料类别：　　编号：071

发票号码：　　2019 年 12 月 17 日　　材料编号：原料及主要材料　　仓库：2 号库

材料名称	计量单位	数量		实际成本					计划成本	
		应收	实收	单价	金额	运杂费	其他	合计	单价	金额
鲜牛奶	kg	1 500	1 500	5	7 500.00	837.00		8 337.00	4.2	6 300.00
备注：				合计				8 337.00		6 300.00

②财会

采供部负责人：赵　海　　采购：钱　云　　保管员：孙　陆　　业务经办：李　雪

表 5-141　领　料　单

领　料　单

领用单位：馅料车间　　2019 年 12 月 17 日　　编号：

用途	材料名称　鲜牛奶		规格型号		计量单位　kg
	请领	实发	计划单位成本（元）	成本（元）	备注
生产用	938	938	4.2	3 939.60	
合计	938	938	4.2	3 939.60	

此联交成本组

采供部主管：赵　海　　领料：赵　虎　　仓库：孙　陆

（36）12 月 17 日，购买 AB 公司发行的 3 年期债券 1 000 张，单位面值 500 元，票面利率 6%，债券溢价 16 000 元，相关税费 2 000 元，支付款项 518 000 元，利息每年年末计算并支付，实际利率 4.69%，到期收回本金。公司将其确认为其他债权投资。相关凭证见表 5-142。本业务指导见实训指导 33（本业务未取得交易费用增值税发票）。

表 5-142　证券交易成交报告单

山西证券太原新建路营业部

证券交易成交报告单（买入成交）

成交日期：20191217 资金账号：15004892 客户姓名：	打印日期： 证券账号： 证券名称：
申报日期： 申报时间：10∶15∶25 成交数量：1 000	申报编号： 成交时间：11∶05∶05 佣金：500
成交均价：516 成交金额：516 000 收付金额：516 000 前 / 后金额：	印花税：1 500 过户费： 附加费用：0.000

经办单位＿＿＿＿＿＿　客户盖章＿＿＿＿＿＿

（37）12 月 18 日，收到已宣告发放的股利 1 000 元，相关凭证见表 5-143。本业务指导见实训指导 34。

表 5-143　股票分红凭证联

山西证券

买卖类别：	成交日期：股票分红
股东代码：	股东姓名：
资金账号：15004892	合同号码：
股票名称：盘江股份	委托日期：
成交号码：600395	成交时间：
成交股数：	本次余额：
成交价格：0.000	成交金额：
手续费：	印花税：0.000
过户费：	其他收费：
收付金额：1 000.00	上次余额：
本次余额：	
备注	

(1) 凭证联

经办单位：　客户签章：

（38）12 月 18 日，6 台烤箱报废，转入清理，固定资产报废单见表 5-144，表中已提折旧额含本月应提折旧额。本业务指导见实训指导 35。

表 5-144　固定资产报废单

固定资产报废单

2019 年 12 月 18 日　　凭证编号：

固定资产名称及编号	规格型号	单位	数量	购买日期	原始价值	已提折旧	备注
烤箱		台	6		108 000	93 960	
固定资产状况及报废原因							
处理意见	使用部门		技术鉴定小组		固定资产管理部门	主管部门审批	
	王彩兵		刘思		谢天运	张二明	

审核：　　制单：

（39）12 月 19 日，经检验，产成品入库，入库单见表 5-145 和表 5-146。本业务指导见实训指导 36。

表 5-145　产成品入库单

产成品入库单

交库单位：中点车间　　2019 年 12 月 19 日　　编号：

产品名称	规格型号	单位	交付数量	检查结果		实收数量	金额
				合格	不合格		
豆沙包		kg	27 000	27 000		27 000	
奶黄包		kg	24 000	24 000		24 000	
合计							

②转财务科

车间负责人：王彩兵　　检验：申　战　　仓库：董　华

表 5-146　产成品入库单

产成品入库单

交库单位：西点车间　2019 年 12 月 19 日　编号：

产品名称	规格型号	单位	交付数量	检查结果		实收数量	金额
				合格	不合格		
火腿三明治		kg	15 000	15 000		15 000	
牛肉汉堡		kg	18 000	18 000		18 000	
合计							

车间负责人：王天驼　检验：申　战　仓库：董　华

②转财务科

（40）12 月 19 日，车间领用包装袋和包装盒，见表 5-147、表 5-148。本业务指导见实训指导 37。

表 5-147　包装物领用单

包装物领用单

领用部门：中点车间　2019 年 12 月 19 日　编号：001

项目／名称	用途：生产用					
	请领	实发	计量单位	单位成本	总成本	备注
豆沙包包装袋	510	510	包			
奶黄包包装袋	540	540	包			
合　计						

领料单位负责人：王彩兵　保管：孙　陆　领用人：王　乐

第二联　交财务科

表 5-148　包装物领用单

包装物领用单

领用部门：西点车间　2019 年 12 月 19 日　编号：002

项目／名称	用途：生产用					
	请领	实发	计量单位	单位成本	总成本	备注
三明治包装盒	36 000	36 000	个			
牛肉汉堡包装盒	39 000	39 000	个			
合　计						

领料单位负责人：王天驼　保管：孙　陆　领用人：张　菲

第二联　交财务科

（41）12 月 19 日，车间领用模具，相关凭证见表 5-149、表 5-150。本业务指导见实训指导 38。

表 5-149　低值易耗品领用单

低值易耗品领用单

领用部门：中点车间　2019 年 12 月 19 日　编号：010

项目 / 用途	名称：中点模具					
	请领	实发	单位	单位成本	总成本	备注
生产用	36	36	套			中点车间
合　计	36	36	套			

第二联　交财务科

领料单位负责人：王彩兵　保管：孙　陆　领用人：王　乐

表 5-150　低值易耗品领用单

低值易耗品领用单

领用部门：西点车间　2019 年 12 月 19 日　编号：011

项目 / 用途	名称：西点模具					
	请领	实发	单位	单位成本	总成本	备注
生产用	45	45	套			西点车间
合　计	45	45	套			

第二联　交财务科

领料单位负责人：王天驼　保管：孙　陆　领用人：张　菲

（42）12 月 20 日，报销业务招待费，有关单据见表 5-151、表 5-152（其他餐饮业发票略）。本业务指导见实训指导 39。

表 5-151　费用报销审批单

费用报销审批单

承办部门	负责人	承办人
办公室	段运捷	张花

2019 年 12 月 20 日　　No 000009

付款项目		附件张数	金额	结算方式	
业务招待费		11	1 020.00	现　　金：¥1 020.00	
				银行转账：¥	
				商业汇票：¥	
收款人全称	开心饭店		收款人	其　　他：¥	
开户行全称				资金计划列支	
账　　号				计划总额	40 000.00
申请付款金额（大写）	壹仟零贰拾元整		¥1 020.00	累计支付额	31 000.00
批准金额（大写）	壹仟零贰拾元整		¥1 020.00	非计划列支额	
会计机构负责人	总经理	分管副总	审核会计	资金管理人员	
张昊	李永国	谢克勤	李小玉	张山	

第二联　会计联

表 5-152　增值税普通发票

山西增值税普通发票

发票联

（印章：全国统一发票监制章　山西　国家税务总局监制）

No.

开票日期：2019年12月20日

购买方	名　　称：万家食品有限公司 纳税人识别号：14012846987200123F 地 址、电 话：太原北大街　3022537 开户行及账号：工行北街支行　1287654279	密码区	67/*+3*0/611*++0/+0*/*+3+2/9 *11*+66666**066611*+66666* 1**+216***6000*261*2*4/*547 203994+-42*64151*6915361/3*

货物或应税劳务、服务名称	规格型号	单位	数量	单价	金额	税率	税额
*餐饮服务*餐费					962.26	6%	57.74
合　计					¥962.26		¥57.74
价税合计（大写）	⊗ 壹仟零贰拾元整				（小写）¥1 020.00		

销售方	名　　称：开心饭店 纳税人识别号：14010987654758976536B 地 址、电 话：北大街　3098765 开户行及账号：工行北街支行　129876543	备注	（印章：开心饭店 140109876547589736B 发票专用章）

收款人：　　复核：　　开票人：　　销售方：（章）

国税函〔2019〕257号浙江印钞厂

第二联：发票联　购买方记账凭证

（43）12 月 20 日，以 2016 年 5 月前取得的房屋一幢对恒兴公司（房地产企业）进行长期股权投资（股权投资协议略），有关凭证见表 5-153～表 5-155，表中已提折旧含本月应计提折旧额。请根据表 5-153、表 5-154 内容填列表 5-155 内空缺数字并进行会计处理（假设本业务印花税票已于前期购进并入账）。本业务指导见实训指导 40。

表 5-153　　固定资产投资移交使用单

固定资产投资移交使用单

转入单位：恒兴公司　　转入：2015.12.20

转出单位：万家食品有限公司　　转出：2019.12.20

名称	规格型号	单位	数量	账面原价	公允价值	估计使用年限	已提折旧	已提减值准备
房屋		幢	1	530 000	700 000	25 年	132 500	0

转入单位主管：侯永利　　转出单位主管：王　平　　制单：高　秀

表 5-154　　增值税专用发票

1100082140　　**山西增值税专用发票**

此联不作报销、扣税凭证使用

No. 64978952

开票日期：2019年12月21日

购买方	名　　称：恒兴公司 纳税人识别号：14256633669942336B 地 址、电 话：恒兴路 开户行及账号：工行太原分行　9897655	密码区	3-65745<19458<3840481 75/37503848*7>+>-2//5　加密版本：01 >*8574567-7<8*873/+<4　1100082140 13-3001152-/>714?>>8-　64978952

货物或应税劳务、服务名称	规格型号	单位	数量	单价	金额	税率	税额
*不动产*销售房屋					700 000.00	5%	35 000.00
合　计					¥700 000.00		¥35 000.00
价税合计（大写）	⊗柒拾叁万伍仟元整					（小写）	¥735 000.00

销售方	名　　称：万家食品有限公司 纳税人识别号：14012846987200123F 地 址、电 话：太原北大街　3022537 开户行及账号：工行北街支行　1287654279	备注	万家食品有限公司 14012846987200123F 发票专用章

收款人：　　复核：　　开票人：　　销售方：（章）

第一联：记账联　销售方记账凭证

税总函［2019］562号海南华森实业公司

表 5-155　　转让房产应纳土地增值税计算表

转让房产应纳土地增值税计算表

税种	计税收入	扣除项目							增值额	税率	速算扣除率	税额
		取得成本			契税	印花税	附加税	合计				
		取得成本	加计率	小计								
土地增值税	700 000	530 000	1.25	662 500	15 900	350	4 200	682 950				

审核：　　　　制表：高秀

（44）12 月 20 日，收到债券款（已扣除代理发行手续费），相关凭证见表 5-156。本业务指导见实训指导 41。

政策法规：公司法、证券法

表 5-156-1　　特种转账借方凭证

中 国 工 商 银 行　　特种转账借方凭证

2019 年 12 月 20 日　　凭证编号

付款人				收款人		
全　称	山西证券股份有限公司			全　称	万家食品有限公司	
账　号	4251579129			账号住址	1287654279	
开户银行	工行迎泽支行	行号		开户银行	工行北街支行	

金额	人民币（大写）	亿	千	百	十	万	千	百	十	元	角	分
	壹佰肆拾玖万肆仟元整		¥	1	4	9	4	0	0	0	0	0

原凭证金额		赔偿金		事后监督
原凭证名称		号码		
转账原因	银行盖章			复核：　　记账：

中国工商银行股份有限公司 太原北街支行 2019.12.20 转讫

代借方凭证或收款通知　附件　张

表 5-156-2 **增值税专用发票**

山西增值税专用发票

发票联

No. 985904328

开票日期：2019年12月20日

购买方	名称：万家食品有限公司 纳税人识别号：14012846987200123F 地址、电话：北大街 3022537 开户行及账号：工行北街支行 1287654279				密码区	67/*+3*0/611*++0/+0*/*+3+2/9 *11*+66666**066611*+66666* 1**+216***6000*261*2*4/*547 203994+-42*64151*6915361/3*	
货物或应税劳务、服务名称	规格型号	单位	数量	单价	金额	税率	税额
*金融服务*发行手续费					5 660.38	6%	339.62
合计					¥5 660.38		¥339.62
价税合计（大写）	⊗陆仟元整					（小写）	¥6 000.00
销售方	名称：山西证券股份有限公司 纳税人识别号：1401003030018543 地址、电话：太原市万路1号 6574321 开户行及账号：工行迎泽支行 4251579129				备注	山西证券股份有限公司 1401003030018543 发票专用章	

收款人： 复核： 开票人： 销售方：（章）

国税函〔2019〕257号浙江印钞厂

第三联：发票联 购买方记账凭证

（45）12月21日，向侯马家和超市销售豆沙包、奶黄包，有关凭证见表5-157~表5-161。本业务指导见实训指导42。

动画：委托收款结算方式

表 5-157 **增值税专用发票**

1100082140 山西增值税专用发票

此联不作报销、扣税凭证使用

No. 64978952

开票日期：2019年12月21日

购买方	名称：侯马家和超市 纳税人识别号：23456946135724936B 地址、电话：侯马 8916862 开户行及账号：工行新田路支行 3563264589				密码区	3-65745<19458<3840481 75/37503848*7>+>-2//5 >*8574567-7<8*873/+<4 13-3001152-/>7142>>8-	加密版本：01 1100082140 64978952
货物或应税劳务、服务名称	规格型号	单位	数量	单价	金额	税率	税额
*方便食品*豆沙包		kg	15 000	7.20	108 000.00	13%	14 040.00
*方便食品*奶黄包		kg	9 000	8.40	75 600.00	13%	9 828.00
合计					¥183 600.00		¥23 868.00
价税合计（大写）	⊗贰拾万柒仟肆佰陆拾捌元整					（小写）	¥207 468.00
销售方	名称：万家食品有限公司 纳税人识别号：14012846987200123F 地址、电话：太原北大街 3022537 开户行及账号：工行北街支行 1287654279				备注	万家食品有限公司 14012846987200123F 发票专用章	

收款人： 复核： 开票人： 销售方：（章）

税总函〔2019〕562号海南华森实业公司

第一联：记账联 销售方记账凭证

表 5-158　托收凭证

托收凭证（受理回单）　1

委托日期　2019 年 12 月 21 日

业务类型		委托收款（□邮划、☑电划）				托收承付（□邮划、□电划）			
付款人	全称	侯马家和超市			收款人	全称	万家食品有限公司		
	账号	3563264589				账号	1287654279		
	地址	山西省临汾市/县	开户行	工行新田路支行		地址	山西省太原市/县	开户行	工行北街支行
金额	人民币（大写）	贰拾万柒仟肆佰陆拾捌元整				亿 千 百 十 万 千 百 十 元 角 分	¥ 2 0 7 4 6 8 0 0		
款项内容	货款及代垫运费	托收凭据名称	发票、运费单			附寄单证张数	2		
商品发运情况	已发送					合同名称号码	购销合同45876		
备注： 复核 记账			年 月 日			收款人开户银行签章 2019 年 12 月 21 日			

（印章：中国工商银行太原北街支行 2019.12.21 业务受理章）

此联作收款人开户银行给收款人的受理回单

(2005) 10×17.5公分　交15角直印制　01512-65011866

表 5-159　转账支票存根

中国工商银行
转账支票存根（　）

$\frac{G\ E}{0\ 2}$ 28959221

附加信息

出票日期 2019年12月21日

收款人：	太原铁路局
金　额：	6 000.00
用　途：	代垫运费

单位主管　　会计

上海金达证券印制有限公司 · 200?年印制

表 5-160　产成品出库单

产成品出库单

领用单位：营销部　　2019 年 12 月 21 日　　编号

产品名称	规格型号	计量单位	出库数量	备注
豆沙包		kg	15 000	
奶黄包		kg	9 000	

主管：赵　海　　审核：　　保管：孙　陆　　经手人：高　莲

第三联　交财务科

表 5-161　运费垫支凭证

运费垫支凭证

2019 年 12 月 21 日

收货单位	运单号	货物名称	发运数量	运费	保险费	其他	金额合计	经手人
侯马家和超市		豆沙包	15 000	6 000.00			6 000.00	李二
		奶黄包	9 000					
合计				6 000.00			6 000.00	

（46）12 月 22 日，购买支票等空白凭证，相关凭证见表 5-162。本业务指导见实训指导 43。

表 5-162　空白凭证收费单

中国工商银行空白凭证收费单（回单）①

2019 年 12 月 22 日　　总字第　号

付款单位全称	万家食品有限公司			收款行				中国工商银行				
账　　号	1287654279			收账科目								
开　户　行	工行北街支行			收款账户								
凭证种类名称	数量	单位	单价	十	万	千	百	十	元	角	分	领用凭证号码
现金支票	1	本	7.50						7	5	0	0172301～0172325
转账支票	1	本	7.50						7	5	0	05190801～05190825
进账单	3	本	1.50						4	5	0	
合　计							¥	1	9	5	0	
人民币（大写）	壹拾玖元伍角整											

中国工商银行股份有限公司太原北街支行 2019.12.22 转讫

（47）12 月 22 日，支付职工餐费。支付职工餐费决定文件、费用报销审批单、发票、支票存根费用支出明细表见表 5-163～表 5-167。本业务指导见实训指导 44。

表 5-163　支付餐费决定文件

关于补助职工餐费的决定

为了更好地提高工作效率和职工的福利待遇，公司决定委托快捷职工饮食中心为全体职工提供早、午餐服务，职工每人每月补助餐费最高额度为 160 元，职工可凭工作证打卡后用餐，每月由财务部门与快捷职工饮食中心根据实际发生的餐费金额进行结算。

万家食品有限公司

2019 年 1 月 5 日

表 5-164　费用报销审批单

费用报销审批单

承办部门	负责人	承办人
办公室	段运捷	张花

2019 年 12 月 22 日　　No 000010

付款项目		附件张数	金额	结算方式	
职工餐费补助		1	58 116.86	现　　金：¥	
				银行转账：¥ 58 116.86	
				商业汇票：¥	
收款人全称	快捷职工饮食中心		收款人	其　　他：¥	
开户行全称	工行南内支行			资金计划列支	
账　　号	7680088			计划总额	43 200.00
申请付款金额（大写）	伍万捌仟壹佰壹拾陆元捌角陆分		¥ 58 116.86	累计支付额	43 200.00
批准金额（大写）	伍万捌仟壹佰壹拾陆元捌角陆分		¥ 58 116.86	非计划列支额	
会计机构负责人	总经理	分管副总	审核会计	资金管理人员	
张昊	李永国	谢克勤	李小玉	张山	

第二联　会计联

表 5-165　增值税普通发票

山西增值税普通发票

（印章：全国统一发票监制章　山西　国家税务总局监制）

发票联

No. 11240987

开票日期：2019年12月22日

购买方	名　　称：万家食品有限公司 纳税人识别号：14012846987200123F 地 址、电 话：太原北大街　3022537 开户行及账号：工行北街支行　1287654279	密码区	67/*13*0/611*10/10*/*312/9 *11*+66666**066611*+66666* 1**+216***6000*261*2*4/*547 203994+-42*64151*6915361/3*

货物或应税劳务、服务名称	规格型号	单位	数量	单价	金额	税率	税额
*餐饮服务*餐费					54 827.23	6%	3 289.63
合　计					¥54 827.23		¥3 289.63
价税合计（大写）	⊗ 伍万捌仟壹佰壹拾陆元捌角陆分				（小写）¥58 116.86		

销售方	名　　称：快捷职工饮食中心 纳税人识别号：14010898367898036B 地 址、电 话：北大街　3012387 开户行及账号：工行北街支行　1246783	备注	（印章：快捷职工饮食中心 14010898367898036B 发票专用章）

收款人：　　复核：　　开票人：　　销售方：（章）

国税函〔2019〕257号浙江印钞厂

第二联：发票联　购买方记账凭证

表 5-166　　　　支票存根

中国工商银行
转账支票存根（　）

$\frac{G\ E}{0\ 2}$ 23909821

附加信息

出票日期 2019年12月22日

收款人：快捷职工饮食中心

金　额：58 116.86

用　途：餐费补助

单位主管　　会计

上海金达证券印制有限公司 • 2019年印制

表 5-167　　　　费用支付明细表

万家食品有限公司餐费支出表

2019 年 12 月 22 日

单位名称	人员	金额
中点车间	生产工人	13 471.20
	管理人员	3 012.00
西点车间	生产工人	12 637.80
	管理人员	5 688.00
馅料车间	生产工人	3 636.00
	管理人员	1 086.00
机修车间		5 967.60
管理部门		12 618.26
合计		58 116.86

（48）12 月 22 日，以现金报销职工培训费，费用报销审批单及发票见表 5-168、表 5-169。本业务指导见实训指导 45。

政策法规：职工福利费

表 5-168　　费用报销审批单

费用报销审批单

承办部门	负责人	承办人
财务部	张昊	李小江

2019 年 12 月 22 日　　No 000011

付款项目		附件张数	金额	结算方式	
职工培训费		1	636.00	现　金：¥636.00	
				银行转账：¥	
				商业汇票：¥	
收款人全称	立信会计学校		收款人	其　他：¥	
开户行全称				资金计划列支	
账　　号				计划总额	50 000.00
申请付款金额（大写）	陆佰叁拾陆元整		¥636.00	累计支付额	46 800.00
批准金额（大写）	陆佰叁拾陆元整		¥636.00	非计划列支额	
会计机构负责人	总经理	分管副总	审核会计	资金管理人员	
张昊	李永国	谢克勤	李小玉	张山	

第二联 会计联

表 5-169　　增值税专用发票

山西增值税专用发票

发 票 联

（国家税务总局监制 山西）

No. 01129908

开票日期：2019年12月22日

购买方	名　　称：万家良品有限公司 纳税人识别号：14012846987200123F 地 址、电 话：太原北大街　3022537 开户行及账号：工行北街支行　1287654279	密码区	67/*+3*0/611*++0/+0*/*+3+2/9 *11*+66666**066611*+66666* 1**+216***6000*261*2*4/*547 203994+-42*64151*6915361/3*

货物或应税劳务、服务名称	规格型号	单位	数量	单价	金额	税率	税额
*生活服务*培训费					600.00	6%	36.00
合　计					¥600.00		¥36.00
价税合计（大写）	⊗ 陆佰叁拾陆元整				（小写）¥636.00		

销售方	名　　称：立信会计学校 纳税人识别号：14089776341234536B 地 址、电 话：新民街　8797651 开户行及账号：工行府西支行　09876525	备注	立信会计学校 14089776341234536B 发票专用章

收款人：　　复核：　　开票人：　　销售方：（章）

国税函〔2019〕257号浙江印钞厂

第三联：发票联　购买方记账凭证

（49）12 月 22 日，确定本期在建厂房进度，确认在建工程，工程项目完工进度审批表见表 5–170。本业务指导见实训指导 46。

表 5–170　　工程项目完工进度审批表

工程建设项目完工进度入账审批

2019 年 12 月 22 日　　No:000001

施工单位名称（乙方）	山西建筑公司									
建设工程项目	总项目名称	类别	子项目名称	合同总额	工程进度	报审金额	审定金额	已付金额	未付金额	备注
	中点车间二号厂房		厂房	30 000 000.00	20%	6 000 000.00	6 000 000.00	5 504 587.16	495 412.84	
入账金额合计（人民币大写）			伍佰伍拾万肆仟伍佰捌拾柒元壹角陆分				¥5 504 587.16			
备注							附件：工程形象进度图纸计算表			

总经理	分管副总	会计机构负责人	审核会计	基建部负责人	项目部负责人	预结算部经理	预结算部现场代表
李永国	周辉	张昊	李小玉	史益	王玮	赵志	李源

第二联　会计联

（50）12 月 22 日，收到农业银行短期借款利息结算清单，见表 5–171。本业务指导见实训指导 47。

表 5–171　　计 息 清 单

中国农业银行计收利息清单（支款通知）

2019 年 12 月 21 日

户　名	万家食品有限公司					账　号	98534216
计息起止时间	2019 年 9 月 21 日至 2019 年 12 月 21 日					左列贷款利息业已从你单位账户扣付，逾期罚息30%	
贷款种类	贷款账号		计息日贷款余额	计息积数	年利率	计收利息金额	
	周转借款		360 000	32 760 000	6.31%	5 742.10	中国农业银行股份有限公司太原五一支行 2019.12.21 转讫　农行五一支行公章
利息金额 人民币（大写） 伍仟柒佰肆拾贰元壹角整			十 万 千 百 十 元 角 分	¥ 5 7 4 2 1 0			转账日期：2019年12月21日

单位主管：　　会计：　　复核：　　记账：

（51）12 月 23 日，收到农业银行、民生银行长期借款利息结算的清单，本月发生借款利息如表 5-172、表 5-173、表 5-174 所示，请结合本实训第（4）笔业务有关基建支出的情况计算借款费用资本化金额，编制借款费用计算表（见表 5-175）。本业务指导见实训指导 48。

政策法规：
借款费用

表 5-172

计 息 清 单

中国农业银行计收利息清单（支款通知）

2019 年 12 月 21 日

户　名		万家食品有限公司				账　号	98534216
计息起止时间		2019 年 12 月 1 日至 2019 年 12 月 21 日				左列贷款利息业已从你单位账户扣付，逾期罚息30%	
贷款种类	贷款账号	152-085	计息日贷款余额	计息积数	年利率	计收利息金额	
	基建借款		1 000 000	21 000 000	6.4%	3 733.33	农行五一支行 公　章

利息金额	十	万	千	百	十	元	角	分	
人民币（大写）叁仟柒佰叁拾叁元叁角叁分		¥	3	7	3	3	3	3	转账日期：2019年12月21日

单位主管：　　　会计：　　　复核：　　　记账：

中国农业银行股份有限公司 太原五一支行 2019.12.21 转讫

注：12 月 22 日至 12 月 31 日的利息无须计提。

表 5-173

计 息 清 单

中国民生银行计收利息清单（支款通知）

2019 年 12 月 23 日

户　名		万家食品有限公司				账　号	87921678
计息起止时间		2019 年 12 月 1 日至 2019 年 12 月 23 日				左列贷款利息业已从你单位账户扣付，逾期罚息30%	
贷款种类	基建借款		计息日贷款余额	计息积数	年利率	计收利息金额	
			4 500 000	103 500 000	6.65%	19 118.75	民生银行解放支行 公　章

利息金额	十	万	千	百	十	元	角	分	
人民币（大写）壹万玖仟壹佰壹拾捌元柒角伍分	¥	1	9	1	1	8	7	5	转账日期：2019年12月23日

单位主管：　　　会计：　　　复核：　　　记账：

中国民生银行股份有限公司 太原解放支行 2019.12.23 转讫

表 5-174　　计息清单

中国民生银行计收利息清单（支款通知）

2019年12月23日

户　名	万家食品有限公司					账　号	87921678
计息起止时间	2019 年 9 月 23 日至 2019 年 12 月 23 日					左列贷款利息业已从你单位账户扣付，逾期罚息30%	
贷款种类	流动资金借款		计息日贷款余额	计息积数	年利率	计收利息金额	
			750 000	68 250 000	6.4%	12 133.33	
							民生银行解放支行 公　章

利息金额 人民币（大写）壹万贰仟壹佰叁拾叁元叁角叁分	十	万	千	百	十	元	角	分	转账日期：2019年12月23日
	¥	1	2	1	3	3	3	3	

单位主管：　　会计：　　复核：　　记账：

（印章：中国民生银行股份有限公司太原解放支行 2019.12.23 转讫）

注：12 月 24 日至 12 月 31 日的利息无须计提。

表 5-175　　借款费用计算表

借款费用计算表

年　月　日

资产本期支出额							
专门借款	序号	借款额	借款利息支出		未占用借款利息收入或收益		资本化额
	1						
	2						
	3						
	4						
	小计						
一般借款	序号	借款额	前期占用额	本期占用额	累计支出加权平均数	资本化率	资本化额
	1						
	2						
	3						
	4						
资本化金额合计数							
费用化金额合计数							

审核：　　制表：

（52）12 月 23 日，机修车间领用材料，材料领用单见表 5-176。本业务指导见实训指导 8。

表 5-176　材料领用单

材料领用单

领用单位：机修车间　　2019 年 12 月 23 日　　编号

项目 / 用途	名称	机油	计量单位	kg	
	请领	实发	计划单位成本	总成本	备注
修理用	300	300	15.00	4 500.00	
合计	300	300	15.00	4 500.00	

主管：宁全厅　　审核：　　领用：毛林杰　　发料：

第二联　交财务部

（53）12 月 23 日，从华源面粉厂购入面粉，已取得增值税专用发票，商品未运到，货款未付，资产采购入库批准单、发票、运费发票见表 5-177～表 5-179。本业务指导见实训指导 49。

表 5-177　资产采购入库批准单

资产采购入库批准单

承办部门	部门负责人	承办人
采供部	赵海	王小波

2019 年 12 月 23 日

销货单位	全称	华源面粉厂			合同管理员	备注
	纳税人资质	一般纳税人	合同编号	987	张东	
项目	入库单号码	发票号码	货物售价金额	进项税额	价税合计	
采购面粉	0072	68654289	25 000.00	2 250.00	27 250.00	
运费		01129908	1 860.00	167.40	2 027.40	
小计			26 860.00	2 417.40	29 277.40	
货款合计（大写）贰万玖仟贰佰柒拾柒元肆角整			¥29 277.40			

总经理	分管副总	供应部门	财务部门		
			会计机构负责人	材料会计	结算方式
李永国	高天华	赵海	张昊	张怀东	银行转账

第二联　会计联

表 5-178

增值税专用发票

1100082140

山西增值税专用发票

发票联

全国统一发票监制章 山西 国家税务总局监制

No. 68654289

开票日期：2019年12月23日

购买方	名　　称：万家食品有限公司 纳税人识别号：14012846987200123F 地 址、电 话：北大街　3022537 开户行及账号：工行北街支行　1287654279				密码区	3-65745<19458<3840481 75/37503848*7>+>-2//5 >*8574567-7<8*873/+<4 13-3001152-/>7142>>8-	加密版本：01 1100082140 68654289
货物或应税劳务、服务名称	规格型号	单位	数量	单价	金额	税率	税额
*淀粉制品*面粉		kg	10 000	2.5	25 000.00	9%	2 250.00
合　计					¥25 000.00		¥2 250.00
价税合计（大写）	⊗ 贰万柒仟贰佰伍拾元整				（小写）	27 250.00	
销售方	名　　称：华源面粉厂 纳税人识别号：14273646985732036B 地 址、电 话：临汾　6087531 开户行及账号：民生银行　1140356984				备注	华源面粉厂 14273646985732036B 发票专用章	

收款人：　　复核：　　开票人：　　销售方：（章）

税总函[2019]562号海南华森实业公司

第三联：发票联　购买方记账凭证

表 5-179

运费专用发票

山西增值税专用发票

发票联

全国统一发票监制章 山西 国家税务总局监制

No. 01129908

开票日期：2019年12月23日

购买方	名　　称：万家食品有限公司 纳税人识别号：14012846987200123F 地 址、电 话：太原北大街　3022537 开户行及账号：工行北街支行　1287654279				密码区	67/*+3*0/611*++0/+0*/*+3+2/9 *11*+66666**066611*+66666* 1**+216***6000*261*2*4/*547 203994+-42*64151*6915361/3*	
货物或应税劳务、服务名称	规格型号	单位	数量	单价	金额	税率	税额
*运输服务*运输费					1 860.00	9%	167.40
合　计					¥1 860.00		¥167.40
价税合计（大写）	⊗ 贰仟零贰拾柒元肆角整				（小写）	¥2 027.40	
销售方	名　　称：临汾市运输公司 纳税人识别号：14272837898765436B 地 址、电 话：大同路73号 开户行及账号：工行临汾支行　0987765				备注	临汾—太原 晋L173403 面粉 临汾市运输公司 14272837898765436B 发票专用章	

收款人：　　复核：　　开票人：　　销售方：（章）

国税函[2019]257号浙江印钞厂

第三联：发票联　购买方记账凭证

（54）12 月 24 日，上述面粉运到并准备验收。验收入库时发现该面粉质量与合同不符，经双方协商，华源面粉厂同意给予 10% 的价格（不含税）折让，入库单见表 5-180。本业务指导见实训指导 50。

政策法规：销售退回业务办理

表 5-180　　材料入库单

万家食品有限公司材料入库单

供货单位：华源面粉厂　　材料类别：　　编号：072

发票号码：　　2019 年 12 月 24 日　　材料编号：原料及主要材料　　仓库：2 号库

材料名称	计量单位	数量		实际成本					计划成本	
		应收	实收	单价	金额	运杂费	其他	合计	单价	金额
特一粉	kg	10 000	10 000			1 860.00			2.6	26 000.00
备注：				合计						26 000.00

采供部负责人：赵　海　　采购：钱　云　　保管员：孙　陆　　业务经办：李　雪

②财会

（55）12 月 25 日，处置报废烤箱取得现金收入，发票见表 5-181，收据见 5-182。本业务指导见实训指导 51。

表 5-181　　普 通 发 票

1100062650　　山西增值税普通发票

（国家统一发票监制章　山西　国家税务总局监制）

No. 30961898

开票日期：2019年12月25日

购买方　名　　称：大众街废品收购站
纳税人识别号：44030056821345236B
地 址、电 话：大众街9号　9876568
开户行及账号：

密码区　3-65745<19458<3840481
75/37503848*7>+>-2//5　加密版本：01
>*8574567-7<8*873/+<4　1100062650
13-3001152-/>7142>>8-　30961898

货物或应税劳务、服务名称	规格型号	单位	数量	单价	金额	税率	税额
*家用厨房电器具*烤箱		台	6	160.00	960.00	13%	124.80
合　计					¥960.00		¥124.80

价税合计（大写）　⊗壹仟零捌拾肆元捌角整　（小写）¥1 084.80

销售方　名　　称：万家食品有限公司
纳税人识别号：14012846987200123F
地 址、电 话：北大街　3022537
开户行及账号：工行北街支行　1287654279

备注　（万家食品有限公司　14012846987200123F　发票专用章）

收款人：　　复核：　　开票人：　　销售方：（章）

税总函〔2019〕982号深圳光华印制有限公司

第一联：记账联　销售方记账凭证

表 5-182　　收 款 收 据

收 款 收 据

2019 年 12 月 25 日　　　　No. 00490980

今　收　到	大众街废品收购站
交　　　来	出售烤箱货款
金额（大写）	壹 仟 零 捌 拾 肆 元 捌 角 整
¥1 084.80	☑现金　□支票　□信用卡　□其他　收款单位（盖章）

（印章：万家食品有限公司 财务专用章）

第三联　交财务

核准：　　会计：　　记账：　　出纳：　　经手人：

（56）万家食品有限公司按照相关税务政策的规定，向华源面粉厂提出折让的要求，并在增值税发票系统中填写信息表（见表 5-184），华源面粉厂开具红字发票（见表 5-183），并交予万家食品有限公司。根据折让后价格填制表 5-180。本业务指导见实训指导 50。

表 5-183　　增值税专用发票

1100082140　　山西增值税专用发票　　发　票　联

（印章：全国统一发票监制章 山西 国家税务总局监制）

No. 60972952

开票日期：2019年12月25日

购买方	名　　称：万家食品有限公司 纳税人识别号：14012846987200123F 地 址、电 话：北大街　3022537 开户行及账号：工行北街支行　1287654279	密码区：3-65745<19458<3840481　加密版本：01 75/37503848*7>+>-2//5　1100082140 >*8574567-7<8*873/+<4　60972952 13-3001152-/7142>>8-

货物或应税劳务、服务名称	规格型号	单位	数量	单价	金额	税率	税额
*淀粉制品*面粉			−10 000	0.25	−2 500.00	9%	−225.00
合　计							

价税合计（大写）	⊗（负数）贰仟柒佰贰拾伍元整　（小写）¥−2 725.00

销售方	名　　称：华源面粉厂 纳税人识别号：14273646985732036B 地 址、电 话：临汾　6087531 开户行及账号：民生银行　1140356984	备注（印章：华源面粉厂 14273646985732036B 发票专用章）

收款人：　　复核：　　开票人：　　销售方：（章）

税总函［2019］562号海南华森实业公司

第三联：发票联　购买方记账凭证

表 5-184　开具红字增值税专用发票信息表

开具红字增值税专用发票信息表

填开日期：　　年　月　日

销售方	名称		购买方	名称		
	纳税人识别号			纳税人识别号		
开具红字专用发票内容	货物（劳务、服务）名称	数量	单价	金额	税率	税额
说明	一、购买方☐ 对应蓝字专用发票抵扣增值税销项税额情况： 1. 已抵扣 ☐ 2. 未抵扣 ☐ （1）无法认证 ☐ （2）纳税人识别号认证不符 ☐ （3）增值税专用发票代码、号码认证不符 ☐ （4）所购货物或劳务、服务不属于增值税扣税项目范围 ☐ 对应蓝字专用发票的代码：____________ 号码：____________ 二、销售方 ☐ 1. 购买方拒收发票 ☐ 2. 发票尚未交付 ☐ 对应蓝字专用发票的代码：____________ 号码：____________						
红字发票信息表编号						

（57）12 月 25 日，向侯马家和超市销售火腿三明治、牛肉汉堡，取得对方签发的银行汇票，请填制进账单，模拟办理银行汇票入账手续。有关凭证见表 5-185~表 5-190。本业务指导见实训指导 52。

动画：银行汇票结算

表 5-185　增值税专用发票

1100082140　山西增值税专用发票　此联不作报销、扣税凭证使用

No. 609723290

开票日期：2019年12月25日

购买方	名称：侯马家和超市 纳税人识别号：23456946135724936B 地址、电话：侯马 8916862 开户行及账号：工行新田路支行 3563264589				密码区	3-65745<19458<3840481 75/37503848*7>+>-2//5 >*8574567-7<8*873/+<4 13-3001152-/>7142>>8-	加密版本：01 1100082140 609723290
货物或应税劳务、服务名称	规格型号	单位	数量	单价	金额	税率	税额
*方便食品*火腿三明治		KG	8 000	14.50	116 000.00	13%	15 080.00
*方便食品*牛肉汉堡		KG	7 000	16.80	117 600.00	13%	15 288.00
合　计					¥233 600.00		¥30 368.00
价税合计（大写）	⊗贰拾陆万叁仟玖佰陆拾捌元整				（小写）¥263 968.00		
销售方	名称：万家食品有限公司 纳税人识别号：14012846987200123F 地址、电话：太原北大街 3022537 开户行及账号：工行北街支行 1287654279				备注	万家食品有限公司 14012846987200123F 发票专用章	

收款人：　复核：　开票人：　销售方：（章）

第一联：记账联　销售方记账凭证

税总函［2019］562号海南华森实业公司

表 5-186　银行汇票

付款期限 壹 月

中国工商银行 银行汇票　2

GE 02　692302

第　号

出票日期（大写）贰零壹玖年 壹拾贰月 贰拾伍日　代理付款行：　行号：

收款人：万家食品有限公司　账号：1287654279

出票金额：人民币（大写）贰拾柒万伍仟元整

实际结算金额 人民币（大写）	千	百	十	万	千	百	十	元	角	分
贰拾陆万叁仟玖佰陆拾捌元整		¥	2	6	3	9	6	8	0	0

申请人：侯马家和超市　账号或住址：3563264589

出票行：工行新田路支行　行号：

备　注：

凭票付款

出票行签章（中国工商银行股份有限公司新田路支行 2019.12.25 汇票专用章）

多余金额 千	百	十	万	千	百	十	元	角	分
		¥	1	1	0	3	2	0	0

科目（借）　对方科目（贷）　兑付日期　年　月　日　复核　记账

此联代理付款行付款后作联行往账借方凭证附件

上海证券印制有限公司　2005年印制

表 5-187　银行汇票背面

被背书人	被背书人
背书人签章 年　月　日	背书人签章 年　月　日

持票人向银行提示付款签章：　身份证件名称：　发证机关：

号码：

注：在银行汇票背面登记办理进账时的手续。

表 5-188　银行汇票

付款期限 壹 月

中国工商银行 银行汇票（解讫通知）　3　GE 02　692302

第　号

出票日期（大写）：贰零壹玖年壹拾贰月贰拾伍日

代理付款行：　行号：

收款人：万家食品有限公司　账号：1287654279

出票金额：人民币（大写）贰拾柒万伍仟元整

实际结算金额：人民币（大写）贰拾陆万叁仟玖佰陆拾捌元整　¥263968.00

千	百	十	万	千	百	十	元	角	分
	¥	2	6	3	9	6	8	0	0

申请人：侯马家和超市　账号或住址：3563264589

出票行：工行新田路支行　行号：

备注：

代理付款行签章

复核　经办

多余金额

千	百	十	万	千	百	十	元	角	分
		¥	1	1	0	3	2	0	0

复核　记账

（印章：中国工商银行股份有限公司新田路支行 2019.12.25 汇票专用章）

此联代理付款行兑付后随报单寄出票行　由出票行作多余款贷方凭证附件

上海证券印制有限公司 2005年印制

表 5-189　产成品出库单

产成品出库单

领用单位：营销部　2019 年 12 月 25 日　编号

产品名称	规格型号	计量单位	出库数量	备注
火腿三明治		kg	8 000	
牛肉汉堡		kg	7 000	

主管：赵　海　审核：　保管：孙　陆　经手人：高　莲

第三联　交财务科

表 5-190　　进　账　单

ICBC 中国工商银行　　进 账 单（收账通知）　3

年　月　日

出票人	全　称		收款人	全　称	
	账　号			账　号	
	开户银行			开户银行	
金额	人民币（大写）				亿 千 百 十 万 千 百 十 元 角 分
票据种类		票据张数			
票据号码					
复核　记账			收款人开户银行签章		

此联是收款人开户银行交给收款人的收账通知

注：本表根据银行汇票的内容填制，银行汇票在结算中已经向银行提供并办理进账，不能作为本业务的原始凭证。

（58）12 月 26 日，将应收盼盼食品商场 60 000 元的银行承兑汇票（见表 5-191）办理贴现，年贴现率 8.3%，填制贴现申请书（见表 5-192），计算贴现额并填制贴现凭证（见表 5-193）。本业务指导见实训指导 53。

动画：银行承兑汇票结算

表 5-191　　银行承兑汇票

银行承兑汇票　2　$\frac{GE}{02}$ 68791083

出票日期（大写）　贰零壹玖 年 零壹拾 月 贰拾伍 日

出票人全称	盼盼食品商场	收款人	全　称	万家食品有限公司
出票人账号	908765		账　号	1287654279
付款行全称	工行大同南华支行		开户银行	工行太原北街支行
出 票 金 额	人民币（大写）陆万元整		亿 千 百 十 万 千 百 十 元 角 分	¥ 6 0 0 0 0 0 0
汇票到期日（大写）	贰零贰零年零壹月贰拾伍日	付款行	行号	102214038976
承兑协议编号	0987		地址	山西省大同市
本汇票请你行承兑，到期无条件付款。（盼盼食品商场 财务专用章）（张建国印）出票人签章		本汇票已经承兑，到期日由本行付款。承兑行签章（中国工商银行股份有限公司南华支行 102214038976 汇票专用章）承兑日期 2019 年 10 月 25 日		
		备注：		

上海证券印制有限公司 · 2005年印制

此联收款人开户行随托收凭证寄付款行作借方凭证附件

表 5-192　贴现申请书

中国工商银行北街支行
承兑汇票贴现申请书

编号：

我单位遵守中国人民银行的一切规定，并以下列承兑汇票向贵行申请贴现，票据内容如下：

申请单位全称		开户银行全称		账号	
申请贴现汇票共　张，其中，银行承兑汇票　张，商业承兑汇票　张					
汇票号码					
汇票金额（大写）					
出票日期（大写）					
汇票到期日（大写）					
承兑单位或承兑银行					
出票人	出票人全称				
	出票人开户行				
	出票人账号				
申请贴现合计金额					
申请贴现的原因和用途：					
申请单位 （公章）		法人代表： （签章） 年　月　日			

表 5-193　　**贴现凭证**

贴现凭证（收款通知）　4

填写日期　　年　月　日　　　　第　　号

贴现汇票	种　类		号码	申请人	名　称	
	出票日	年　月　日			账　号	
	到期日	年　月　日			开户银行	
汇票承兑人（或银行）	名称		账号		开户银行	
汇票金额（即贴现金额）	人民币（大写）				千 百 十 万 千 百 十 元 角 分	
贴现率每月	8.3‰	贴现利息	千 百 十 万 千 百 十 元 角 分	实付贴现金额	千 百 十 万 千 百 十 元 角 分	
上述款项已入你单位账号。 此致 贴现申请人　　　银行盖章				备注：		

此联银行给申请人的收款通知

中国工商银行股份有限公司太原北街支行 2019.12.26 转讫

（59）12 月 26 日，按古交四通食品超市向本企业发出的订单备货，向银行申请办理款项托收并于当日发货（合同规定由万家食品有限公司承担运费及其税额，共计 2 220 元）。增值税专用发票、出库单、托收凭证票样见表 5-194～表 5-196，请根据下列资料填制上述原始凭证。本业务指导见实训指导 54。原始凭证填列资料如下：

购买方情况：

纳税人识别号：142634956321756；地址、电话：古交，2958426；

开户行及账号：工行古交营业部，65830297

销售产品情况：

豆沙包：30 000 千克，单价 7.20 元，增值税税率 13%；

奶黄包：20 000 千克，单价 8.40 元，增值税税率 13%；

火腿三明治：12 000 千克，单价 14.50 元，增值税税率 13%；

牛肉汉堡：16 000 千克，单价 16.80 元，增值税税率 13%。

动画：委托收款结算方式

表 5-194　　增值税专用发票

110019465　　山西增值税专用发票

此联不作报销、扣税凭证使用

（全国统一发票监制章 山西 国家税务总局监制）

No. 03164658

开票日期：

购买方	名称： 纳税人识别号： 地址、电话： 开户行及账号：					密码区	3-65745<19458<3840481 75/37503848*7>+>-2//5 >*8574567-7<8*873/+<4 13-3001152-/>7142>>8-	加密版本：01 110019465 03164658
货物或应税劳务、服务名称	规格型号	单位	数量	单价	金额		税率	税额
合计								
价税合计（大写）	⊗						（小写）	
销售方	名称： 纳税人识别号： 地址、电话： 开户行及账号：					备注	万家食品有限公司 14012846987200123F 发票专用章	

收款人：　　复核：　　开票人：王超　　销售方：（章）

第一联：记账联　销售方记账凭证

税总函〔2019〕562号海南华森实业公司

表 5-195　　产成品出库单

产成品出库单

领用单位：　　年　月　日　　编号

产品名称	规格型号	计量单位	出库数量	备注

主管：赵　海　　审核：　　保管：孙　陆　　经手人：高　莲

第三联　交财务科

表 5-196　　　　托 收 凭 证

托收凭证（受理回单）　　1

委托日期　　年　　月　　日

业务类型	委托收款（□邮划、□电划）			托收承付（□邮划、□电划）		
付款行	全　称		收款人	全　称		
	账　号			账　号		
	地　址	省　市县　开户行		地　址	省　市县　开户行	
金额	人民币（大写）				亿 千 百 十 万 千 百 十 元 角 分	
款项内容		托收凭据名称		附寄单证张数		
商品发运情况				合同名称号码		
备注： 复核　　记账		年　月　日			收款人开户银行签章 年　月　日	

中国工商银行股份有限公司
太原北街支行
2019.12.26
受理凭证专用章

(2017) 10×17.5公分　交15角直印制　01512-65011866

此联作收款人开户银行给收款人的受理回单

（60）12 月 27 日，产品入库，见表 5-197 和表 5-198。本业务指导见实训指导 36。

表 5-197　　　　产成品入库单

产成品入库单

交库单位：中点车间　　　　2019 年 12 月 27 日　　　　编号：

产品名称	规格型号	单位	交付数量	检查结果		实收数量	金额
				合格	不合格		
豆沙包		kg	23 900	23 900		23 900	
奶黄包		kg	30 000	30 000		30 000	
合计							

车间负责人：张　洪　　　　检验：申　战　　　　仓库：董　华

②转财务科

表 5-198　　产成品入库单

产成品入库单

交库单位：西点车间　　2019 年 12 月 27 日　　编号：

产品名称	规格型号	单位	交付数量	检查结果		实收数量	金额
				合格	不合格		
火腿三明治		kg	21 000	21 000		21 000	
牛肉汉堡		kg	21 000	21 000		21 000	
合计							

车间负责人：张　波　　检验：申　战　　仓库：董　华

②转财务科

（61）12 月 28 日，按合同规定，向沃尔玛连锁超市发货，收到商业汇票一张。相关凭证见表 5-199～表 5-203。本业务指导见实训指导 55。

动画：商业承兑汇票结算方式

表 5-199　　产成品出库单

产成品出库单

领用单位：营销部　　2019 年 12 月 28 日　　编号 005

产品名称	规格型号	计量单位	出库数量	备　注
豆沙包		kg	30 000	
奶黄包		kg	24 000	

主管：刘东科　　审核：　　保管：刘生明　　经手人：李　二

第三联　交财务科

表 5-200　　产成品出库单

产成品出库单

领用单位：营销部　　2019 年 12 月 28 日　　编号 006

产品名称	规格型号	计量单位	出库数量	备　注
火腿三明治		kg	45 000	
牛肉汉堡		kg	24 000	

主管：刘东科　　审核：　　保管：刘生明　　经手人：李　二

第三联　交财务科

表 5-201　　增值税专用发票

1987431552　　山西增值税专用发票

此联不作报销、扣税凭证使用

No. 03164659

开票日期：2019年12月28日

购买方	名　　称：沃尔玛连锁超市 纳税人识别号：14059122468796236B 地 址、电 话：太原长风街　6598779 开户行及账号：建设银行长风街支行　85963241				密码区	3-65745<19458<3840481 75/37503848*7>+>-2//5 >*8574567-7<8*873/+<4 13-3001152-/>7142>>8-	加密版本：01 1987431552 03164659
货物或应税劳务、服务名称	规格型号	单位	数量	单价	金额	税率	税额
*方便食品*豆沙包		kg	30 000	7.20	216 000.00	13%	28 080.00
*方便食品*奶黄包		kg	24 000	8.40	201 600.00	13%	26 208.00
*方便食品*火腿三明治		kg	45 000	14.50	652 500.00	13%	84 825.00
*方便食品*牛肉汉堡		kg	24 000	16.80	403 200.00	13%	52 416.00
合　计					¥1 473 300.00		¥191 529.00
价税合计（大写）	⊗壹佰陆拾陆万肆仟捌佰贰拾玖元整				（小写）¥1 664 829.00		
销售方	名　　称：万家食品有限公司 纳税人识别号：14012846987200123F 地 址、电 话：太原北大街　3022537 开户行及账号：工行北街支行　1287654279				备注	万家食品有限公司 14012846987200123F 发票专用章	

收款人：杨　花　　复核：　　开票人：　　销售方：（章）

税总函〔2019〕562号海南华森实业公司

第一联：记账联　销售方记账凭证

表 5-202　　收 款 收 据

收 款 收 据

2019 年 12 月 28 日　　No. 00490980

今　收　到　沃尔玛连锁超市

交　　来　商业承兑汇票1张

金额（大写）　壹佰陆拾陆万肆仟捌佰贰拾玖元整

¥1 664 829.00　□现金　□支票　□信用卡　☑其他　收款单位（盖章）万家食品有限公司 财务专用章

核准：　会计：　记账：　出纳：　经手人：

第三联　交财务

表 5-203　　商业承兑汇票

复印无误

商业承兑汇票　2　　39008791

出票日期（大写）　贰零壹玖 年 壹拾贰 月 贰拾捌 日

付款人	全　称	沃尔玛连锁超市	收款人	全　称	万家食品有限公司
	账　号	85963241		账　号	1287654279
	开户银行	建设银行长风街支行		开户银行	工行北街支行

出票金额	人民币（大写）	壹佰陆拾陆万肆仟捌佰贰拾玖元整	亿	千	百	十	万	千	百	十	元	角	分
				¥	1	6	6	4	8	2	9	0	0

汇票到期日（大写）	贰零贰零年零叁月贰拾捌日	付款人开户行	行号	
交易合同号码			地址	

本汇票已经承兑，到期无条件支付票款。

沃尔玛连锁超市 财务专用章　张志远印

承兑人签章

承兑日期　2019 年 12 月 28 日

本汇票请予以承兑于到期日付款。

出票人签章

此联持票人开户行随托收凭证寄付款人开户行作借方凭证附件

（62）12 月 28 日，通过网银向太原肉联厂偿还应付账款 59 670.00 元。往来款项确认单、付款审批单、网银电子回单见表 5-204、表 5-205、表 5-206。本业务指导见实训指导 56。

表 5-204　　往来款项确认单

往来款项确认单

2019 年 12 月 28 日　　单位：元

往来单位名称	往来金额	拟偿还金额	余额
太原肉联厂	363 000.00	59 670.00	303 330.00

会计机构负责人：张　昊　　往来会计：李小玉　　业务人员：王小波

表 5-205　**付款审批单**

付款审批单

承办部门	负责人	承办人
采供部	赵海	王小波

2019 年 12 月 28 日　　No 000010

付款项目		附件张数	金额	结算方式	
偿还太原肉联厂应付账款		1	59 670.00	现　金：¥	
				银行转账：¥59 670.00	
				商业汇票：¥	
收款人全称	太原肉联厂		收款人	其　他：¥	
开户行全称	工行并州支行			资金计划列支	
账　号	987906			计划总额	59 670.00
申请付款金额（大写）	伍万玖仟陆佰柒拾元整		¥59 670.00	累计支付额	59 670.00
批准金额（大写）	伍万玖仟陆佰柒拾元整		¥59 670.00	非计划列支额	
会计机构负责人	总经理	分管副总	审核会计	资金计划审核人员	
张昊	李永国	谢克勤	李小玉	张山	

第二联　会计联

表 5-206　**网银电子回单**

中国工商银行 电子银行转账凭证（回单联）

2019 年 12 月 28 日　　序号：0987

付款人	户　名	万家食品有限公司		
	账　号	1287654279	汇出地点	太原
	汇出行	工行北街支行		
收款人	户　名	太原肉联厂		
	账　号	987906	汇入地点	太原
	汇入行	工行并州支行		
金额大写		伍万玖仟陆佰柒拾元整		
金额小写		¥59 670.00	用　途	归还前欠货款
加急标志：		客户标识：	渠道：	流水号：
上列款项已按委托办理			中国工商银行股份有限公司 太原北街支行 2019.12.28 转讫	（经办行盖章）

电脑打印　手工无效

付款通知

（63）12 月 28 日，万家食品有限公司决定用奶黄包与沃尔玛连锁超市的两台复印机交换。奶黄包的公允价值（不含税）为 67 200 元；沃尔玛连锁超市复印机的账面余额为 60 000 元，公允价值（不含税）为 62 900 元，另支付补价 4 859 元。万家食品有限公司换入的复印机作为固定资产移交给办公室使用；沃尔玛连锁超市换入的奶黄包以备销售。奶黄包计税价格等于公允价值，两公司适用的增值税税率为 13%，假设双方均未对存货计提跌价准备；整个交易过程未发生除增值税以外的其他相关税费。相关凭证见表 5-207～表 5-213。本业务指导见实训指导 57。

政策法规：非货币性资产交换

表 5-207　　增值税专用发票

1100082140　　山西增值税专用发票　　发票联

（全国统一发票监制章　山西　国家税务总局监制）

No. 60972998

开票日期：2019年12月28日

购买方	名　　称：万家食品有限公司 纳税人识别号：14012846987200123F 地 址、电 话：北大街　3022537 开户行及账号：工行北街支行　1287654279				密码区	3-65745<19458<3840481 75/37503848*7>+>-2//5 >*8574567-7<8*873/+<4 13-3001152-/7142>>8-	加密版本：01 1100082140 60972998
货物或应税劳务、服务名称	规格型号	单位	数量	单价	金额	税率	税额
*复印胶版印制设备*复印机		台	2	31 450.00	62 900.00	13%	8 177.00
合　计					¥62 900.00		¥8 177.00
价税合计（大写）	⊗柒万壹仟零柒拾柒元整				（小写）¥71 077.00		
销售方	名　　称：沃尔玛连锁超市 纳税人识别号：14059122468796236B 地 址、电 话：太原长风街　6598779 开户行及账号：建设银行长风街支行　85963241				备注	（沃尔玛连锁超市 14059122468796236B 发票专用章）	

收款人：　　复核：　　开票人：　　销售方：（章）

税总函〔2019〕562号海南华森实业公司

第三联：发票联　购买方记账凭证

表 5-208　增值税专用发票

1100082140　山西增值税专用发票

此联不作报销、扣税凭证使用

No. 609727321

开票日期：2019年12月28日

购买方	名　称：沃尔玛连锁超市 纳税人识别号：14059122468796236B 地址、电话：太原长风街　6598779 开户行及账号：建设银行长风街支行　85963241				密码区	3-65745<19458<3840481 75/37503848*7>+>-2//5 >*8574567-7<8*873/+<4 13-3001152-/>7142>>8-	加密版本：01 1100082140 609727321
货物或应税劳务、服务名称	规格型号	单位	数量	单价	金额	税率	税额
*方便食品*奶黄包		kg	8 000	8.4	67 200.00	13%	8 736.00
合　计					¥ 67 200.00		¥ 8 736.00
价税合计（大写）	⊗ 柒万伍仟玖佰叁拾陆元整				（小写）¥ 75 936.00		
销售方	名　称：万家食品有限公司 纳税人识别号：14012846987200123F 地址、电话：北大街　3022537 开户行及账号：工行北街支行　1287654279				备注	万家食品有限公司 14012846987200123F 发票专用章	

收款人：　　复核：　　开票人：　　销售方：（章）

第一联：记账联　销售方记账凭证

税总函〔2019〕562号海南华森实业公司

表 5-209　固定资产交接单

固定资产交接单

使用单位：办公室　　2019 年 12 月 28 日　　转移单号：

转移原因或依据					换入复印机用于办公			
固定资产名称	规格及型号	单位	数量	预计使用年限	已使用年限	原值	已提折旧	净值
复印机	EPSON	台	2	8		62 900.00		62 900.00
调出单位 公章： 财务： 经办：	公章			使用单位 公章： 财务： 经办：	公章			

表 5-210　产成品出库单

产成品出库单

领用单位：营销部　　2019 年 12 月 28 日　　编号

产品名称	规格型号	计量单位	出库数量	单位成本	备　注
奶黄包		kg	8 000		

第三联　交财务科

主管：刘东科　　审核：　　保管：刘生明　　经手人：李　二

表 5-211　固定资产卡片

固定资产卡片

使用单位：办公室　　填表日期：2019 年 12 月 28 日

类别	办公设备	出厂或交接验收日期		预计使用年限	8
编号		购入或使用日期		预计残值	2 516
名称	复印机	放置或使用地址	办公室	预计清理费用	
型号规格	EPSON	负责人	张小曙	月折旧率	
建造单位		总造价		月大修理费用提存率	

设备主要技术参数或建筑物占地面积、建筑面积及结构	设备主要配件名称数量或建筑物附设设备	大修理记录		固定资产改变记录
		时间	项目	

表 5-212

转账支票

中国建设银行　转账支票（　）　GE 02 23909821

出票日期（大写）贰零壹玖年壹拾贰月贰拾捌日　付款行名称：建设银行长风街支行

收款人：万家食品有限公司　出票人账号：85963241

本支票付款期限十天

人民币（大写）	肆仟捌佰伍拾玖元整	亿	千	百	十	万	千	百	十	元	角	分
						¥	4	8	5	9	0	0

用途 支付补价

上列款项请从

我账户内支付

出票人签章　沃尔玛连锁超市 财务专用章　张志远印　复核　记账

表 5-213

进账单

ICBC 中国工商银行　进账单（收账通知）　3

2019年12月28日

出票人	全称	沃尔玛连锁超市	收款人	全称	万家食品有限公司
	账号	85963241		账号	1287654279
	开户银行	建行长风街支行		开户银行	工行北街支行
金额	人民币（大写）	肆仟捌佰伍拾玖元整			¥485900（亿千百十万千百十元角分：¥ 4 8 5 9 0 0）
票据种类	转	票据张数 1			
票据号码					
		复核　记账			收款人开户银行签章

中国工商银行股份有限公司 太原北街支行 2019.12.28 转讫

此联是收款人开户银行交给收款人的收账通知

（64）12 月 29 日，广州鼎盛包装盒厂一年前所欠公司货款为 370 500.00 元，由于财务困难，短期内不能支付。经双方协商，广州鼎盛包装盒厂在先偿还 240 000.00 元后，以食品盒偿还所欠款项。食品盒销售价为 40 000.00 元，实际成本为 35 000.00 元；双方均为一般纳税人，增值税税率为 13%。万家食品有限公司将食品盒作为包装物入库，对该项应收账款已提坏账准备 675 元。原始凭证见表 5-214~表 5-217。本业务指导见实训指导 58。

表 5-214　债务重组协议

债务重组协议

甲方：（债权人）万家食品有限公司（以下简称甲方）
乙方：（债务人）广州鼎盛包装盒厂（以下简称乙方）

乙方于 2018 年 10 月 5 日从甲方赊购入中西糕点一批，价款共计 370 500 元（人民币叁拾柒万零伍佰元整），现已过付款期，由于乙方财务困难，短期内难以还清债务，经双方充分协商，甲方同意乙方在偿还 240 000 元（人民币贰拾肆万元整）后，以其生产的食品盒（含税公允价值 45 200 元）偿还所欠剩余债务。

甲、乙双方自觉遵守本协议，如违约，按《合同法》有关条款执行。

本协议自双方签章开始生效。

甲方：万家食品有限公司（签章）　　　　乙方：广州鼎盛包装盒厂（签章）

2019 年 12 月 29 日

表 5-215　包装物入库单

万家食品有限公司包装物入库单

供货单位：广州鼎盛包装盒厂　　　　编号：0098
发票号码：　　2019 年 12 月 29 日　　名称：食品盒　　仓库：3 号库

材料名称	计量单位	数量		实际成本					计划成本	
		应收	实收	单价	金额	运杂费	其他	合计	单价	金额
食品盒	个	80 000	80 000	0.50	40 000.00			40 000.00		
备注：				合计	40 000.00			40 000.00		

采供部负责人：赵　海　　采购：钱　云　　保管员：孙　陆　　业务经办：李　雪

表 5-216　　　　增值税专用发票

1100082567　　**广东增值税专用发票**　　发票联

（印章：全国统一发票监制章　广东　国家税务总局监制）

No. 69723563

开票日期：2019年12月29日

购买方	名　称：万家食品有限公司 纳税人识别号：14012846987200123F 地址、电话：太原北大街　3022537 开户行及账号：工行北街支行　1287654279				密码区	3-65745<19458<3840481 75/37503848*7>+>-2//5 >*8574567-7<8*873/+<4 13-3001152-/7142>>8-	加密版本：01 1100082140 69723563
货物或应税劳务、服务名称	规格型号	单位	数量	单价	金额	税率	税额
*塑料制品*食品包装盒		个	80 000	0.5	40 000.00	13%	5 200.00
合　计					40 000.00		5 200.00
价税合计（大写）	⊗ 肆万伍仟贰佰元整				（小写）¥45 200.00		
销售方	名　称：广州鼎盛包装盒厂 纳税人识别号：14083269574332136B 地址、电话：广州　8795324 开户行及账号：农业银行广州支行　4353980				备注	（印章：广州鼎盛包装盒厂　14083269574332136B　发票专用章）	

收款人：　　复核：　　开票人：武利平　　销售方：（章）

税总函〔2019〕562号海南华森实业公司

第三联：发票联　购买方记账凭证

表 5-217　　　　进　账　单

ICBC　中国工商银行　　进账单（收账通知）　3

2019年12月29日

出票人	全　称	广州鼎盛包装盒厂	收款人	全　称	万家食品有限公司
	账　号	4353980		账　号	1287654279
	开户银行	农业银行广州支行		开户银行	工行北街支行
金额	人民币（大写）	贰拾肆万元整		亿千百十万千百十元角分	¥2 4 0 0 0 0 0 0
票据种类	银行汇票	票据张数	1		
票据号码					
	复核　记账				收款人开户银行签章

（印章：中国工商银行股份有限公司　太原北街支行　2019.12.29　转讫）

此联是收款人开户银行交给收款人的收账通知

（65）12 月 29 日，签发支票一张（自行填写），支付下年度学习资料费，相关凭证见表 5-218～表 5-220。请根据原始凭证信息签发转账支票（见表 5-220）。本业务指导见实训指导 45。

表 5-218　　费用报销审批单

费用报销审批单

承办部门	负责人	承办人
办公室	段运捷	张洁

2019 年 12 月 29 日　　No 000012

付款项目		附件张数	金额	结算方式	
职工学习资料费		1	3 924.00	现　金：¥	
				银行转账：¥3 924.00	
				商业汇票：¥	
收款人全称	太原北方图书商城		收款人	其　他：¥	
开户行全称	工行西羊市街支行			资金计划列支	
账　号	695742876			计划总额	5 000.00
申请付款金额（大写）	叁仟玖佰贰拾肆元整		¥3 924.00	累计支付额	3 924.00
批准金额（大写）	叁仟玖佰贰拾肆元整		¥3 924.00	非计划列支额	
会计机构负责人	总经理	分管副总	审核会计	资金管理人员	
张昊	李永国	谢克勤	李小玉	张山	

第二联　会计联

表 5-219　　增值税专用发票

1100082140　　山西增值税专用发票　　发票联

（国家税务总局监制 山西）

No. 60972952

开票日期：20191202

购买方	名　　称：万家食品有限公司 纳税人识别号：14012846987200123F 地 址、电 话：太原北大街　3022537 开户行及账号：工行北街支行　1287654279	密码区	3-65745<19458<3840481 /5/3/503848*/>+>-2//5 >*8574567-7<8*873/+<4 13-3001152-/>7142>>8-	加密版本：01 1100082140 60972952

货物或应税劳务、服务名称	规格型号	单位	数量	单价	金额	税率	税额
*印刷品*报刊		本	48	75.00	3 600.00	9%	324.00
合　计					3 600.00		324.00
价税合计（大写）	⊗叁仟玖佰贰拾肆元整				（小写）¥3 924.00		

销售方	名　　称：太原北方图书商城 纳税人识别号：14045322879654336B 地 址、电 话：太原市西羊市街23号　8236903 开户行及账号：工行西羊市街支行　695742876	备注	（太原北方图书商城 14045322879654336B 发票专用章）

收款人：　　复核：　　开票人：　　销售方：（章）

税总函[2019]562号海南华森实业公司

第三联：发票联　购买方记账凭证

表 5-220 转账支票

上海金达证券印制有限公司·2017年印制

中国工商银行（ ）
转账支票存根
$\frac{GE}{02}$ 23909821
附加信息

出票日期 年 月 日

收款人：	
金 额：	
用 途：	

单位主管 会计

本支票付款期限十天

中国工商银行 转账支票（ ） $\frac{GE}{02}$ 23909821

出票日期（大写） 年 月 日 付款行名称：
收款人： 出票人账号：

人民币（大写）	亿	千	百	十	万	千	百	十	元	角	分

用途______
上列款项请从
我账户内支付
出票人签章 复核 记账

（66）12 月 29 日，接银行通知，侯马家和超市所付的款项已收到，托收凭证见表 5-221。本业务指导见实训指导 9。

动画：委托收款结算方式

表 5-221 托收凭证

托收凭证（汇款依据或收账通知） 4

委托日期 2019 年 12 月 29 日 付款期限 年 月 日

业务类型	委托收款（□邮划、□电划）				托收承付（□邮划、□电划）										
付款人	全称	侯马家和超市			收款人	全称	万家食品有限公司								
	账号	3563264589				账号	1287654279								
	地址	山西省侯马市/县	开户行	工行新田路支行		地址	山西省太原市/县	开户行	工行北街支行						
金额	人民币（大写） 贰拾万柒仟肆佰陆拾捌元整					亿	千	百	十	万	千	百	十	元	角	分
								¥	2	0	7	4	6	8	0	0
款项内容	货款及运费	托收凭据名称	发票、运费单据		附寄单证张数										
商品发运情况			合同名称号码		3										
备注： 复核 记账		上列款项已划回收入你方账户内。 收款人开户银行签章 2019 年 12 月 29 日													

中国工商银行股份有限公司太原北街支行 2019.12.29 转讫

此联付款人开户行凭以汇款或收款人开户银行作收账通知

(2017) 0×17.5公分 交15角直印刷 01512-65011866

（67）12 月 30 日，以本公司生产的产品发放给职工，发放通知、出库单、职工福利费发放表见表 5-222～表 5-224，请以生产工时为分配标准填制职工福利费分配表（见表 5-225）。本业务指导见实训指导 59。

表 5-222　发 放 通 知

关于发放非货币性职工福利的通知

财务部及其他各部门：

根据公司会议讨论，现决定向职工发放实物福利，向每位职工发放豆沙包 5 千克、奶黄包 5 千克，作为对职工的非货币性福利。

各部门请到财务科统一领取发放凭证并至仓库领取实物福利。

万家食品有限公司
2019 年 12 月 30 日

表 5-223　产成品出库单

产成品出库单

领用单位：营销部　　2019 年 12 月 30 日　　编号

产品名称	规格型号	计量单位	出库数量	备　注
豆沙包		kg	2 250	
奶黄包		kg	2 250	

第三联　交财务科

主管：赵　海　　审核：　　保管：孙　陆　　经手人：高　莲

表 5-224　职工福利费发放表

非货币性职工福利费发放汇总表

2019 年 12 月 30 日

部门		人数	发放产品						合计	签字
			豆沙包 计量单位：千克　单价：7.20 元			奶黄包 计量单位：千克　单价：8.40 元				
			数量	金额	税额	数量	金额	税额		
采供部		20	100	720.00	93.60	100	840.00	109.20	1 762.80	
生产部		25	125	900.00	117.00	125	1 050.00	136.50	2 203.50	
营销部		18	90	648.00	84.24	90	756.00	98.28	1 586.52	
行政部		30	150	1 080.00	140.40	150	1 260.00	163.80	2 644.20	
劳资部		13	65	468.00	60.84	65	546.00	70.98	1 145.82	
财务部		23	115	828.00	107.64	115	966.00	125.58	2 027.22	
办公室		19	95	684.00	88.92	95	798.00	103.74	1 674.66	
行政部门小计		148	740	5 328.00	692.64	740	6 216.00	808.08	13 044.72	
中点车间	生产工人	75	375	2 700.00	351.00	375	3 150.00	409.50	6 610.50	
	管理人员	16	80	576.00	74.88	80	672.00	87.36	1 410.24	
西点车间	生产工人	75	375	2 700.00	351.00	375	3 150.00	409.50	6 610.50	
	管理人员	16	80	576.00	74.88	80	672.00	87.36	1 410.24	
机修车间	生产工人	38	190	1 368.00	177.84	190	1 596.00	207.48	3 349.32	
	管理人员	12	60	432.00	56.16	60	504.00	65.52	1 057.68	
馅料车间	生产工人	60	300	2 160.00	280.80	300	2 520.00	327.60	5 288.40	
	管理人员	10	50	360.00	46.80	50	420.00	54.60	881.40	
合计		450	2 250	16 200.00	2 106.00	2 250	18 900.00	2 457.00	39 663.00	

会计主管：　　　　复核：　　　　制表：

表 5-225　职工福利费分配表

非货币性职工福利费分配表

2019 年 12 月 30 日

部门	人员	分配总额	分配率	基本生产成本					辅助生产成本	制造费用	管理费用
				分配标准及分配额	豆沙包	奶黄包	火腿三明治	牛肉汉堡			
行政部门	管理人员	13 044.72									
中点车间	生产工人	6 610.50		工时	37 500	30 000					
				分配额							
	管理人员	1 410.24									
西点车间	生产工人	6 610.50		工时			37 500	45 000			
				分配额							
	管理人员	1 410.24									
馅料车间	生产工人	5 288.40		工时	4 200	4 050	3 150	4 200			
				分配额							
	管理人员	881.40									
机修车间	生产工人	3 349.32									
	管理人员	1 057.68									
合计											

审核：　　　　制表：

（68）12 月 30 日，职工张建设报销差旅费 3 158 元，请根据下列资料填制差旅费报销单（见表 5-226）、收款收据（见表 5-227）。本业务指导见实训指导 60。原始凭证填制资料如下：

动画：费用报销业务办理

① 张建设所属部门是采供部；

② 出差日期是 11 月 18 日至 11 月 28 日；

③ 起止地点是太原—石家庄，火车票价共 708 元；

④ 住宿费标准是每天 150 元，共 1 500 元；

⑤ 出差途中补助每天 80 元，共 800 元；

⑥ 邮寄费 150 元；

⑦ 张建设已预借 3 600 元，余款以现金退回；

⑧ 采供部门负责人为赵海。

表 5-226 差旅费报销单

差旅费报销单

年 月 日

所属部门		姓名		出差天数	自 月 日至 月 日共 天
出差事由		借旅支费	日期		金额 ¥
			结算金额：¥		

出发		到达		起止地点	交通费	住宿费	伙食费	其他
月	日	月	日					
合计				拾 万 仟 佰 拾 元 角 分 ¥				

总经理： 财务经理： 部门经理： 会计： 出纳： 报销人：

表 5-227 收款收据

收 款 收 据

年 月 日 No. 00490980

今 收 到 ______________________________

交 来 ______________________________

金额（大写）______________________________

¥__________ □现金 □支票 □信用卡 □其他 收款单位（盖章）

万家食品有限公司 财务专用章

第三联 交财务

核准： 会计： 记账： 出纳： 经手人：

（69）12 月 30 日，向晋祠敬老院捐款 60 000 元，存根、收据及捐赠证明见表 5-228、表 5-229、表 5-230。本业务指导见实训指导 61。

表 5-228　支票存根

中国工商银行
转账支票存根（　）

$\frac{GE}{02}$ 23909840

附加信息

出票日期 2019年12月30日

收款人：	晋祠敬老院
金　额：	60 000.00
用　途：	捐款

单位主管　　会计

上海金达证券印制有限公司 · 2019年印制

表 5-229　收　据

接受社会捐赠专用收据

注册号码　　　（　　）票字第　　　号　　No：00006520

2019 年 12 月 30 日　　票据类型：
Y　M　D　　数字指纹：

捐赠者 Donor	万家食品有限公司			货币种类 Currency	人民币
捐赠项目 Donation Item	捐款				
项目（捐赠金额或实物）Item(Amount or Material)	单位 unit	规格 Specification	数量 Quantity	单价 Unit Price	金额 Amount
现金					60 000.00
合计人民币（大写）¥ Amount (in Words)	陆万元整			¥：	60 000.00

收费单位（盖章）：Receiver (seal)　　收款人：张宇 Payee　　开票人：王丽 Drawer

××市非税收入管理中心监制

第一联　收据

（印章：财政票据监制章　财政部监制；晋祠敬老院　财务专用章）

表 5-230　捐赠证明

捐　赠　证　明

收到万家食品有限公司的捐赠款陆万元整。

晋祠敬老院
2019 年 12 月 30 日

（印章：晋祠敬老院）

（70）12 月 30 日，进行现金资产清查，包括库存现金清查和应收票据清查。银行存款清查将在实训七中单独进行。经核对，万家食品有限公司的现金、往来款项账实相符。清查相符后由清查人员和出纳人员在清查记录上签名盖章。请按照现金及往来款项的账面余额填制库存现金盘点表（见表 5-231）、以沃尔玛连锁超市为例填制往来款项查询函（见表 5-232）及往来款项核对汇总表（见表 5-233）。本业务实训见实训指导 62。

表 5-231　库存现金盘点表

库存现金盘点表

单位名称：　　2019 年 12 月 30 日

账存金额	实存金额	清查结果		备注
		盘盈	盘亏	
				账实相符
现金使用情况	(1) 库存现金限额 (2) 白条抵库情况 (3) 违反规定的现金支出情况 (4) 其他违规行为			
原因说明： 清查组组长：张　扬				

会计机构负责人：张　昊　　盘点人：张　扬　　出纳员：杨　花

记账联

表 5-232　往来款项对账单

往来款项对账单

年　月　日

往来单位名称						
往来账户余额		借方		贷方		
往来款项明细						
序号	日期	摘要	金额		余额	
			借方	贷方		
上述往来款项是否属实：是□　　否□						
核对不符情况						
序号	日期	摘要	金额		余额	
			借方	贷方		

单位公章：　　审核：　　制单：

表 5-233　往来款项核对汇总表

公司债权债务核对汇总表

2019 年 12 月 30 日

会计科目	往来单位	到期日	金额	是否相符	处理意见
应收账款					
应收票据					
预收账款					
应付账款					
应付票据					
预付账款					

（71）12 月 30 日，领用包装纸用于销售商品，向山姆士超市发出豆沙包，收到现金交存银行，相关原始凭证见表 5-234～表 5-238，填制现金缴款单据并据其进行会计核算。本业务指导见实训指导 63。

动画：现金存储业务办理

表 5-234　　**产成品出库单**

产成品出库单

领用单位：营销部　　2019 年 12 月 30 日　　编号 010

产品名称	规格型号	计量单位	出库数量	备　注
豆沙包		kg	240	

第三联　交财务科

主管：赵　海　　审核：　　保管：孙　陆　　经手人：高　莲

表 5-235　　**增值税专用发票**

11000512652　　**山西增值税专用发票**

此联不作报销、扣税凭证使用

（印章：全国统一发票监制章　山西　国家税务总局监制）

No. 60958621

开票日期：2019年12月30日

购买方	名　　称：山姆士超市 纳税人识别号：14045162314983036B 地 址、电 话：太原公园路　7022537 开户行及账号：民生银行公园路分理处　53204972	密码区	3-65745<19458<3840481 75/37503848*7>+>-2//5 >*8574567-7<8*873/+<4 13-3001152-/>7142>>8- 加密版本：01 11000512652 60958621

货物或应税劳务、服务名称	规格型号	单位	数量	单价	金额	税率	税额
*方便食品*豆沙包		kg	240	7.20	1 728.00	13%	224.64
合　计					1 728.00		224.64
价税合计（大写）	⊗壹仟玖佰伍拾贰元陆角肆分				（小写）¥1 952.64		

销售方	名　　称：万家食品有限公司 纳税人识别号：14012846987200123F 地 址、电 话：太原北大街　3022537 开户行及账号：工行北街支行　1287654279	备注	（印章：万家食品有限公司　14012846987200123F　发票专用章）

收款人：　　复核：　　开票人：　　销售方：（章）

税总函[2019]562号海南华森实业公司

第一联：记账联　销售方记账凭证

表 5-236　　领 料 单

领 料 单

领用部门：营销部　　2019 年 12 月 30 日　　编号

项目 / 名称	用途：销售			计量单位：包	
	请领	实发	计划单位成本	总成本	备注
包装纸	6	6	75	450	
合计	6	6	75	450	

领用单位负责人：王小璐　　保管：孙 陆　　领用人：李 莲

第二联 交财务部

表 5-237　　收 款 收 据

收 款 收 据

2019 年 12 月 30 日　　No：00490980

今 收 到　山姆士超市

交 来　零星销售款

金额（大写）　壹仟玖佰伍拾贰元陆角肆分

￥1 952.64　☑现金　☐支票　☐信息卡　☐其他　收款单位（盖章）

（印章：万家食品有限公司 财务专用章）

核准：　会计：　记账：　出纳：　经手人：

第三联 交财务

表 5-238　　现金存款凭条

ICBC 中国工商银行　　现金存款凭条

2019年12月30日

存款人	全 称	万家食品有限公司		
	账 号	1287654279	款项来源	销货款
	开户行	工行北街支行	交 款 人	

金额（人民币大写）　壹仟玖佰伍拾贰元陆角肆分

千	百	十	万	千	百	十	元	角	分
			¥	1	9	5	2	6	4

票面	张数	十	万	千	百	十	元	票面	张数	千	百	十	元	角	分
壹佰元	18			1	8	0	0	伍角							
伍拾元	3				1	5	0	贰角	3					6	0
贰拾元								壹角							
拾 元								伍分							
伍 元								贰分	2						4
贰 元								壹分							
壹 元	2						2	其他							

备注

（印章：中国工商银行股份有限公司太原北街支行 2019.12.30 核算专用章）

第二联 客户核对联

（72）12 月 30 日，以银行转账形式发放上月工资，相关凭证见表 5-239、表 5-240。本业务指导见实训指导 64。

表 5-239　电子转账凭证

中国工商银行 电子转账凭证

币种：　　委托日期：2019 年 12 月 30 日　　凭证编号：

付款人	全　称	万家食品有限公司	收款人	全　称	批量代付
	账　号	1287654279		账　号	
	汇出地点	山西 省　太原 市/县		汇入地点	省　市/县
汇出行名称		工行北街支行	汇入行名称		
金额	人民币（大写）	肆拾玖万捌仟捌佰陆拾元整	亿 千 百 十 万 千 百 十 元 角 分		¥ 4 9 8 8 6 0 0 0
附加信息及用途： 职工工资		银行盖章	支付密码		
			根据中国工商银行万家食品有限公司客户09098号电子指令，上述款项已由本行支付		
			客户经办人：1234　复核　记账		

中国工商银行股份有限公司 太原北街支行 2019.12.30 转 讫

第一联 客户回单

表 5-240　代付成功清单

特色业务工行　　支行批量代付成功清单

机械代码：　　机构名称：工行北街支行　　入账日期：2019 年 12 月 30 日

账号	姓名	金额（元）
14010510901	王小泉	2 965.43
14010510902	王小波	2 851.70
14010510903	张二明	2 801.60
14010510904	宁全厅	2 893.45
14010510905	李小朋	2 851.70
14010510906	崔　亮	3 094.69
……		
合　计		498 860.00

（73）12 月 30 日，支付电话费。费用报销审批单、发票、存根见表 5-241～表 5-243。本业务指导见实训指导 6。

表 5-241　费用报销审批单

费用报销审批单

承办部门	负责人	承办人
办公室	段运捷	张洁

2019 年 12 月 30 日　No 000013

付款项目		附件张数	金额	结算方式	
电话费		1	2 422.42	现　　金：¥	
				银行转账：¥2 422.42	
				商业汇票：¥	
收款人全称	太原市电信局		收款人	其　　他：¥	
开户行全称	工行五一支行			资金计划列支	
账　　号	98540796			计划总额	24 000.00
申请付款金额（大写）	贰仟肆佰贰拾贰元肆角贰分	¥2 422.42		累计支付额	22 489.00
批准金额（大写）	贰仟肆佰贰拾贰元肆角贰分	¥2 422.42		非计划列支额	
会计机构负责人	总经理	分管副总	审核会计	资金管理人员	
张昊	李永国	谢克勤	李小玉	张山	

第二联　会计联

表 5-242　增值税专用发票

1100082140　山西增值税专用发票　发票联

No. 60972952

开票日期：20191230

购买方	名　　称：万家食品有限公司 纳税人识别号：14012846987200123F 地 址、电 话：太原北大街　3022537 开户行及账号：工行北街支行　1287654279	密码区	3-65745<19458<3840481 75/37503848*7>+>-2//5 >*8574567-7<8*873/+<4 13-3001152-/>7142>>8-	加密版本：01 1100082140 60972952

货物或应税劳务、服务名称	规格型号	单位	数量	单价	金额	税率	税额
*电信服务*电话费					2 222.40	9%	200.02
合　计					¥2 222.40		¥200.02
价税合计（大写）	⊗ 贰仟肆佰贰拾贰元肆角贰分				（小写）¥2 422.42		

销售方	名　　称：太原市电信局 纳税人识别号：14045879765443236B 地 址、电 话：太原大南门23号　8236903 开户行及账号：工行五一支行　98540796	备注	太原电信局 14045879765443236B 发票专用章

收款人：　　复核：　　开票人：　　销售方：（章）

税总函〔2019〕562号海南华森实业公司

第三联：发票联　购买方记账凭证

表 5-243

支票存根

中国工商银行（　）
转账支票存根

$\frac{GE}{02}$ 23909828

附加信息

出票日期 2019年12月30日

收款人：	太原市电信局
金　额：	2 422.42
用　途：	电话费

单位主管　　会计

上海金达证券印制有限公司·2019年印制

（74）12 月 30 日，支付企业水电费（实际交纳的为 11 月 21 日至 12 月 20 日水电费），有关凭证见表 5-244～表 5-248。本业务指导见实训指导 64。

政策法规：同城委托收款业务

表 5-244　　费用报销审批单

费用报销审批单

承办部门	负责人	承办人
财务部	张昊	张波

2019 年 12 月 30 日　　No 000014

<table>
<tr><td colspan="2">付款项目</td><td>附件张数</td><td>金额</td><td colspan="2">结算方式</td></tr>
<tr><td colspan="2">水费</td><td>1</td><td>141 700.00</td><td colspan="2">现　　金：¥</td></tr>
<tr><td colspan="2">电费</td><td>1</td><td>44 748.00</td><td colspan="2">银行转账：¥ 186 448.00</td></tr>
<tr><td colspan="2"></td><td></td><td></td><td colspan="2">商业汇票：¥</td></tr>
<tr><td>收款人全称</td><td colspan="2">太原市自来水公司 / 太原市北城供电局</td><td rowspan="3">收款人</td><td colspan="2">其　　他：¥</td></tr>
<tr><td>开户行全称</td><td colspan="2">太原市商业银行上马街支行 / 工行北大街支行</td><td colspan="2">资金计划列支</td></tr>
<tr><td>账　　号</td><td colspan="2">263-73330796/276-81330796</td><td>计划总额</td><td>2 400 000.00</td></tr>
<tr><td>申请付款金额（大写）</td><td colspan="2">壹拾捌万陆仟肆佰肆拾捌元整</td><td>¥ 186 448.00</td><td>累计支付额</td><td>2 348 760.00</td></tr>
<tr><td>批准金额（大写）</td><td colspan="2">壹拾捌万陆仟肆佰肆拾捌元整</td><td>¥ 186 448.00</td><td>非计划列支额</td><td></td></tr>
<tr><td>会计机构负责人</td><td>总经理</td><td>分管副总</td><td>审核会计</td><td colspan="2">资金管理人员</td></tr>
<tr><td>张昊</td><td>李永国</td><td>谢克勤</td><td>李小玉</td><td colspan="2">张山</td></tr>
</table>

第二联　会计联

表 5-245

增值税专用发票

1100082140　　山西增值税专用发票　　发票联

No. 60978765

开票日期：2019年12月30日

购买方	名　　称：万家食品有限公司 纳税人识别号：14012846987200123F 地 址、电 话：太原北大街　3022537 开户行及账号：工行北街支行　1287654279				密码区	3-65745<19458<3840481 75/37503848*7>+>-2//5 >*8574567-7<8*873/+<4 13-3001152-/>7142>>8-	加密版本：01 1100082140 60978765
货物或应税劳务、服务名称	规格型号	单位	数量	单价	金额	税率	税额
*水冰雪*自来水		吨	65 000	2.00	130 000.00	9%	11 700.00
合　计					¥130 000.00		¥11 700.00
价税合计（大写）	⊗壹拾肆万壹仟柒佰元整					（小写）	¥141 700.00
销售方	名　　称：太原市自来水公司 纳税人识别号：14025844794215436B 地 址、电 话：太原上马街　4022567 开户行及账号：太原市商业银行上马街支行　263-73330796				备注	太原自来水公司 14025844794215436B 发票专用章	

收款人：　　复核：　　开票人：　　销售方：（章）

第三联：发票联　购买方记账凭证

税总函[2019]562号海南华森实业公司

表 5-246

增值税专用发票

1100082140　　山西增值税专用发票　　发票联

No. 60978890

开票日期：2019年12月30日

购买方	名　　称：万家食品有限公司 纳税人识别号：14012846987200123F 地 址、电 话：太原北大街　3022537 开户行及账号：工行北街支行　1287654279				密码区	3-65745<19458<3840481 75/37503848*7>+>-2//5 >*8574567-7<8*873/+<4 13-3001152-/>7142>>8-	加密版本：01 1100082140 60972952
货物或应税劳务、服务名称	规格型号	单位	数量	单价	金额	税率	税额
*供电*电		千瓦时	66 000	0.6	39 600.00	13%	5 148.00
合　计					¥39 600.00		¥5 148.00
价税合计（大写）	⊗肆万肆仟柒佰肆拾捌元整					（小写）	¥44 748.00
销售方	名　　称：太原市北城供电局 纳税人识别号：14026233594614736B 地 址、电 话：太原北大街　3022545 开户行及账号：工行北大街支行　276-81330796				备注	太原市北城供电局 14026233594614736B 发票专用章	

收款人：　　复核：　　开票人：　　销售方：（章）

第三联：发票联　购买方记账凭证

税总函[2019]562号海南华森实业公司

表 5-247　　委托收款凭证

中国工商银行同城特约委托收款凭证（支款通知）

委托日期　2019 年 12 月 30 日　　流水号 1233345

付款人	全　称	万家食品有限公司	收款人	全　称	太原市自来水公司	
	账　号	1287654279		账　号	263-73330796	
	地　址	山西省太原市　开户行　工行北街支行		地　址	山西省太原市　开户行　商行上马街支行	
金额	人民币（大写）	壹拾肆万壹仟柒佰元整				

亿	千	百	十	万	千	百	十	元	角	分
		¥	1	4	1	7	0	0	0	0

款项内容		合同号		凭证张数	
水费	141 700.00	注意事项： (1) 上列款项为见票全额付款 (2) 上列款项若有误请与收款单位协商解决			

中国工商银行股份有限公司 太原北街支行 2019.12.30 转 讫

会计：　　复核：　　记账：　　支付日期：　2019年12月30日

此联交付款人作支款通知

表 5-248　　委托收款凭证

中国工商银行同城特约委托收款凭证（支款通知）

委托日期　2019 年 12 月 30 日　　流水号 1233346

付款人	全　称	万家食品有限公司	收款人	全　称	太原市北城供电局	
	账　号	1287654279		账　号	276-81330796	
	地　址	山西省太原市　开户行　工行北街支行		地　址	山西省太原市　开户行　工行北大街支行	
金额	人民币（大写）	肆万肆仟柒佰肆拾捌元整				

亿	千	百	十	万	千	百	十	元	角	分
			¥	4	4	7	4	8	0	0

款项内容		合同号		凭证张数	1
电费	44 748.00	注意事项： (1) 上列款项为见票全额付款 (2) 上列款项若有误请与收款单位协商解决			

中国工商银行股份有限公司 太原北街支行 2019.12.30 转 讫

会计：　　复核：　　记账：　　支付日期：　2019年12月30日

此联交付款人作支款通知

（75）12 月 30 日，企业将一幢临街的办公室转作投资性房地产。企业投资性房地产采用公允价值计量。企业划转投资性房地产业务凭证见表 5-249、表 5-250、表 5-251。本业务指导见实训指导 65。

政策法规：投资性房地产

表 5-249　固定资产转作投资性房地产批复

关于将南海街临街门面房转作投资性房地产的批复

经公司会议决定，为扩大公司经营范围和收入，将南海街门面房转作投资性房地产进行核算。该房屋为 2017 年 11 月购建，原价 200 000 元，年折旧率 4.8%。2019 年 12 月 30 日，该房屋的公允价值为 210 000 元。

万家食品有限公司
2019 年 12 月 30 日

表 5-250　固定资产折旧计算表

固定资产折旧计算表

2019 年 12 月 30 日　　单位：元

单独计提折旧原因：转作投资性房地产								
固定资产名称	规格及型号	单位	数量	开始折旧期	原值	已提折旧	本月计提	净值
南海街门面房		间	1	2018 年 1 月	200 000.00	19 200.00	800	180 000.00

审核：　　制表：

表 5-251　固定资产交接单

固定资产交接单

使用单位：营销部　　2019 年 12 月 30 日　　转移单号：

转移原因或依据：转作投资性房地产								
固定资产名称	规格及型号	单位	数量	预计使用年限	已使用年限	原值	已提折旧	净值
南海门面房		间	1	20	2	200 000.00	20 000.00	180 000.00
调出单位：公司办公室		公章		使用单位：营销部		公章		
公章： 财务： 经办：				公章： 财务： 经办：				

（76）12 月 30 日，支付前销售至古交四通食品超市的运费，费用报销审批单、增值税专用发票、转账支票存根见表 5-252、表 5-253、表 5-254。本业务指导见实训指导 66。

表 5-252　　费用报销审批单

费用报销审批单

承办部门	负责人	承办人
营销部	王小璐	吴秋和

2019 年 12 月 30 日　　No 000017

付款项目		附件张数	金额	结算方式	
销售运费		2	2 180.00	现　　金：¥	
				银行转账：¥2 180.00	
				商业汇票：¥	
收款人全称	太原市平安运输公司		收款人	其　　他：¥	
开户行全称	工行新建支行			资金计划列支	
账　　号	980123			计划总额	50 000.00
申请付款金额（大写）	贰仟壹佰捌拾元整		¥2 180.00	累计支付额	50 000.00
批准金额（大写）	贰仟壹佰捌拾元整		¥2 180.00	非计划列支额	2 200.00
会计机构负责人	总经理	分管副总	审核会计	资金管理人员	
张昊	李永国	谢克勤	李小玉	张山	

第二联　会计联

表 5-253　　增值税专用发票

山西增值税专用发票

发票联

No. 01129908

开票日期：2019年12月30日

购买方	名　　称：万家食品有限公司 纳税人识别号：14012846987200123F 地址、电话：北大街　3022537 开户行及账号：工行北街支行　1287654279	密码区	67/*+3*0/611*++0/+0*/*+3+2/9 *11*+66666**066611*+66666* 1**+216***6000*261*2*4/*547 203994+-42*64151*6915361/3*

货物或应税劳务、服务名称	规格型号	单位	数量	单价	金额	税率	税额
*运输服务*运输费					2 000.00	9%	180.00
合　计					¥2 000.00		¥180.00
价税合计（大写）	⊗贰仟壹佰捌拾元整				（小写）¥2 180.00		

销售方	名　　称：太原市平安运输公司 纳税人识别号：14010419876505836B 地址、电话：新建路09号 开户行及账号：工行新建支行　980123	备注	太原市平安运输公司 14010419876505836B 发票专用章

收款人：　　复核：　　开票人：　　销售方：（章）

国税函〔2019〕257号浙江印钞厂

第三联：发票联　购买方记账凭证

表 5-254

转账支票存根

上海金达证券印制有限公司·2019年印制

中国工商银行（　）
转账支票存根

$\frac{GE}{02}$ 23909831

附加信息

出票日期 2019年12月30日

收款人：	太原市平安运输公司
金　额：	2 180.00
用　途：	运费

单位主管　　会计

（77）12 月 30 日，向山西省食品研究所支付新工艺技术——温控发酵技术的研发费用（未达到资本化条件），本技术开发已经省级科技鉴定机构鉴定为技术开发项目，并报税务部门进行增值税免税业务审批。取得发票、支票存根（见表 5-255、表 5-256）等原始凭证，填制并审批费用报销审批表（见表 5-257）。本业务指导见实训指导 67。

表 5-255

增值税普通发票

1100062650　　山西增值税普通发票　　（全国统一发票监制章　山西　国家税务总局监制）　　发票联

No. 30961834

开票日期：2019年12月30日

购买方	名　　称：万家食品有限公司 纳税人识别号：14012846987200123E 地 址、电 话：太原北大街　3022537 开户行及账号：工行北街支行　1287654279				密码区	3-65745<19458<3840481 75/37503848*7>+>-2//5 >*8574567-7<8*873/+<4 13-3001152-/>7142>>8-	加密版本：01 1100062650 30961834
货物或应税劳务、服务名称	规格型号	单位	数量	单价	金额	税率	税额
研发和技术服务 新产品技术研发费					20 000.00	0%	
合　计					¥ 20 000.00		
价税合计（大写）	⊗ 贰万元整					（小写）	¥ 20 000.00
销售方	名　　称：山西省食品研究所 纳税人识别号：14010876593212336B 地 址、电 话：太原市新建南路8900号　9804112 开户行及账号：工行新建路支行　908543				备注	山西省食品研究所 14010876593212336B 发票专用章	

收款人：　　复核：　　开票人：　　销售方：（章）

税总函〔2019〕562号深圳光华印制有限公司

第二联：发票联　购买方记账凭证

表 5-256　转账支票存根

中国工商银行（　）
转账支票存根

$\frac{GE}{02}$ 23909830

附加信息

出票日期 2019年12月30日

收款人：	山西省食品研究所
金　额：	20 000.00
用　途：	新产品开发费

单位主管　　会计

上海金达证券印制有限公司 • 2019年印制

表 5-257　费用报销审批单

费用报销审批单

承办部门	负责人	承办人
研发部	王实明	李政

2019 年 12 月 30 日　　No 000018

付款项目		附件张数	金额	结算方式	
新产品研发费		2	20 000.00	现　金：¥	
				银行转账：¥20 000.00	
				商业汇票：¥	
收款人全称	山西省食品研究所		收款人	其　他：¥	
开户行全称	工行新建路支行			资金计划列支	
账　号	908543			计划总额	500 000.00
申请付款金额（大写）	贰万元整	¥20 000.00		累计支付额	20 000.00
批准金额（大写）	贰万元整	¥20 000.00		非计划列支额	
会计机构负责人	总经理	分管副总	审核会计	资金管理人员	
张昊	李永国	谢克勤	李小玉	张山	

第二联　会计联

（78）12 月 30 日，支付 2018 年年初购买房屋（办公楼）的分期付款额 600 000.00 元。合同、付款审批单、收款收据、支票存根见表 5-258～表 5-261。本业务指导见实训指导 68。

表 5-258 购房合同

购房合同

销售方（甲方）：万明房地产公司
注册地区：广州市越秀区花园路 87 号
营业执照：A0030028
资质证书号码：H8790001
法定代表人：王三达
联系电话：020-76543218

购买方（乙方）：万家食品有限公司
注册地区：太原北大街
通讯地址：太原北大街
法定代表人：李永国
联系电话：0351-3022537

第一条：本合同依据《中华人民共和国民法通则》《中华人民共和国合同法》及其他相关法律法规制定，由买卖双方在平等、自愿、协商一致的基础上共同订立。

第二条：商品房销售依据。

乙方购买的商品房为现房，已办理权属登记，登记机关为太原市国土资源和房地产管理局。

第三条：合同标的物基本情况。

乙方所购商品房位于太原市杏花岭区北大街，房屋面积为 300 平方米。

第四条：计价方式和付款方式。

该商品房按产权登记的建筑面积计价，如取得产权时一次性付款，应付房款总金额为 2 874 480.00 元（不含增值税），现双方协定采用分期付款方式，签订合同时一次性支付 60 万元（不含增值税），其余款项在 2018 年至 2022 年的五年内每年年末支付 60 万元（不含增值税）。折现率为 10%。

第十二条：本合同一式三份，甲方一份，乙方一份，房地产登记机构一份。

甲方（签章）万明房地产公司
法定代表人签章：王三达
日期：2018 年 1 月 1 日

乙方（签章）万家食品有限公司
法定代表人签章：李永国
日期：2018 年 1 月 1 日

表 5-259 付款审批单

付款审批单

承办部门	负责人	承办人
行政部	崔亮	李丽

2019 年 12 月 28 日　　　　№ 000010

付款项目		附件张数	金额	结算方式	
分期支付购房款		1	654 000.00	现　　金：¥	
				银行转账：¥654 000.00	
				商业汇票：¥	
收款人全称	万明房地产公司		收款人	其　　他：¥	
开户行全称	工行铁路支行			资金计划列支	
账　　号	17865493			计划总额	654 000.00
申请付款金额（大写）	陆拾伍万肆仟元整		¥654 000.00	累计支付额	654 000.00
批准金额（大写）	陆拾伍万肆仟元整		¥654 000.00	非计划列支额	
会计机构负责人	总经理	分管副总	审核会计	资金计划审核人员	
张昊	李永国	谢克勤	李小玉	张山	

第二联 会计联

表 5-260　增值税专用发票

广东增值税专用发票

发票联

No. 44396691

开票日期：2019年12月30日

购买方	名称：万家食品有限公司 纳税人识别号：14012846987200123F 地址、电话：北大街 3022537 开户行及账号：工行北街支行 1287654279				密码区	67/*+3*0/611*++0/+0*/*+3+2/9 *11*+66666**066611*+66666* 1**+216***6000*261*2*4/*547 203994+-42*64151*6915361/3*	
货物或应税劳务、服务名称	规格型号	单位	数量	单价	金额	税率	税额
*不动产*房屋					600 000.00	9%	54 000.00
合　计					¥600 000.00		¥54 000.00
价税合计（大写）	⊗ 陆拾伍万肆仟元整				（小写）¥654 000.00		
销售方	名称：万明房地产公司 纳税人识别号：440101987601230936B 地址、电话：广州越秀区花园路87号 开户行及账号：工行铁路支行 17865493				备注	万明房地产公司 440101987601230936B 发票专用章	

收款人：　　复核：　　开票人：　　销售方：（章）

国税函〔2019〕257号浙江印钞厂

第三联：发票联　购买方记账凭证

表 5-261　转账支票存根

中国工商银行（ ）
转账支票存根

$\frac{GE}{02}$ 23909833

附加信息

出票日期 2019年12月30日

收款人：	万明房地产公司
金　额：	654 000.00
用　途：	分期付房款

单位主管　　会计

上海金达证券印制有限公司・2019年印制

（79）12 月 31 日，承上题，摊销未确认融资费用。实际利率未超过金融企业同期同类贷款利率。未确认融资费用摊销表见表 5-262。本业务指导见实训指导 69。

表 5-262 未确认融资费用摊销表

未确认融资费用摊销表

2019 年 12 月 31 日 金额单位：元

日期	年初长期应付款账户余额（1）	年初未确认融资费用余额（2）	年初长期应付款账面价值（3）	实际利率（4）	本期摊销额（5）	本期付款额（6）
20181231						
20191231						

审核： 制表：

（80）12 月 31 日，摊销由本年度负担的无形资产，专利权原价为 360 000 元，使用年限为 15 年，土地使用权原价为 4 500 000 元，使用年限为 40 年，采用年限平均法进行摊销，无形资产摊销计算表见表 5-263。本业务指导见实训指导 70。

表 5-263 无形资产摊销计算表

无形资产摊销计算表

2019 年 12 月 31 日

名称	原始成本	预计使用年限	年摊销额
专利技术			
土地使用权			
合计			

审核： 制表：

（81）12 月 31 日，托收的银行承兑汇票款项（该托收业务已于 12 月 25 日办妥）到账，银行通知见表 5-264。本业务指导见实训指导 9。

表 5-264 托收凭证

托收凭证（汇款依据或收账通知） 4

委托日期 2019 年 12 月 25 日　　付款期限 2019 年 12 月 31 日

业务类型	委托收款（□邮划、☑电划）			托收承付（□邮划、□电划）		
付款人	全称	大同华丰超市	收款人	全称	万家食品有限公司	
	账号	890-24671256		账号	1287654279	
	地址	山西省大同 市县　开户行 工行大同南关支行		地址	山西省太原 市县　开户行 工行太原北街支行	
金额	人民币（大写）	陆万元整			亿 千 百 十 万 千 百 十 元 角 分	¥ 6 0 0 0 0 0 0
款项内容		托收凭据名称	商业汇票	附寄单证张数	1	
商品发运情况			合同名称号码			
备注： 复核　记账		上列款项已划回收入你方账户内。 收款人开户银行签章 2019 年 12 月 31 日		中国工商银行股份有限公司太原北街支行 2019.12.31 转讫		

(2017) 10×17.5公分 交15角直印刷 01512-65011866

此联付款人开户行凭以汇款或收款人开户银行作收账通知

老师的话

同学们，以下我们将进入期末成本计算、期末结转等日常业务的处理。成本计算业务计算内容多，相互之间联系紧密，往往是前面错一点就会导致后面大部分的错误。这里，我们建议大家在成本计算和期末结转前设计使用 Excel 表格的公式定义、取值等功能完成上述计算业务。在会计工作中，Excel 表格的应用非常普遍，是会计人员应当具备的基本功。同时，利用 Excel 表格进行成本计算，如果发现错误修改起来也较为方便。为了提高我们的实训效率，同学们，请现在就打开 Excel 文档开始工作吧，你们会发现，原来复杂的计算问题可以如此轻松地解决。

（82）12 月 31 日，编制本月购进材料汇总表（见表 5-265）及材料成本差异率计算表（见表 5-266）并结转本月材料成本差异。本业务指导见实训指导 71。

表 5-265　原材料收料汇总表

原材料收料汇总表

2019 年 12 月

材料类别	材料名称	计划成本	实际成本	材料成本差异	
				借方	贷方
合计					

审核：　　　　　　　　　　　　　　　　　　　　制表：

表 5-266　材料成本差异率计算表

材料成本差异率计算表

材料成本差异账户			原材料计划成本		
账户金额	借	贷	账户金额	借	贷
期初余额			期初余额		
本期发生额			本期发生额		
期末余额			期末余额		
材料成本差异率					

审核：　　　　　　　　　　　　　　　　　　　　制表：

（83）年末，盘点存货，发现植物油比账面盘亏 10 kg，鸡蛋比账面盘盈 15 kg，（盘点表略），均为管理原因所造成。填制植物油及鸡蛋盘存单（见表 5-267 和表 5-268）及存货盘点盈亏报告表（见表 5-269）。盘盈的鸡蛋以计划成本作为重置成本。本业务指导见实训指导 72。

表 5-267　　盘　存　单

盘　存　单

单位名称：万家食品有限公司
财产类别：原料及主要材料　　　　材料编号：1009
盘点时间：　　年　月　日　　　　存放地点：2 号仓库

编号	名称	计量单位	数量	单价	金额	备注
1009	植物油	kg				

财务部门记账联

盘点人签章：章　强　　　　实物保管人签章：郑小天

表 5-268　　盘　存　单

盘　存　单

单位名称：万家食品有限公司
财产类别：原料及主要材料　　　　材料编号：1012
盘点时间：　　年　月　日　　　　存放地点：2 号仓库

编号	名称	计量单位	数量	单价	金额	备注
1012	鸡蛋	kg				

财务部门记账联

盘点人签章：章　强　　　　实物保管人签章：郑小天

表 5-269　实存账存对比表

实存账存对比表

单位名称：　　　　年　月　日

编号	类别及名称	计量单位	单价	实存		账存		对比结果				原因
								盘盈		盘亏		
				数量	金额	数量	金额	数量	金额	数量	金额	
财务部门建议处理意见	会计机构负责人：　成本会计：											
单位授权机构批复处理意见	总经理：											

清查组组长：　　　清查组成员：

报账联

(84) 12 月 31 日，四种产品的入库数量见产成品入库单，期末豆沙包在第一道工序有在产品 100kg，完工产品与在产品数量情况如表 5-270 所示，请编制本月生产车间材料费用分配表（见表 5-271）、包装物费用分配表（见表 5-272）、低值易耗品费用分配表（见表 5-273），并汇总编制发料凭证汇总表（见表 5-274）。本业务指导见实训指导 73。

表 5-270　完工产品数量与在产品数量情况表

完工产品数量与在产品数量情况表

2019 年 12 月 31 日

产品名称	完工产品数量	在产品数量	
		数量	所在工序
豆沙包	50 900	100	第一工序
奶黄包	54 000		
火腿三明治	36 000		
牛肉汉堡	39 000		

表 5-271　　**材料费用分配表**

生产车间材料费用分配表

2019 年 12 月 31 日

车间	分配方法	材料发出情况				产品成本对象材料费用分配额				合计
		材料名称	领用额	分配率	分配标准及分配额	豆沙包	奶黄包	火腿三明治	牛肉汉堡	
中点车间	间接计入							—	—	
								—	—	
		小计			标准（产量）					
					分配额	—	—			
西点车间	间接计入				—	—	—			
					—	—	—			
					—	—	—			
					—	—	—			
					—	—	—			
					—	—	—			
		小计			标准（产量）					
					分配额					
馅料车间	直接计入									
	间接计入				分配标准及分配额					
					产量					
					定额					
					分配标准					
					分配额					
					产量					
					定额					
					分配标准					
					分配额					
					产量					
					定额					
					分配标准					
					分配额					
					产量					
					定额					
					分配标准					
					分配额					
					产量					
					定额					
					分配标准					
					分配额					
					产量					
					定额					
					分配标准					
					分配额					
					产量					
					定额					
					分配标准					
					分配额					
		小计								
		车间合计								
材料费用计划成本合计										
材料成本差异率										
材料成本差异额										
实际成本										

表 5-272　包装物费用分配表

包装物费用分配表

2019 年 12 月 31 日

车间名称	产品名称	使用量	单价	金额	备注
中点车间	豆沙包				
	奶黄包				
	小计				
西点车间	火腿三明治				
	牛肉汉堡				
	小计				
合　计					

审核：　　　　制表：

表 5-273　低值易耗品费用分配表

低值易耗品费用分配表

2019 年 12 月 31 日

低值易耗品名称	领用单位	使用量	单价	金额	备注
合　计					

审核：　　　　制表：

表 5-274 发料凭证汇总表

发料凭证汇总表

年 月 日

原材料类别	二级明细科目	基本生产成本			制造费用			辅助生产成本	销售费用	管理费用	合计
		中点	西点	馅料	中点	西点	馅料				
原材料	原料及主要材料										
	辅助材料										
	修理用备件										
	燃料										
	计划成本小计										
	成本差异率										
	实际成本小计										
周转材料	低值易耗品										
	包装物										
合 计											

制表： 审核：

（85）年末，计提本年度资产减值准备，据减值测试，除应收款项及可供出售金融资产外，其余资产均没有减值迹象。计提应收款项坏账准备，已知期初余额的应收款项均为拖欠 61～90 天内的应收款项，本期发生的应收款项为未到期的应收款项，应根据上述情况及本单位会计政策填制表 5-275 和表 5-276。本业务指导见实训指导 74。

表 5-275 应收款项账龄分析表

应收款项账龄分析表

2019 年 12 月 31 日

类别	顾客名称	账面余额	未到期	逾期情况（天）					
				1～30	31～60	61～90	91～120	121～180	180 天以上
应收账款									
	小计								
应收票据									
	小计								
预付账款									
	小计								
合 计									

审核人： 制表：

表 5-276　坏账准备计提表

坏账准备计提表

年　月　日

账龄	项目	应收账款	应收票据	预付账款	合计
未逾期	金额				
	计提比例				
	估计坏账金额				
逾期 1~30 天	金额				
	计提比例				
	估计坏账金额				
逾期 31~60 天	金额				
	计提比例				
	估计坏账金额				
逾期 61~90 天	金额				
	计提比例				
	估计坏账金额				
逾期 91~120 天	金额				
	计提比例				
	估计坏账金额				
逾期 121~180 天	金额				
	计提比例				
	估计坏账金额				
破产清算	金额				
	计提比例				
	估计坏账金额				
坏账准备计算	估计坏账损失总额				
	坏账准备余额				
	计提金额				

审核：　　　　　　　　　　制表：

（86）年末，计提本期购入其他债权投资——AB公司债券的减值准备。公司对于该项其他债权投资减值的分析如表5-277所示，请编制其他债权投资利息调整摊销额计算表（见表5-278）和其他债权投资减值准备计提表（见表5-279）。本业务指导见实训指导75。

表5-277　其他债权投资减值分析报告

一、背景情况

万家食品有限公司以每张518元人民币的价格购买了AB公司债券，由于公司将该债券作为对该公司战略投资的一部分，不准备将其持有至到期，也非交易性目的买入，所以公司将此项资产确认为其他债权投资。我们了解到，截至2019年12月31日，公司其他债权投资的账面金额为：成本500 000元，利息调整18 000元。由于AB公司受到欺诈丑闻及其主营业务政策的影响，股价下跌严重，发行的该债券已出现了资产减值的迹象。针对其他债权投资是否出现减值作下列分析。

二、会计准则依据

根据《企业会计准则第22号——金融工具确认和计量》，在综合考虑下列条款相关因素后，预期这种下降趋势属于非暂时性的，可以认定该其他债权投资已发生减值，应当确认减值损失。

第四十一条 表明金融资产发生减值的客观证据，是指金融资产初始确认后实际发生的、对该金融资产的预计未来现金流量有影响，且企业能够对该影响进行可靠计量的事项。金融资产发生减值的客观证据，包括下列各项：

（一）发行方或债务人发生严重财务困难；

（二）债务人违反了合同条款，如偿付利息或本金发生违约或逾期等；

（三）债权人出于经济或法律等方面因素的考虑，对发生财务困难的债务人作出让步；

（四）债务人很可能倒闭或进行其他财务重组；

（五）因发行方发生重大财务困难，该金融资产无法在活跃市场继续交易；

（六）无法辨认一组金融资产中的某项资产的现金流量是否已经减少，但根据公开的数据对其进行总体评价后发现，该组金融资产自初始确认以来的预计未来现金流量确已减少且可计量，如该组金融资产的债务人支付能力逐步恶化，或债务人所在国家或地区失业率提高、担保物在其所在地区的价格明显下降、所处行业不景气等；

（七）债务人经营所处的技术、市场、经济或法律环境等发生重大不利变化，使权益工具投资人可能无法收回投资成本；

（八）权益工具投资的公允价值发生严重或非暂时性下跌；

（九）其他表明金融资产发生减值的客观证据。

第四十六条 其他债权投资发生减值时，即使该金融资产没有终止确认，原直接计入所有者权益的因公允价值下降形成的累计损失，应当予以转出，计入当期损益。该转出的累计损失，为其他债权投资的初始取得成本扣除已收回本金和已摊销金额、当前公允价值和原已计入损益的减值损失后的余额。

第四十八条 其他权益工具投资发生的减值损失，不得通过损益转回。但是，在活跃市场中没有报价且其公允价值不能可靠计量的权益工具投资，或与该权益工具挂钩并须通过交付该权益工具结算的衍生金融资产发生的减值损失，不得转回。

三、公司金融资产减值分析

分析判断其他债权投资是否发生减值，应当关注该金融资产公允价值是否持续下降。通常情况下，如果其他债权投资的公允价值发生较大幅度下降，或在综合考虑各种相关因素后，预期这种下降趋势属于非暂时性的，可以认定该其他债权投资发生减值的，在确认减值损失时，应当将原直接计入所有者权益的公允价值下降形成的累计损失一并转出，计入减值损失。

就公司目前情况的分析：

公司其他债权投资的公允价值已由518 000元跌至300 000元，跌幅超过40%。虽然在我国企业会计准则中没有明确关于“重大”和“非暂时性”的尺度定义，但在实际操作中，通常下跌幅度超过20%，则被认为是已存在减值迹象的客观证据。

基于上述理解和按照会计准则的要求，公司其他债权投资已经存在了减值的客观证据，公司需要考虑对其计提减值准备。

四、其他实例

我们从在香港上市的公司中也找了一个与本公司较为相似的实例，后附文件为该上市公司第一季度季报，其中附注13即为该公司其他债权投资减值的披露（略）。

表 5-278　　其他债权投资利息调整摊销额计算表

其他债权投资利息调整摊销额计算表

年　月　日　　单位：元

年限	年初摊余成本	面值	利息天数	投资收益		票面利息		摊销额	摊余成本
				实际利率	收益额	票面利率	利息额		
2019 年	518 000	500 000	15	0.046 9	1 012.26	0.06	1 250.00	237.74	517 762.26
合　计									

审核：　　制表：

表 5-279　　其他债权投资减值准备计提表

其他债权投资减值准备计提表

年　月

年限	账面价值	可收回金额	减值金额	备注
1				
2				
3				
4				
5				

审核：　　制表：

（87）12 月 31 日，本公司担保公司太原市机电公司因资金周转不畅，未偿还银行贷款，企业预计因担保可能发生的负债为 60 000 元（担保协议略），关于承担担保损失的说明见表 5-280。本业务指导见实训指导 76。

表 5-280　　确定债务担保损失的说明

关于确定债务担保损失的说明

为本市机电公司银行贷款 200 000 元提供 30% 的担保，12 月 4 日贷款到期，机电公司尚未归还，12 月 5 日银行提起诉讼。此案正在审理之中。12 月 31 日估计本企业很可能承担 60 000 元的还款义务。

会计机构负责人：张昊
2019 年 12 月 31 日

（88）12 月 31 日，根据劳资部门和办公室提供的考勤记录计算本月职工工资。采供部人员张建设工资的情况为：采供部人员张建设月标准工资 2 817 元，本月出勤 17 天，事假 1 天，病假 3 天；物价补贴 80 元，经常性奖金 210 元，津贴 98 元；按规定病假工资按 20% 扣发，事假全部扣发。请计算张建设工资，填列采供部工资结算单（见表 5-281）。本业务指导见实训指导 77。

表 5-281 工资结算表

工资结算表

部门：采供部　　2019 年 12 月　　单位：元

姓名	出勤天数	月基本工资	经常性奖金	津贴和补贴		加班加点工资	应扣工资		应付工资	代扣工资						实发金额	核算员签章
				物价	中夜班		病假	事假		养老保险	失业保险	医疗保险	住房公积金	个人所得税	小计		
张建设																	
王小波		2 620	200	80	120				3 020.00								
张二明		2 550	240	80	90				2 960.00								
宁二虎		2 700	180	80	110				3 070.00								
李小朋		2 620	200	80	120				3 020.00								
崔　亮		2 780	366	80	85				3 311.00								
合　计																	

会计主管：张昊　　复核：　　制表：

（89）企业行政部门人员李永国月应付工资总额为 7 900.00 元，张天河为 6 800.00 元，其他人员假设其收入未达到纳税标准，请计算两人应缴的个人所得税。填制个人所得税计算表（见表 5-282）。本业务指导见实训指导 78。

表 5-282 工资薪酬个人所得税计算表

工资薪酬个人所得税计算表

2019 年 12 月 31 日　　金额单位：元

姓名	应付工资	三险一金	其他应税收入	应纳所得税额	应交个人所得税

审核：　　制表：

（90）根据（88）、（89）题的内容，填制工资结算汇总表（见表 5-283）中采供部的汇总情况，根据会计制度的规定计提由职工本人负担的“三险一金”，计算实发工资情况。本业务指导见实训指导 79。

表 5-283 工资结算汇总表

工资结算汇总表

2019 年 12 月 31 日

部门		月基本工资	经常性奖金	津贴和补贴		加班加点工资	应扣工资		应付工资	代扣工资						实发工资
				物价	中夜班		病假	事假		养老	失业	医疗	住房公积金	个人所得税	小计	
行政管理部门	采购部															
	生产部	14 400	4 500	1 920	0	450	0	135	21 135.00							
	营销部	8 400	3 000	1 680	0	0	0	0	13 080.00							
	行政部	18 000	6 600	3 600	0	0	135	156	27 909.00							
	劳资部	7 200	2 040	720	0	1 200	0	78	11 082.00							
	财务部	12 900	3 780	2 400	0	0	0	0	19 080.00							
	办公室	16 800	6 300	2 400	0	2 160	120.6	168	27 371.40							
	小计															
中点车间	生产工人	83 400	9 600	38 400	0	3 360	0	48	134 712.00							
	管理人员	25 380	1 620	1 680	0	1 440	0	0	30 120.00							
西点车间	生产工人	80 610	2 160	40 800	0	2 880	0	72	126 378.00							
	管理人员	52 275	1 725	1 440	0	1 440	0	0	56 880.00							
机修车间	生产工人	28 680	2 520	2 880	0	2 880	0	0	36 960.00							
	管理人员	18 360	2 484	1 200	0	720	48	0	22 716.00							
馅料车间	生产工人	20 760	8 400	4 800	0	2 400	0	0	36 360.00							
	管理人员	5 640	2 580	1 680	0	960	0	0	10 860.00							
合计																

审核： 制表：

（91）根据职工的部门编制工资费用分配表（见表 5-284）和福利费分配表（见表 5-285），根据应付工资总额按会计政策所规定的比例计提企业所负担的职工福利费用、社会保险费、住房公积金、职工教育经费及工会经费，编制货币性薪酬分配表（见表 5-286）。本业务实训指导见实训指导 80。

表 5-284 工资费用分配表

工资费用分配表

年 月 日

分配要素 \ 会计科目				应借科目							
				基本生产成本				制造费用	辅助生产成本	管理费用	合计
部门	生产工人应付工资总额	分配率	分配标准及分配额	豆沙包	奶黄包	火腿三明治	牛肉汉堡				
中点车间			工时	37 500	30 000						
			分配额								
西点车间			工时			37 500	45 000				
			分配额								
馅料车间			工时	4 200	4 050	3 150	4 200				
			分配额								
机修车间											
行政管理部门											
合 计											

审核： 制表：

表 5-285 福利费分配表

福利费分配表

分配要素 \ 会计科目				应借科目							
				基本生产成本				制造费用	辅助生产成本	管理费用	合计
部门	生产工人福利费	分配率	分配标准及分配额	豆沙包	奶黄包	火腿三明治	牛肉汉堡				
中点车间	13 471.2		工时	37 500	30 000			3 012.00			
			分配额								
西点车间	12 637.8		工时			37 500	45 000	5 688.00			
			分配额								
馅料车间	3 636		工时	4 200	4 050	3 150	4 200	1 086.00			
			分配额								
机修车间									5 967.60		
行政管理部门										12 618.26	
合 计											

表 5-286　货币性薪酬计算分配表

货币性薪酬计算分配表

年　月　日

应借账户		成本项目	应付工资总额	住房公积金（10%）	社会保险费金额						工会经费（2%）	职工教育经费（2.5%）	合计
					养老（20%）	医疗（6.5%）	失业（1.5%）	工伤（1.2%）	生育（0.35%）	小计			
基本生产成本	豆沙包	人工费											
	奶黄包												
	火腿三明治												
	牛肉汉堡												
	小计												
制造费用	中点车间												
	西点车间												
	馅料车间												
	小计												
辅助生产成本													
管理费用													
合　计													

审核：　　　　　　　　　　制表：

（92）本月各部门耗用水电费情况见表 5-287 外购水费分配表及表 5-288 外购电费分配表，请根据水电实际耗用量分配水电费，填制表 5-287、表 5-288。本业务指导见实训指导 64。

表 5-287　外购水费分配表

外购水费分配表

2019 年 12 月

应借账户		成本项目（费用项目）	耗用量（吨）	单价	分配金额
制造费用	中点车间		22 875		
	西点车间		30 225		
	馅料车间		11 320		
	小计		64 420		
辅助生产成本	机修车间		900		
管理费用			600		
合　计			65 920		

制表：　　　　审核：

表 5-288　外购电费分配表

外购电费分配表

2019 年 12 月

应借账户		成本项目（费用项目）	耗用量（千瓦时）	单价	分配金额
制造费用	中点车间		25 500		
	西点车间		22 500		
	馅料车间		4 500		
	小计		52 500		
辅助生产成本	机修车间		4 500		
管理费用			9 000		
合　计			66 000		

制表：　　　　审核：

（93）12 月 31 日，计算本月固定资产折旧，固定资产折旧计算表见表 5-289（表中折旧率按企业会计制度规定执行）。

表 5-289　　固定资产折旧计算表

固定资产折旧计算表

2019 年 12 月

使用单位和固定资产类别		月初原值（元）	月折旧率 % = 年折旧率 % / 12	本月应提折旧额（元）
中点车间	厂房	750 000.00		
	设备	2 460 000.00		
	小计			
西点车间	厂房	1 560 000.00		
	设备	3 000 000.00		
	小计			
机修车间	厂房	630 000.00		
	设备	480 000.00		
	小计			
馅料车间	厂房	750 000.00		
	设备	510 000.00		
	小计			
管理部门	房屋	5 600 000.00		
	运输设备	3 039 000.00		
	管理设备	1 288 950.00		
	小计			
合　计		20 067 950.00		

审核：　　　　　　　　　　制表：

（94）12 月 31 日，计算所购入 Y 债券的本年投资收益、利息调整摊销额。该债券为两年前 1 月份购入的，面值 240 000 元，票面年利率 12%，五年期分期付息到期一次还本债券，本年为第三年。该债券交易价格 243 000 元，交易费用 9 000 元，实际利率为 10.66%，前两年摊销情况见表 5-290，要求填列表中后三年的相关项目金额并对本年的相关业务做出会计处理。本业务指导见实训指导 81。

表 5-290　Y 债券利息调整摊销额计算表

债权投资利息调整摊销额计算表

2019 年 12 月 31 日　　单位：元

年限	年初摊余成本	投资收益	票面利息	摊销额
1	252 000.00	26 863.20	28 800.00	1 936.80
2	250 063.20	26 656.74	28 800.00	2 143.26
3				
4				
5				

审核：　　制表：

（95）12 月 31 日，根据辅助生产成本明细账分配辅助生产费用，辅助车间供应产品及劳务数见表 5-291，以提供工时为标准分配辅助生产成本，编制辅助生产成本分配表（见表 5-291）（计算结果保留四位小数）。本业务指导见实训指导 82。

表 5-291　辅助生产成本分配表

辅助生产成本分配表

年　月　日

应借科目		工时量（小时）	分配率	金额合计
制造费用	中点车间	3 000		
	西点车间	2 400		
	馅料车间	300		
	小计	5 700		
行政管理部门管理费用		1 800		
合　计		7 500		

审核：　　制单：

（96）12 月 31 日，根据制造费用明细账以产品生产工时为标准分配制造费用，编制制造费用分配表（见表 5-292）。本业务指导见实训指导 83。

表 5-292　　制造费用分配表

制造费用分配表

年　月　日

车间	分配总额	分配率	分配标准及分配额	豆沙包	奶黄包	火腿三明治	牛肉汉堡	合计
中点车间			工时	37 500	30 000			
			分配额					
西点车间			工时			37 500	45 000	
			分配额					
馅料车间			工时	4 200	4 050	3 150	4 200	
			分配额					
合　计								

审核：　　　　　　　　　　　　制表：

（97）12 月 31 日，计算产品成本。期末豆沙包在第一道工序有在产品 100 kg，编制豆沙包直接人工与制造费用约当产量计算表（见表 5-293），编制四种产品成本计算单（见表 5-294～表 5-297），成本计算中产生的小数点尾差计入完工产品成本。本业务指导见实训指导 84。

表 5-293　　直接人工与制造费用约当产量计算表

直接人工与制造费用约当产量计算表

产品名称：豆沙包　　　　年　月　日

工序	工时（分钟）	完工程度	期末在产品数量	约当产量
1	240			
2	10			
3	15			
4	35			
合　计	300			

审核：　　　　　　　　　　　　制表：

表 5-294　产品成本计算单

产品成本计算单

车间：中点车间　单位：元

产品名称：豆沙包　年　月　日　产量：50 900 kg

成本项目	月初在产品成本	本月发生费用	生产费用合计	约当总产量			单位成本	在产品成本	完工产品成本
				完工产品数量	在产品约当产量	小计			
直接材料									
直接人工									
制造费用									
合　计									

审核：　制表：

表 5-295　产品成本计算单

产品成本计算单

车间：中点车间　单位：元

产品名称：奶黄包　年　月　日　产量：54 000 kg

成本项目	月初在产品成本	本月发生费用	生产费用合计	约当总产量			单位成本	在产品成本	完工产品成本
				完工产品数量	在产品约当产量	小计			
直接材料									
直接人工									
制造费用									
合　计									

审核：　制表：

表 5-296　产品成本计算单

产品成本计算单

车间：西点车间　单位：元

产品名称：火腿三明治　年　月　日　产量：36 000 kg

成本项目	月初在产品成本	本月发生费用	生产费用合计	约当总产量			单位成本	在产品成本	完工产品成本
				完工产品数量	在产品约当产量	小计			
直接材料									
直接人工									
制造费用									
合　计									

审核：　制表：

表 5-297　产品成本计算单

产品成本计算单

车间：西点车间　　　　　　　　　　　　　　　　　　单位：元
产品名称：牛肉汉堡　　　　年　月　日　　　　　　　产量：39 000 kg

成本项目	月初在产品成本	本月发生费用	生产费用合计	约当总产量			单位成本	在产品成本	完工产品成本
				完工产品数量	在产品约当产量	小计			
直接材料									
直接人工									
制造费用									
合　计									

审核：　　　　　　　　　　　　　　　制表：

（98）12 月 31 日，股票公允价值高于账面价值 55 145 元，投资性房地产的公允价值比账面价值高 10 000 元。该投资性房地产为期初所有的北大街门面房，该门面房为 2018 年 12 月 5 日取得，取得时原始价值 350 000 元，2018 年 12 月 31 日公允价值为 400 000 元。相关凭证见表 5-298、表 5-299。本业务指导见实训指导 85。

表 5-298　交易性金融资产公允价值变动损益计算表

交易性金融资产公允价值变动损益计算表

年　月　日

交易性金融资产	成本	公允价值	已发生损益	本期损益

审核：　　　　　　　　　　　　　　　制表：

表 5-299　投资性房地产公允价值变动损益计算表

投资性房地产公允价值变动损益计算表

年　月　日

投资性房地产名称	成本	公允价值	已发生损益	本期损益

审核：　　　　　　　　　　　　　　　制表：

（99）12 月 31 日，计算并结转本月已销产品成本，销售成本计算表见表 5-300。提示：企业用库存商品进行债务重组、非货币性资产交换、发放职工福利、对外投资、发放股东福利、委托代销商品等的发出库存商品成本均可通过此表反映。

表 5-300　　销售成本计算表

销售成本计算表

年　月　日　　　　金额单位：元

产品名称	期初		本期增加		加权平均单价	销售数量	期末库存数量	销售成本
	数量	金额	数量	金额				
豆沙包								
奶黄包								
火腿三明治								
牛肉汉堡								
合　计								

审核：　　　　制表：

（100）12 月 31 日，计算当月应纳增值税，填制未交增值税计算表（见表 5-301）。本业务指导见实训指导 86。

表 5-301　　未交增值税计算表

本月未交增值税计算表

年　月　日至　月　日　　　　金额单位：元

项　目				销售额	税额	备注
销项税额	应税货物	货物名称	适用税率			
		小计				
	应税劳务					
		小计				
	合计					
进项税额	本期可抵扣进项税额发生额					
	进项税额转出					
简易计税						
转让金融资产应交增值税						
应纳税额						
转出未交增值税额						

审核：　　　　制表：

（101）12 月 31 日，根据表 5-301 所计算的增值税，计算本月城市维护建设税、教育费附加、地方教育附加，填制应交城市维护建设税及教育费附加计算表（见表 5-302）。本业务指导见实训指导 87。

表 5-302　应交城市维护建设税与教育费附加计算表

应交城市维护建设税与教育费附加计算表

年　月　日　　　　金额单位：元

税种	计税依据	计税金额	税率	应纳税额
城市维护建设税	增值税		7%	
	消费税		7%	
	小计			
教育费附加	增值税		3%	
	消费税		3%	
	小计			
地方教育附加	增值税		2%	
	消费税		2%	
	小计			

审核：　　　　制表：

（102）12 月 31 日，计算全年房产税、车船税，编制应交财产税计算表（见表 5-304）。

公司本年 1—11 月无增减变动房产业务，其中出租租金收入为 126 000 元。房产容积率为 0.8，房产余值扣除比例为 30%；以房产原值计税的房产的地产原值为 9 216 000.00 元，土地使用面积为 3 200 平方米，地价 2 880.00 元 / 平方米，土地使用税 10.00 元 / 平方米。本业务指导见实训指导 88。

公司拥有车辆数量及单位税额见表 5-303。

表 5-303　2019 年车船税税目、税额及企业车辆情况表

2019 年车船税税目、税额及企业车辆情况表

税目		计量单位	单位税额 / 元	数量
乘用车	1.0 升以上至 1.6 升（含）	辆	360	5
商用车	货车	吨	96	20

表 5-304　　应交财产税计算表

应交财产税计算表

年　月　日

税种	应纳税额计算								
房产税	征收方式	从价计征				从租计征			应纳房产税税额
	项目	房产原值	房产余值	税率	应纳税额	租金收入	税率	应纳税额	
	金额								
车船税	税目			计税单位	单位税额	数量	税额		应纳车船税税额
	乘用车	1.0 升以上至 1.6 升（含）		辆					
	商用车	货车		吨					
	小计								
土地使用税	应税面积（米 ^{2}）				税率（元 / 米 ^{2}）				应纳土地使用税税额
应交财产税总额									

审核：　　　　　　　　　　制表：

（103）12 月 31 日，结转第（77）笔业务新产品研究阶段发生的费用化支出。

（104）12 月 31 日，海蓝公司 2019 年全年实现净利润 900 000 元，按权益法确认长期股权投资收益（系本年 1 月 7 日对海蓝公司的投资，投资比例为 40%，假设投资时海蓝公司可辨认净资产公允价值等于其账面价值，双方会计政策一致，双方在投资后未发生过交易）。企业准备长期持有该投资。本业务指导见实训指导 89。

（105）经查发现上年度因会计人员工作失误，未计提行政管理部门固定资产折旧 100 000 元，属重大会计差错，本期应予更正（假设不调整上期因少提折旧而多交的所得税）。上年度资产负债表、利润表见表 5-305、表 5-306。请按照会计政策要求填制资产负债表调整底稿（见表 5-307）、利润表调整底稿（见表 5-308）、所有者权益变动表调整底稿（见表 5-309）、会计报表附注底稿（见表 5-310）。本业务指导见实训指导 90。

表 5-305　资产负债表

资产负债表

会企 01 表

编制单位：万家食品有限公司　　2018 年 12 月 31 日　　单位：元

资产	行次	年初数	期末数	负债及所有者权益（或股东权益）	行次	年初数	期末数
流动资产：		略		流动负债：		略	
货币资金			1 830 888.00	短期借款			300 000.00
交易性金融资产				交易性金融负债			
衍生金融资产				衍生金融负债			
应收票据			75 000.00	应付票据			106 400.00
应收账款			850 725.00	应付账款			755 580.00
应收款项融资				预收款项			
预付款项				合同负债			
其他应收款			32 940.00	应付职工薪酬			
存货			3 440 552.12	应交税费			166 500.00
合同资产				其他应付款			25 500.00
持有待售资产				持有待售负债			
一年内到期的非流动资产				一年内到期的非流动负债			
其他流动资产				其他流动负债			
流动资产合计			6 230 105.12	流动负债合计			1 475 780.00
非流动资产：				非流动负债：			
债权投资			—	长期借款			
其他债权投资			247 919.40	应付债券			
长期应收款				其中：优先股			
长期股权投资				永续债			
其他权益工具投资				租赁负债			
其他非流动金融资产				长期应付款			1 901 928.00
投资性房地产			400 000.00	预计负债			
固定资产			18 355 255.20	递延收益			
在建工程			850 962.00	递延所得税负债			
生产性生物资产				其他非流动负债			214 418.00
油气资产				非流动负债合计			2 116 346.00

续表

资产	行次	年初数	期末数	负债及所有者权益（或股东权益）	行次	年初数	期末数
使用权资产				负债合计			3 592 126.00
无形资产			4 524 000.00	所有者权益（或股东权益）:			
开发支出				实收资本（或股本）			27 000 000.00
商誉				其他权益工具			
长期待摊费用				其中：优先股			
递延所得税资产			191 316.76	永续债			
其他非流动资产				资本公积			
非流动资产合计			24 569 453.38	减：库存股			
				其他综合收益			
				专项储备			
				盈余公积			255 380.00
				未分配利润			−47 947.50
				所有者权益（或股东权益）合计			27 207 432.50
资产总计			30 799 558.50	负债及所有者权益（或股东权益）总计			30 799 558.50

表 5-306　　利　润　表

利　润　表

会企 02 表

编制单位：万家食品有限公司　　2018 年 12 月　　单位：元

项目	本期金额	上期金额
一、营业收入	6 694 649.00	
减：营业成本	3 912 806.00	
税金及附加	10 546.00	
销售费用	72 245.00	
管理费用	1 685 000.00	
研发费用		
财务费用	94 256.00	
其中：利息费用		

续表

项目	本期金额	上期金额
利息收入		
加：其他收益		
投资收益（损失以“-”号填列）	45 110.00	
其中：对联营企业和合营企业的投资收益		
以摊余成本计量的金融资产终止确认收益（损失以“-”号填列）		
净敞口套期收益（损失以“-”号填列）		
公允价值变动收益（损失以“-”号填列）		
信用减值损失（损失以“-”号填列）		
资产减值损失（损失以“-”号填列）		
资产处置收益（损失以“-”号填列）		
二、营业利润（亏损以“-”号填列）	964 906.00	
加：营业外收入	15 211.00	
减：营业外支出	2 567.00	
三、利润总额（亏损总额以“-”号填列）	977 550.00	
减：所得税费用		
四、净利润（净亏损以“-”号填列）	977 550.00	
（一）持续经营净利润（净亏损以“-”号填列）		
（二）终止经营净利润（净亏损以“-”号填列）		
五、其他综合收益的税后净额		
六、综合收益总额		
七、每股收益：		
（一）基本每股收益		
（二）稀释每股收益		

表 5-307　资产负债表调整底稿

资产负债表调整底稿（局部）

编制单位：万家食品有限公司　　2019 年 12 月 31 日　　单位：元

资产	年初数			负债及所有者权益	年初数		
	调整前	调增（减）	调整后		调整前	调增（减）	调整后
固定资产原值				盈余公积			

续表

资产	年初数			负债及所有者权益	年初数		
	调整前	调增（减）	调整后		调整前	调增（减）	调整后
累计折旧							
固定资产净值				未分配利润			
……	……	……	……	……	……	……	……

表 5-308 利润表调整底稿

利润表调整底稿（局部）

编制单位：万家食品有限公司　　2019 年度　　单位：元

项目	上年数		
	调整前	调增（减）	调整后
……			
减：管理费用			
财务费用			
二、营业利润			
……			
三、利润总额			
减：所得税费用			
四、净利润			

表 5-309 所有者权益变动表调整底稿

所有者权益变动表调整底稿

编制单位：万家食品有限公司　　2019 年度　　单位：元

项目	本年金额							上年金额						
	实收资本	资本公积	减：库存股	其他综合收益	盈余公积	未分配利润	所有者权益合计	实收资本	资本公积	减：库存股	其他综合收益	盈余公积	未分配利润	所有者权益合计
一、上年年末余额														
加：会计政策变更														
前期差错更正														
二、本年度年初余额														
略														

表 5-310　会计报表附注底稿

会计报表附注底稿

……

（三）重大会计政策和会计估计变更的说明

……

（7）重大会计差错的内容

（8）重大会计差错的更正金额

（106）12 月 31 日，结转当期损益。

（107）12 月 31 日，计算全年应交所得税额，并结转所得税费用。表 5-311 列示了本年度 1—11 月份的利润额。假设：① 其营业收入为销售商品总额，管理费用中包含业务招待费 76 万元。② 本年度 1—11 月份未取得或处置固定资产，其每月的固定资产折旧额均相等。③ 工资薪金经税务局认定均为合理支出。④ 本年度取得的固定资产按国家税务总局最新规定进行税前扣除。⑤ 职工教育经费按 8％的比例进行税前扣除。请填列表 5-312 所得税费用计算表。本业务指导见实训指导 91。

所得税费用核算重难点分析

所得税费用核算流程

表 5-311　2019 年 1—11 月利润表

利　润　表

会企 02 表

编制单位：万家食品有限公司　　2019 年 1 月至 11 月　　单位：元

项目	本期金额	上期金额
一、营业收入	28 227 000.00	
减：营业成本	16 200 000.00	
税金及附加	43 500.00	
销售费用	309 000.00	
管理费用	7 286 446.00	
研发费用		
财务费用	396 000.00	
加：其他收益	—	
投资收益（损失以“-”号填列）		
公允价值变动收益（损失以“-”号填列）		
信用减值损失（损失以“-”号填列）		
资产减值损失（损失以“-”号填列）		
资产处置收益（损失以“-”号填列）		
二、营业利润	3 992 054.00	
加：营业外收入	75 000.00	
减：营业外支出	11 430.00	
三、利润总额	4 055 624.00	
减：所得税费用	—	
四、净利润	4 055 624.00	
五、其他综合收益的税后净额		
六、综合收益总额	4 055 624.00	
七、每股收益		
（一）基本每股收益		
（二）稀释每股收益		

表 5-312 企业所得税计算表

企业所得税计算表

编制单位： 2019 年度 单位：元

项目	相关因素							金额
年度利润总额								
纳税调整额	项　目	账面价值	计税基础	可抵扣暂时性差异		应纳税暂时性差异		纳税调整增减额
				期初余额	期末余额	期初余额	期末余额	
	合计							
当期所得税费用	应纳税所得额							
	应交所得税							
递延所得税费用	项目	期初余额	期末余额					本期发生额
	递延所得税资产							
	递延所得税负债							
	其他综合收益							
	递延所得税费用							
所得税费用								

审核： 制表：

（108）12 月 31 日，结转本年净利润。

（109）12 月 31 日，分配当年利润，见表 5-313 利润分配计算表。本业务指导见实训指导 92。

表 5-313　利润分配计算表

利润分配计算表

2019 年 12 月 31 日

本年净利润	以前年度亏损	分配基数	法定公积金	任意公积金	应付股利

主管：　　记账：　　复核：　　制表：

（110）12 月 31 日，结转利润分配明细。

（111）12 月 31 日，根据上述各项税费计算情况及涉税业务编制增值税纳税申报表（见表 5-314）、地方税（费）综合申报表（见表 5-315）、企业所得税年度纳税申报表（见表 5-316）、印花税申报表（见表 5-317）。

应纳税所得额计算

表 5-314　增值税纳税申报表

增值税纳税申报表

（一般纳税人适用）

根据国家税收法律法规及增值税相关规定制定本表。纳税人不论有无销售额，均应按税务机关核定的纳税期限填写本表，并向当地税务机关申报。

税款所属期：　年　月　日至　年　月　日　填表日期：　年　月　日　金额单位：元至角分

<table>
<tr><td colspan="2">纳税人识别号</td><td></td><td>所属行业：</td><td colspan="3"></td></tr>
<tr><td colspan="2">纳税人名称　（公章）</td><td>法定代表人姓名</td><td>注册地址</td><td></td><td>生产经营地址</td><td></td></tr>
<tr><td colspan="2">开户银行及账号</td><td></td><td>登记注册类型</td><td></td><td>电话号码</td><td></td></tr>
<tr><th colspan="2" rowspan="2">项目</th><th rowspan="2">栏次</th><th colspan="2">一般项目</th><th colspan="2">即征即退项目</th></tr>
<tr><th>本月数</th><th>本年累计</th><th>本月数</th><th>本年累计</th></tr>
<tr><td rowspan="10">销售额</td><td>（一）按适用税率计税销售额</td><td>1</td><td></td><td></td><td></td><td></td></tr>
<tr><td>其中：应税货物销售额</td><td>2</td><td></td><td></td><td></td><td></td></tr>
<tr><td>应税劳务销售额</td><td>3</td><td></td><td></td><td></td><td></td></tr>
<tr><td>纳税检查调整的销售额</td><td>4</td><td></td><td></td><td></td><td></td></tr>
<tr><td>（二）按简易办法计税销售额</td><td>5</td><td></td><td></td><td></td><td></td></tr>
<tr><td>其中：纳税检查调整的销售额</td><td>6</td><td></td><td></td><td></td><td></td></tr>
<tr><td>（三）免、抵、退办法出口销售额</td><td>7</td><td></td><td></td><td>—</td><td>—</td></tr>
<tr><td>（四）免税销售额</td><td>8</td><td></td><td></td><td>—</td><td>—</td></tr>
<tr><td>其中：免税货物销售额</td><td>9</td><td></td><td></td><td>—</td><td>—</td></tr>
<tr><td>免税劳务销售额</td><td>10</td><td></td><td></td><td>—</td><td>—</td></tr>
</table>

续表

项目		栏次	一般项目		即征即退项目	
			本月数	本年累计	本月数	本年累计
税款计算	销项税额	11				
	进项税额	12				
	上期留抵税额	13				—
	进项税额转出	14				
	免、抵、退应退税额	15			—	—
	按适用税率计算的纳税检查应补缴税额	16			—	—
	应抵扣税额合计	17=12+13−14−15+16		—		—
	实际抵扣税额	18（如 17<11，则为 17，否则为 11）				
	应纳税额	19=11−18				
	期末留抵税额	20=17−18				—
	简易计税办法计算的应纳税额	21				
	按简易计税办法计算的纳税检查应补缴税额	22			—	—
	应纳税额减征额	23				
	应纳税额合计	24=19+21−23				
税款缴纳	期初未缴税额（多缴为负数）	25				
	实收出口开具专用缴款书退税额	26			—	—
	本期已缴税额	27=28+29+30+31				
	① 分次预缴税额	28		—		—
	② 出口开具专用缴款书预缴税额	29		—	—	—
	③ 本期缴纳上期应纳税额	30				
	④ 本期缴纳欠缴税额	31				
	期末未缴税额（多缴为负数）	32=24+25+26−27				
	其中：欠缴税额（≥0）	33=25+26−27		—		—
	本期应补（退）税额	34=24−28−29		—		—
	即征即退实际退税额	35	—	—		
	期初未缴查补税额	36			—	—
	本期入库查补税额	37			—	—
	期末未缴查补税额	38=16+22+36−37			—	—

授权声明	如果你已委托代理人申报，请填写下列资料： 为代理一切税务事宜，现授权 （地址） 为本纳税人的代理申报人，任何与本申报表有关的往来文件，都可寄予此人。 授权人签字：	申报人声明	本纳税申报表是根据国家税收法律法规及相关规定填报的，我确定它是真实的、可靠的、完整的。 声明人签字：

主管税务机关： 接收人： 接收日期：

表 5-315　**地方税（费）综合申报表**

太原市地方税（费）综合申报表

填报日期：　年　月　日　　　　金额单位：人民币元

纳税人编码			纳税人名称					
地址		邮政编码		业别			经济性质	
开户银行		银行账号					电话	
管理分局		管理科					专管员	
税种登记情况	1. 企业所得税□　2. 个人所得税□　3. 资源税□　4. 土地增值税□　5. 房产税□ 6. 城镇土地使用税□　7. 车船税□　8. 城市维护建设税□　9. 印花税□　10. 屠宰税□ 11. 煤炭水资源补偿费□　12. 文化事业建设费□　13. 河道工程维护管理费□　14. 林业建设基金□ 15. 价格调整基金□　16. 残疾人就业保障金□　17. 教育费附加□　18. 地方教育附加□ （税种登记表中由税务机关填写的部分）							
税（费）种	税目	税（费）款所属时间	计税（费）依据或课税（费）数量	税（费）率或单位税（费）额	本期应纳税（费）额	累计欠缴或已缴税（费）额	减免税（费）额	本期应纳税（费）额合计

企业所得税	税款所属时间	收入额或利润总额	应税所得率或纳税调整额	应纳税所得额	税率	应纳所得税额	累计欠缴或已缴税额	减免税额	期末应补（退）税额
个人所得税	税款所属时间	所得项目	收入额	应纳税所得额	税率	速算扣除数	应纳税额	已扣缴税额	期末应补（退）税额

续表

<table>
<tr><td>授权代理人</td><td>（如果你已委托代理人申报，请填写下列资料）为代理一切税务事宜，现授权 ________（地址）为本纳税人代理申报人。任何与本报表有关的往来文件，都可寄予此。
授权人签字：________</td><td>声明</td><td>我声明：此纳税申报表是根据税收法律、法规的规定填报的，我确信它是真实的、可靠的、完整的。
声明人签字：________</td></tr>
</table>

会计主管签字： 代理申报人签字： 纳税人盖章： （章）

以下由税务机关填写

收到日期	年 月 日	接收人		审核日期	年 月 日	主管税务机关盖章 主管税务管员签字
审核记录						

本表一式三联，第一联为申报联，主管税务机关审核后退还纳税人，第二、三联为收执联，由主管税务机关留存。

填表说明

1. 本表适用于申报城建税、教育费附加、地方教育附加、文化事业建设费、房产税、城镇土地使用税、印花税等地方税费；
2. “纳税人编码”：填写纳税登记号；
3. “税（费）款所属时间”：按 yyyy-mm-dd 的格式输入，例如“2019-01-01 到 2019-12-31”；
4. “税目”：是指各税（费）征税范围的项目名称，其中“房产税”填房产名称或 ××（房产）出租，“土地使用税”填土地位置、等级；
5. “课税（费）数量”：是指印花税应税凭证（合同）、书据、账簿、证照的数量，以及车船税的车、船座位、吨位或辆数，“计税（费）依据”：文化事业费为营业收入，城建税、教育费附加、地方教育附加为应纳的增值税、消费税的税额，房产税为房产原值的 70%，房产出租为租金收入额；
6. “税（费）率”：以百分数格式输入，“单位税（费）额”保留两位小数；
7. “减免税（费）额”：是指由税务机关审批同意的减免税（费）项目金额（该项目需填写税务机关审批文书号码）。

表 5-316 企业所得税年度纳税申报表

中华人民共和国企业所得税年度纳税申报表（A 类）

行次	类 别	项 目	金 额
1	利润总额计算	一、营业收入	
2		减：营业成本	
3		税金及附加	
4		销售费用	
5		管理费用	
6		财务费用	
7		资产减值损失	
8		加：公允价值变动收益	
9		投资收益	
10		二、营业利润（1-2-3-4-5-6-7+8+9）	
11		加：营业外收入	

续表

行次	类　别	项　　目	金　额
12	利润总额计算	减：营业外支出	
13		三、利润总额（10+11−12）	
14	应纳税所得额计算	减：境外所得	
15		加：纳税调整增加额	
16		减：纳税调整减少额	
17		减：免税、减计收入及加计扣除	
18		加：境外应税所得抵减境内亏损	
19		四、纳税调整后所得（13−14+15−16−17+18）	
20		减：所得减免	
21		减：抵扣应纳税所得额	
22		减：弥补以前年度亏损	
23		五、应纳税所得额（19−20−21−22）	
24	应纳税额计算	税率（25%）	
25		六、应纳所得税额（23×24）	
26		减：减免所得税额	
27		减：抵免所得税额	
28		七、应纳税额（25−26−27）	
29		加：境外所得应纳所得税额	
30		减：境外所得抵免所得税额	
31		八、实际应纳所得税额（28+29−30）	
32		减：本年累计实际已预缴的所得税额	
33		九、本年应补（退）所得税额（31−32）	
34		其中：总机构分摊本年应补（退）所得税额	
35		财政集中分配本年应补（退）所得税额	
36		总机构主体生产经营部门分摊本年应补（退）所得税额	
37	附列资料	以前年度多缴的所得税额在本年抵减额	
38		以前年度应缴未缴在本年入库所得税额	

表 5-317 印花税申报表

印花税申报表

税务登记代码			纳税人名称		
管理税务机关			开户银行名称及账号		
税种、税目	印花税			税（费）所属期	____ 至 ____
计税数量	____	计税依据（数额）	____	核定比例（%）	100 %（根据税务机关核定比例填写）
计税金额	____	税率	____	应纳税（费）额	____
抵扣说明	____（请输入抵扣税票号）			抵扣税（费）额	____
应入库税（费）额	____				

确认将本条记录添加到下表中

操作	税（费）种	应税项目	税（费）所属期始	税（费）所属期止	应入库税（费）额	计税依据	核定比例（%）	计税数量	计税金额	税（费）率	应纳税（费）额	抵扣税（费）额

填写说明

1. 蓝色标题的项目必须填写。
2. 按“>>”按钮选择税目。
3. 税款所属期按“yyyy-mm-dd”（年－月－日）的格式输入，例如“2019-09-12”。
4. 如采用核定征收的，应录入计税收入额和核定比例。“核定比例”应根据税务机关核定的比例填写，按百分比格式录入；未核定的则按 100%。
5. 如有抵扣金额（例如，退税申请批准后采用抵税形式退税），应录入用于抵扣的税款税票号码。
6. 提交申报前应选择正确的银行账号，并确认该账户有足够金额缴纳税款。

[实训任务]

根据上述业务资料完成下列实训操作内容：

（1）按岗位职责分岗位审核万家食品有限公司 12 月份经济业务活动的原始凭证，对经济业务进行确认、计量，编制记账凭证；

（2）会计机构负责人审核会计凭证并签章，据以进行登记账簿或办理收付款业务；

（3）出纳员根据审核无误的记账凭证登记现金、银行存款日记账；

（4）综合会计、成本会计按岗位职责分岗位登记各明细分类账；

（5）会计机构负责人编制科目汇总表；

（6）会计机构负责人根据科目汇总表登记总分类账；

（7）进行结账与对账；

（8）会计机构负责人根据账簿记录编制会计报表。

[实训准备]

（1）专用凭证：收款凭证 35 张；付款凭证 40 张；转账凭证 100 张；科目汇总表 3 张。

（2）各类账页：现金、银行存款日记账；三栏式总账；三栏式明细账 50 张；数量金额式明细账 40 张；多栏式明细账 20 张（含基本生产成本明细账 4 张、应交增值税明细账 2 张）；材料采购明细账 2 张；材料成本差异明细账 1 张。（此处账页为实训四已备好的账页。）

（3）各类报表：资产负债表、利润表、现金流量表、所有者权益变动表各 1 张。

（4）其他：试算平衡表、凭证装订封面 3 张；报表装订封面 1 张；相关签章。

实训六

手工银行对账业务实训

老师的话

同学们，经过实训五对会计业务的处理，我们已分工行北街支行、民生银行解放支行、农行五一支行设置并登记了银行存款日记账。与此同时，银行也会对企业的各项银行存款收付业务进行记录，其记录结果将以“银行对账单”的形式通知企业。也就是说，“银行对账单”代表的是银行存款的“实际情况”。从理论上讲，企业各账户“银行存款日记账”的余额应与该账户“银行对账单”所记录的内容完全相同，但是由于未达账项的存在，往往会出现一方记账另一方未记账的情况，造成银行存款“账实不符”的假象。为此，在实际工作中，必须通过银行对账的工作找到未达账项，编制“银行存款余额调节表”，以弄清银行存款“账实不符”的原因是未达账项还是错账。银行对账及编制“银行存款余额调节表”是财产清查工作的一部分。因此必须遵守财产清查的内部控制要求，出纳人员不得独自完成银行对账工作，必须与清查人员一同方可开展银行存款清查工作。

认知银行存款日记账

[实训目的]

1. 能够正确查找未达账项；
2. 能够正确编制银行存款余额调节表。

[实训组织]

视频：教学录像

本内容要求将实训者进行分组，每组两人，分别为出纳员和银行对账稽核员，要求实训者明确银行对账是账实核对，应由出纳员与另一名授权盘点人员共同进行。

[实训内容]

（1）实训五“万家食品有限公司12月份业务凭证”登记的“银行存款——基本存款户”日记账。基本存款账户账号为：1287654279，开户银行为工行北街支行。

（2）基本存款账户银行对账单（见表6-1）。

表6-1　中国工商银行对账单

户名：万家食品有限公司　　第89号

账号：1287654279

2019年		摘要	结算凭证		借方	贷方	结余
月	日		种类	号数			
12	1						1 900 000.00
	4	支取	转账支票		881.40		
	6	存入	商业汇票			54 000.00	
	6	支取	转账支票		66 444.00		
	8	支取			197 400.00		
	8	支取			25 828.00		
	8	存入				30 000.00	
	10	存入	转账支票			11 445.00	
	10	支取	转账支票		31 640.00		
	10	支取	网银转账		96 000.00		
	10	支取	网银转账		4 800.00		
	10	支取	网银转账		240 300.00		
	11	支取	电汇单		599.50		
	11	支取	银行汇票		11 000.00		
	12	支取	转账支票		2 712.00		
	12	存入	转账支票		6 850.00		
	13	支取	电子回单		26 323.50		
	15	存入	利息清单			12 362.34	
	15	支取	转账支票		3 390.00		
	15	存入	转账支票			54 000.00	

续表

2019年		摘要	结算凭证		借方	贷方	结余
月	日		种类	号数			
	16	支取	转账支票		54 500.00		
	17	存入				1 612.67	
	20	存入	特种转账借方凭证			1 494 000.00	
	21	支取	转账支票		6 000.00		
	22	支取	电子回单		19.50		
	22	支取	转账支票		58 116.86		
	25	存入	银行汇票			263 968.00	
	26	存入	贴现凭证			59 543.50	
	28	支取	电子转账		59 670.00		
	28	存入	收到支付补价			4 859.00	
	29	存入				240 000.00	
	29	支取	转账支票		3 924.00		
	29	存入	托收凭证			207 468.00	
	30	存入	现金缴款单			1 952.64	
	30	存入	收到货款			50 000.00	
	30	支取	转账支票		60 000.00		
	30	支取	电子转账		498 860.00		
	30	支取	转账支票		2 422.42		
	30	支取	转账支票		141 700.00		
	30	支取	转账支票		44 748.00		
		支取	转账支票		2 180.00		
	30	支取	转账支票		654 000.00		
	30	支取	转账支票		20 000.00		
	31	存入				60 000.00	
	31	期末余额					2 078 601.97

[实训任务]

编制银行存款余额调节表（见表6-2）。

表 6-2　　　　　　　　　　　　　　银行存款余额调节表

单位名称:　　　　　　　　　　　　年　月　日　　　　　　　　　　　　单位：元

项 目	金 额	项 目	金 额
企业银行存款日记账的余额		银行对账单的余额	
加：银行已收企业未收款项 减：银行已付企业未付款项		加：企业已收银行未收款项 减：企业已付银行未付款项	
调节后的存款余额		调节后的存款余额	

银行对账实训指导见附录表 16。

银行存款余额调节表编制

认知银行对账单（1）

认知银行对账单（2）

未达账项

实训七

会计档案管理业务实训

老师的话

同学们，实训五、实训六等业务工作形成了一系列的会计资料，包括会计凭证、会计账簿、会计报表、银行存款余额调节表等。这些会计资料按会计档案管理办法必须整理入档。会计档案整理归档需要编制档案目录，并由会计机构保管一年（最长不超过三年）后移交给档案管理部门，而档案移交需要编制档案移交清册。不同的档案具有不同的保管期限，档案保管期满应办理销毁手续，包括编制销毁清册、出具会计档案鉴定意见书、单位负责人审核和专人监销。会计档案的整理与保管是会计管理工作的重要组成部分，所以，同学们一定要在实训的过程中掌握会计档案整理与保管的相关法规要求，强化会计凭证整理装订、会计账簿整理装订、财务会计报告整理装订等技能。

[实训目的]

掌握各类会计资料的整理、装订、存档、保管及销毁的要求及方法。

[实训组织]

视频：
教学录像

会计档案保管的要求

将实训者分组，每组 3 人，分别为会计档案管理人员、单位负责人、会计档案调阅人员。要求每组编制会计档案移交清册一份，建立会计档案查看、复制登记簿，并要求实训者按角色模拟会计档案移交、会计档案查阅、会计档案销毁等实务内容及程序。

[实训内容]

对实训三至实训六形成的会计资料，包括会计凭证、会计账簿、会计报表及其他会计资料进行归档整理，注明每一种会计档案的保管期限。对于装订好的各种会计资料要按会计法规与制度的要求进行签章。

[实训任务]

会计档案整理流程

（1）会计凭证的整理（实训五资料）。
（2）会计账簿的整理（实训三、实训五资料）。
（3）会计报表的整理（实训五资料）。
（4）其他会计资料的整理（实训六资料）。
（5）会计档案案卷目录的填写。
（6）会计档案移交清册的填写。
（7）会计档案销毁清册的填写。

[实训准备]

会计凭证的整理与装订

（1）会计凭证装订封面。
（2）会计账簿封面。
（3）会计报表装订封面。
（4）其他会计资料装订封面。
（5）会计档案案卷目录（见表 7-1）。
（6）会计档案移交清册（见表 7-2）。
（7）会计档案销毁清册（见表 7-3）。

会计档案保管与整理项目实训指导见附录表 17。

表 7-1 会计档案案卷目录

案卷号	题名	保管期限	卷内材料起止时间	备注

续表

案卷号	题名	保管期限	卷内材料 起止时间	备注

表 7-2　会计档案移交清册

序号	案　卷　题　名	档号	年度	保管期限	移交原因	备注

监交人（签名）　　接收人（签名）　　送交人（签名）

交接日期：　年　月　日

表 7-3　会计档案销毁清册

档案名称	档案起止时间	档案册数	销毁原因	销毁方法

档案部门负责人：　　会计主管：　　监销：　　保管：

实训八

信息化混岗会计业务处理实训

老师的话

同学们，实训八是在实训五的基础上，将实训五的业务利用财务软件进行信息化处理。在这里，我们将改变手工处理业务的思路，利用财务软件信息共享的特点进行数据贮存和业务处理。大家要认真了解财务软件有关总账、供销存、固定资产、工资薪金等模块的功能和操作流程，通过典型案例的实训练习，要能够熟练运用财务软件处理业务工作，提供多维度的信息，提高工作效率。

[实训目的]

能够根据企业的实际需求运用用友 U8 系统各模块进行业务处理。

[实训组织]

本实训采用个人混岗方式进行。每位实训者通过财务软件进行岗位分工，由其本人模拟所有岗位职责完成全套工作任务。

[企业基本情况]

万家食品有限公司（简称万家食品），是专门从事面包、三明治盒汉堡生产销售的制造企业。

公司法人代表：张建设

公司开户银行：工行北街支行

账　　　号：1287654279

公司纳税登记号：14012846987200123F

公司地址：太原北大街

电　　　话：3022537

邮　　　箱：wanjiashipin@163.com

操作员及权限（见表 8-1）。

表 8-1　操作权限分工表

编码	姓名	隶属部门	职务	操作分工
A01	高雄辉	总经理办公室	总经理	账套初始化设置权限
W01	覃朗	财务部	财务经理	记账凭证的审核、查询、对账、总账结账、编制 UFO 报表
W02	汪海波	财务部	会计	总账（填制、查询凭证、账表、期末处理、记账）、应收款和应付款管理（不含收付款单填制、选择收款和选择付款权限）、固定资产、薪资管理、存货核算的所有权限、公共单据、公共目录的权限
W03	李青青	财务部	出纳	收付款单填制、选择收款和选择付款权限、票据的登记、出纳签字、银行对账、应收账款中选择收款、收款单据处理，应付账款中选择付款、付款单据处理；票据管理；公共单据、公共目录；总账的凭证菜单中出纳签字和出纳的所有权限
X01	谭晓	销售部	销售员	销售管理的所有权限，公共单据
G01	张浩明	采购部	采购员	采购管理的所有权限，公共单据、公共目录
C01	赵凯	仓管部	库管员	库存管理的所有权限，公共单据、公共目录

注：操作员无密码。

[实训资料及要求]

万家食品有限公司 2019 年 12 月相关账簿与业务凭证资料（见实训一至实训五）。

一、建立账套

根据下列信息和资料建立万家食品有限公司的账套。

1. 账套信息

账套号：001；账套名称：万家食品有限公司；账套路径：默认；启用会计期：2019 年 12 月；会计期间设置：默认。

2. 单位信息

单位名称：万家食品有限公司；单位简称：万家食品；单位地址：太原北大街；法人代表：张建设；联系电话及传真：3022537；账套启用日期：2019 年 12 月 1 日；单位情况：万家食品有限公司是一家制造企业，一般纳税人，主要从事面包、三明治、汉堡的生产和销售；税号：14012846987200123F。

3. 核算类型

该企业的记账本位币：人民币；企业类型：工业；行业性质：2007年新会计制度；账套主管：高雄伟；按行业性质预支科目；需要对存货、客户、供应商进行分类，分类编码方案见表8-2。

表8-2　分类编码方案

编码项目	级次
存货分类编码	22223
客户分类编码	234
供应商分类编码	234
收发类别编码	111
部门编码	12
结算方式编码	12
地区分类编码	234
会计科目编码	4222

4. 数据精度

该企业对存货数量、单价小数位均为2。

5. 系统启用

启用总账系统、薪资管理、固定资产、采购管理、销售管理、库存管理、存货核算、应收款管理、应付款管理，启用时间为2019年12月1日。

二、设置基础档案

根据下列资料建立部门档案、员工档案、客户档案、供应商档案、存货档案。

1. 设置部门档案

根据下列资料设置部门档案（见表8-3）。

表8-3　部门资料

部门编码	部门名称	成立日期
1	行政部门	2019-12-1
101	办公室	2019-12-1
102	财务部	2019-12-1
103	劳资部	2019-12-1

续表

部门编码	部门名称	成立日期
104	行政部	2019-12-1
105	生产部	2019-12-1
106	营销部	2019-12-1
107	采供部	2019-12-1
2	生产部门	2019-12-1
201	中点车间	2019-12-1
202	西点车间	2019-12-1
203	机修车间	2019-12-1
204	馅料车间	2019-12-1

2. 设置人员档案

根据下列资料设置人员档案。

（1）人员类别见表 8-4。

表 8-4　　人员类别

档案编码	档案名称
10101	企管人员
10102	销售人员
10103	采购人员
10104	生产管理
10105	生产人员

（2）人员档案见表 8-5。

表 8-5　　人员档案

人员编号	人员姓名	性别	行政部门	雇用状态	人员类别	是否业务员
10101	张花	女	办公室	在职	企管人员	是
10201	段运捷	男	财务部	在职	企管人员	是
10301	王洁	女	劳资部	在职	企管人员	是
10401	崔亮	男	行政部	在职	企管人员	是
10501	张二明	男	生产部	在职	企管人员	是
10601	王小璐	女	营销部	在职	企管人员	是

续表

人员编号	人员姓名	性别	行政部门	雇用状态	人员类别	是否业务员
10701	赵海	男	采供部	在职	采购人员	是
20101	王彩兵	男	中点车间	在职	生产管理	是
20102	谢好运	男	中点车间	在职	生产人员	是
20201	王天驼	男	西点车间	在职	生产管理	是
20202	段继来	男	西点车间	在职	生产人员	是
20301	宁全厅	男	机修车间	在职	生产管理	是
20302	常杰英	男	机修车间	在职	生产人员	是
20401	王守法	男	馅料车间	在职	生产管理	是
20402	周备才	男	馅料车间	在职	生产人员	是

3. 设置客商档案

根据下列资料和信息设置供应商档案和客户档案。

（1）地区分类见表 8-6。

表 8-6　　地 区 分 类

分类编码	分类名称
01	省内
02	省外

（2）供应商分类见表 8-7。

表 8-7　　供应商分类

分类编码	分类名称
01	省内
02	省外

（3）客户分类见表 8-8。

表 8-8　　客 户 分 类

分类编码	分类名称
01	省内
02	省外

（4）供应商档案，如表 8-9 所示。档案中记录供应商的开户银行均为默认银行。

表 8-9 供应商档案

供应商编码	供应商名称	供应商简称	所属分类	地址和电话	纳税人登记号	开户银行及账号
0101	华源面粉厂	华源面粉厂	01	临汾市 6087531	14273646985732036B	民生银行 1140356984
0102	太原博通印刷厂	太原博通印刷厂	01	太原市 0351-4366678	14032565234891536B	工行大营盘支行 982532
0103	阳光电子科技发展有限公司	阳光电子	01	太原市西羊市街 136 号 8236903	14045322985637134B	工行西羊市街支行 6957423102
0104	府东副食品公司	府东副食品	01	太原市府东街 89 号 6689158	14036786497235836B	工行府东街支行 853479
0105	山西省安全消防器材专卖店	消防器材	01	太原市大众街 6582885	14012858967321436B	工行大众街支行 2783214569
0106	山西省大同运输公司	大同运输公司	01	大成路 29 号 8976598	14012852348167236B	工行大同分行 8975654
0107	山西建筑安装公司	山西建筑安装公司	01	太原市并州路 87 号 7865439	14020387651987636B	工行并州支行 7856433
0108	临汾市运输公司	临汾市运输公司	01		14272837898765436B	
0109	广州鼎盛包装盒厂	广州鼎盛包装盒厂	02	广州市 8795324	14083269574332136B	农业银行广州支行 4353980
0110	太原市平安运输公司	太原平安运输公司	01		14010419876505836B	
0111	古船面粉厂	古船面粉厂	01			工行五一支行 18351689
0112	双汇集团	双汇集团	01			建行双塔支行 6264831
0113	海南盛家粮油公司	海南盛家粮油	02	文明路 127 号 022-8532198	12032768521479536B	工行海南支行 1123658139
0114	太原大象养鸡场	太原大象养鸡场	01	上兰村 6549827	14067526598417536B	农行西宫支行 22875238
0115	太原市肉联厂	太原市肉联厂	01			中国银行 太原迎泽支行 1103357
0116	运城市面粉厂	运城市面粉厂	01			民生银行坞城路支行 3254968

续表

供应商编码	供应商名称	供应商简称	所属分类	地址和电话	纳税人登记号	开户银行及账号
0117	大同古城乳制品公司	大同古城乳制品公司	01	新建路 127 号	14322734896217536B	工行大同支行 12385281
0118	沃尔玛连锁超市	沃尔玛连锁超市	01	太原市长风街 6598779	14059122468796236B	建设银行长风支行 85963241
0119	太原市自来水公司	太原市自来水公司	01	太原市上马街 4022567	14025844794215436B	太原市商业银行上马街支行 263-73330796
0120	太原市北城供电局	太原市北城供电局	01	太原市北大街 3022545	14026233594614736B	工行北大街 276-81330796

（5）客户档案如表 8-10 所示。

表 8-10　　客 户 档 案

客户编码	客户名称	客户简称	所属分类	纳税人登记号	地址	开户银行
0101	华亿百货公司	华亿百货	01	14098765432123436B	太原上马街 12 号 3048765	工行五一支行 8765901
0102	广州鼎盛包装盒厂	广州鼎盛	02	14083269574332136B	广州 8795324	农业银行广州支行 4353980
0103	古交四通食品超市	古交四通食品	01	14263495632175636B	古交 2958426	工行古交营业部 65830297
0105	沃尔玛连锁超市	沃尔玛	01	14059122468796236B	太原长风街 6598779	建设银行长风街支行 85963241
0106	侯马家和超市	侯马家和	01	23456946135724936B	侯马 8916862	工行新田路支行 3563264589
0107	山姆士超市	山姆士	01	14045162314983036B	太原公园路 7022537	民生银行公园路分理处 53204972
0108	银虎便利超市	银虎便利	01			
0109	河北蓝天商厦	河北蓝天	02			农业银行邯郸支行 140153461
0110	盼盼食品商场	盼盼食品	01			工行大同南华支行 908765
0111	大同华丰超市	大同华丰	01			工行大同南关支行 890-24671256
0112	山西建筑公司	山西建筑公司	01	140105356789836B	五一路 8768965	民生银行太铁支行 123768797

4. 设置存货档案

根据下列信息设置存货档案。

（1）计量单位如表 8-11 所示。

表 8-11 计 量 单 位

计量单位组编码	计量单位组名称	计量单位组类别	计量单位编码	计量单位名称
01	主计量单位组	无换算率	0101	吨
			0102	千克
			0103	包
			0104	个
			0105	公里
			0106	台
			0107	套

（2）存货分类见表 8-12。

表 8-12 存 货 分 类

分类编码	分类名称
01	原材料
0101	原料及主要材料
0102	辅助材料
0103	燃料
02	周转材料
0201	包装物
0202	低值易耗品
03	产成品
04	应税劳务
05	固定资产①

（3）存货档案见表 8-13。

表 8-13 存 货 档 案

存货编码	存货名称	单位	所属分类	税率（%）	计划价格（元）	计价方式	存货属性
010101	面粉	千克	0101	10	2.6	计划价法	外购、生产耗用
010102	白糖	千克	0101	16	3.5	计划价法	外购、生产耗用

① 若使用 U872 版本，则不用建立“05 固定资产”分类。

续表

存货编码	存货名称	单位	所属分类	税率（%）	计划价格（元）	计价方式	存货属性
010103	鸡蛋	千克	0101	10	7	计划价法	外购、生产耗用
010104	盐	千克	0101	16	2.4	计划价法	外购、生产耗用
010105	植物油	千克	0101	10	11.6	计划价法	外购、生产耗用
010106	鲜牛奶	千克	0101	16	4.2	计划价法	外购、生产耗用
010107	蛋白胶	千克	0101	16	18.4	计划价法	外购、生产耗用
010108	猪肉	千克	0101	16	16	计划价法	外购、生产耗用
010109	红小豆	千克	0101	16	6.5	计划价法	外购、生产耗用
010110	牛肉	千克	0101	16	27	计划价法	外购、生产耗用
010111	桂花	千克	0101	16	12	计划价法	外购、生产耗用
010112	黄油	千克	0101	16	30	计划价法	外购、生产耗用
010201	添加剂	千克	0102	16	62	计划价法	外购、生产耗用
010202	香精	千克	0102	16	38	计划价法	外购、生产耗用
010203	机油	千克	0102	16	15	计划价法	外购、生产耗用
010204	酵母	千克	0102	16	14	计划价法	外购、生产耗用
010205	包装纸	包	0102	16	75	计划价法	外购、生产耗用
010301	汽油	千克	0103	16	5.6	计划价法	外购、生产耗用
010302	煤	吨	0103	16	200	计划价法	外购、生产耗用
020101	豆沙包包装袋	包	0201	16			外购、生产耗用
020102	奶黄包包装袋	包	0201	16			外购、生产耗用
020103	三明治包装盒	个	0201	16			外购、生产耗用
020104	牛肉汉堡包装盒	个	0201	16			外购、生产耗用
020201	消防栓	个	0202	16		先进先出法	外购、生产耗用
020202	劳保用品	包	0202	16			外购、生产耗用
020203	模具	套	0202	16			外购、生产耗用
0301	奶黄包	千克	03	16		全月平均法	内销、外销、自制
0302	豆沙包	千克	03	16		全月平均法	内销、外销、自制
0303	火腿三明治	千克	03	16		全月平均法	内销、外销、自制
0304	牛肉汉堡包	千克	03	16		全月平均法	内销、外销、自制
0401	运输费	公里	04	10			外购、应税劳务
0501	联想计算机①	台	05	16			外购、资产

① 若使用U872版本，则不用建立“0501 联想计算机”。

三、科目设置及期初余额录入

根据下列资料设置会计科目并录入各个科目的期初余额。

1. 会计科目

银行账：银行存款及其明细科目。

日记账：库存现金、银行存款及其明细科目。

应收系统受控科目：应收票据及其明细科目、应收账款、预收账款。

应付系统受控科目：应付票据及其明细科目、应付系统、预付账款。

2. 科目余额

相关资料见表 8-14～表 8-16。

表 8-14 科 目 余 额

科目编码	科目名称	辅助账类型	账页格式	余额方向	期初余额
1001	库存现金		金额式	借	10 080.06
1002	银行存款		金额式	借	
100201	工行北街支行基本存款户		金额式	借	1 900 000.00
100202	农行五一支行		金额式	借	464 401.00
100203	民生银行解放支行		金额式	借	550 000.00
1012	其他货币资金		金额式	借	
101201	存出投资款		金额式	借	5 462 875.00
101202	银行汇票		金额式	借	300 000.00
1101	交易性金融资产		金额式	借	
1121	应收票据	客户往来	金额式	借	
112101	商业承兑汇票	客户往来	金额式	借	
112102	银行承兑汇票	客户往来	金额式	借	174 000.00
1122	应收账款	客户往来	金额式	借	948 000.00
1123	预付账款	供应商往来	金额式	借	
1131	应收股利		金额式	借	
1132	应收利息		金额式	借	
1221	其他应收款		金额式	借	
122101	个人往来	个人往来	金额式	借	3 600.00
122102	部门往来	部门核算	金额式	借	46 440.00
1231	坏账准备		金额式	贷	
123101	应收账款		金额式	贷	7 740.00

续表

科目编码	科目名称	辅助账类型	账页格式	余额方向	期初余额
123102	其他应收款		金额式	贷	
123103	应收票据		金额式	贷	
123104	预付账款		金额式	贷	
1401	材料采购		金额式	借	
1402	在途物资		金额式	借	
1403	原材料		金额式	借	
140301	原料及主要材料		金额式	借	467 475.00
140302	辅助材料		金额式	借	102 915.00
140303	燃料		金额式	借	23 800.00
1404	材料成本差异		金额式	借	21 396.00
1405	库存商品	项目核算	金额式	借	614 610.00
1406	发出商品		金额式	借	
1408	委托加工物资		金额式	借	
1411	周转材料		金额式	借	
141101	包装物		金额式	借	96 000.00
141102	低值易耗品		金额式	借	54 375.00
1421	消耗性生物资产		金额式	借	
1471	存货跌价准备		金额式	贷	
1501	债权投资	项目核算	金额式	借	
150101	成本	项目核算	金额式	借	240 000.00
150102	利息调整	项目核算	金额式	借	7 919.94
1502	债权投资减值准备		金额式	贷	
1503	其他债权投资	项目核算	金额式	借	
150301	成本	项目核算	金额式	借	
150302	利息调整	项目核算	金额式	借	
150303	公允价值变动	项目核算	金额式	借	
1511	长期股权投资	项目核算	金额式	借	
151101	投资成本	项目核算	金额式	借	2 400 000.00
1512	长期股权投资减值准备		金额式	贷	
1521	投资性房地产	项目核算	金额式	借	
152101	成本	项目核算	金额式	借	350 000.00
152102	公允价值变动	项目核算	金额式	借	50 000.00

续表

科目编码	科目名称	辅助账类型	账页格式	余额方向	期初余额
1531	长期应收款		金额式	借	
1532	未实现融资收益		金额式	贷	
1601	固定资产		金额式	借	20 067 950.00
1602	累计折旧		金额式	贷	3 067 827.00
1603	固定资产减值准备		金额式	贷	
1604	在建工程		金额式	借	
160401	厂房		金额式	借	340 900.00
160402	职工健身房		金额式	借	1 356 300.00
1605	工程物资		金额式	借	
1606	固定资产清理		金额式	借	
1611	未担保余值		金额式	借	
1623	公益性生物资产		金额式	借	
1701	无形资产		金额式	借	
170101	专有技术		金额式	借	360 000.00
170102	土地使用权		金额式	借	4 500 000.00
1702	累计摊销		金额式	贷	
170201	专有技术		金额式	贷	36 000.00
170202	土地使用权		金额式	贷	300 000.00
1703	无形资产减值准备		金额式	贷	
1711	商誉		金额式	借	
1801	长期待摊费用		金额式	借	
1811	递延所得税资产		金额式	借	
181101	应收账款		金额式	借	1 935.00
181102	弥补亏损		金额式	借	15 982.50
181103	分期付款购入固定资产		金额式	借	173 399.28
1901	待处理财产损溢		金额式	借	
190101	待处理流动资产损溢		金额式	借	
2001	短期借款		金额式	贷	360 000.00
2101	交易性金融负债		金额式	贷	
2201	应付票据	供应商往来	金额式	贷	
220101	商业承兑汇票	供应商往来	金额式	贷	

续表

科目编码	科目名称	辅助账类型	账页格式	余额方向	期初余额
220102	银行承兑汇票	供应商往来	金额式	贷	504 384.00
2202	应付账款	供应商往来	金额式	贷	
220201	一般应付款	供应商往来	金额式	贷	2 363 332.28
220202	暂估应付款	供应商往来	金额式	贷	580.00
2203	预收账款	客户往来	金额式	贷	
2211	应付职工薪酬		金额式	贷	
221101	工资		金额式	贷	597 860.00
221102	职工福利费		金额式	贷	
221103	职工教育经费		金额式	贷	1 500.00
221104	工会经费		金额式	贷	4 800.00
221105	社会保险费		金额式	贷	177 300.00
221106	住房公积金		金额式	贷	60 000.00
221107	非货币性福利		金额式	贷	
2221	应交税费		金额式	贷	
222101	应交增值税		金额式	贷	
22210101	进项税额		金额式	借	
22210102	进项税额转出		金额式	贷	
22210103	销项税额		金额式	贷	
22210104	已交税金		金额式	借	
22210105	转出未交增值税		金额式	贷	
222102	未交增值税		金额式	贷	197 400.00
222103	简易计税		金额式	贷	
			金额式	借	
222105	应交所得税		金额式	贷	-735 000.00
222106	应交个人所得税		金额式	贷	2 140.00
222107	应交城市维护建设税		金额式	贷	13 818.00
222108	应交教育费附加		金额式	贷	5 922.00
222109	应交地方教育费附加		金额式	贷	3 948.00
222110	应交车船税		金额式	贷	
222111	应交房产税		金额式	贷	
222112	应交土地使用税		金额式	贷	

续表

科目编码	科目名称	辅助账类型	账页格式	余额方向	期初余额
2231	应付利息		金额式	贷	
223101	短期借款利息		金额式	贷	5 400.00
2232	应付股利		金额式	贷	
2241	其他应付款		金额式	贷	
2401	递延收益		金额式	贷	
2501	长期借款		金额式	贷	
250101	流动资金借款		金额式	贷	750 000.00
250102	专项资金借款		金额式	贷	
2502	应付债券		金额式	贷	
250201	成本		金额式	贷	
250202	利息调整		金额式	贷	
2701	长期应付款		金额式	贷	2 400 000.00
2702	未确认融资费用		金额式	借	498 072.00
2711	专项应付款		金额式	贷	
2801	预计负债		金额式	贷	
2901	递延所得税负债		金额式	贷	
290101	固定资产		金额式	贷	77 400.00
290102	投资性房地产		金额式	贷	12 500.00
290103	长期应付款		金额式	贷	124 518.00
3001	清算资金往来		金额式	借	
3002	货币兑换		金额式	借	
3101	衍生工具		金额式	借	
3201	套期工具		金额式	借	
3202	被套期项目		金额式	借	
4001	实收资本		金额式	贷	27 000 000.00
4002	资本公积		金额式	贷	
4003	其他综合收益		金额式	贷	
4101	盈余公积		金额式	贷	
410101	法定盈余公积		金额式	贷	200 000.00
410102	任意盈余公积		金额式	贷	55 380.00
4102	一般风险准备		金额式	贷	

续表

科目编码	科目名称	辅助账类型	账页格式	余额方向	期初余额
4103	本年利润		金额式	贷	4 055 624.00
4104	利润分配		金额式	贷	
410401	未分配利润		金额式	贷	-47 947.50
410402	法定盈余公积		金额式	贷	
410403	任意盈余公积		金额式	贷	
410404	应付股利		金额式	贷	
4201	库存股		金额式	借	
5001	基本生产成本	项目核算	金额式	借	
500101	直接材料	项目核算	金额式	借	
500102	直接人工	项目核算	金额式	借	
500103	制造费用	项目核算	金额式	借	
500104	间接计入	项目核算	金额式	借	
5002	辅助生产成本		金额式	借	
500201	机修车间		金额式	借	
5101	制造费用	项目核算	金额式	借	
5201	劳务成本		金额式	借	
5301	研发支出		金额式	借	
530101	费用化支出		金额式	借	
6001	主营业务收入		金额式	贷	
6051	其他业务收入		金额式	贷	
605101	租金收入		金额式	贷	
6061	汇兑损益		金额式	贷	
6101	公允价值变动损益		金额式	贷	
6111	投资收益		金额式	贷	
6301	营业外收入		金额式	贷	
6401	主营业务成本	项目核算	金额式	借	
6402	其他业务成本		金额式	借	
6403	税金及附加		金额式	借	
640301	城建税		金额式	借	
640302	教育费附加		金额式	借	
640303	地方教育费附加		金额式	借	

续表

科目编码	科目名称	辅助账类型	账页格式	余额方向	期初余额
640304	房产税		金额式	借	
640305	车船税		金额式	借	
640306	土地使用税		金额式	借	
6601	销售费用		金额式	借	
660101	运费		金额式	借	
660102	包装纸		金额式	借	
6602	管理费用		金额式	借	
660201	办公费		金额式	借	
660202	折旧费		金额式	借	
660203	职工薪酬		金额式	借	
660204	修理费		金额式	借	
660205	装修费		金额式	借	
660206	业务招待费		金额式	借	
660207	差旅费		金额式	借	
660208	电话费		金额式	借	
660209	无形资产摊销		金额式	借	
660210	水电费		金额式	借	
660211	其他		金额式	借	
6603	财务费用		金额式	借	
660301	利息费用		金额式	借	
660302	手续费		金额式	借	
660303	贴现利息		金额式	借	
660304	其他		金额式	借	
6701	资产减值损失		金额式	借	
6711	营业外支出		金额式	借	
671101	处置非流动资产损失		金额式	借	
671102	债务重组损失		金额式	借	
671103	捐赠支出		金额式	借	
671104	债务担保损失		金额式	借	
6801	所得税费用		金额式	借	
6901	以前年度损益调整		金额式	借	

表 8-15　其他应收款——个人往来

部门	个人	金额
采供部	张建设	3 600

表 8-16　其他应收款——部门往来

部门	金额
行政部	46 440

3. 指定科目

指定现金科目、银行科目、现金流量科目。

四、设置凭证类别

本实训凭证类别：记账凭证；限制类型：无限制。

录入或生成“记账凭证”均由指定的会计人员操作，含有库存现金和银行存款科目的记账凭证均需出纳签字。采用单一格式的复式记账凭证。对已记账的凭证修改，只采用红字冲销法。为保证财务与业务数据的一致性，能在业务系统生成的记账凭证不得在总账系统直接录入。根据原始单据生成记账凭证时，除特殊规定外不采用合并制单。出库单与入库单原始凭证以软件系统生成的为准。除指定业务外，收到发票同时支付款项的业务使用现付功能处理；开出发票同时收到款项的业务使用现结功能处理。

五、设置项目目录

根据下列资料和信息设置项目目录（见表 8-17～表 8-20）。

表 8-17　成 本 项 目

项目	名称	
项目大类	成本项目	
项目分类	1. 产品项目	2. 车间
具体项目	（1）奶黄包	（1）中点车间
	（2）豆沙包	（2）西点车间
	（3）火腿三明治	（3）馅料车间
	（4）牛肉汉堡包	

续表

项目	名称
核算科目	1405 库存商品
	5001 基本生产成本
	500101 直接材料
	500102 直接人工
	500103 制造费用
	500104 间接计入
	6401 主营业务成本

表 8-18 金融资产项目

项目	名称	
项目大类	金融资产项目	
项目分类	1. 股票	2. 债券
具体项目	盘江股份	（1）Y 债券
		（2）AB 债券
核算科目	1501 债权投资	
	150101 成本	
	150102 利息调整	
	1503 其他债权投资	
	150301 成本	
	150302 利息调整	
	150303 公允价值变动	

表 8-19 长期股权投资

项目	名称
项目大类	长期股权投资
项目分类	1. 长期股权投资
具体项目	（1）海蓝公司
	（2）恒兴公司
核算科目	1511 长期股权投资
	151101 投资成本

表 8-20　投资性房地产

项目	名称
项目大类	投资性房地产项目
项目分类	1. 投资性房地产
具体项目	（1）北大街门面房
	（2）南海街门面房
核算科目	1521 投资性房地产
	152101 成本
	152102 公允价值变动

六、设置结算方式

（1）结算方式见表 8-21。

表 8-21　结 算 方 式

结算方式编码	结算方式名称	结算方式编码	结算方式名称
1	现金结算	601	商业承兑汇票
2	支票	602	银行承兑汇票
201	现金支票	7	汇兑
202	转账支票	701	电汇
3	托收承付	702	信汇
4	委托收款	8	网银
5	银行汇票	9	其他
6	商业汇票		

（2）银行档案。取消中国工商银行、中国建设银行、中国农业银行企业账号定长。

（3）本单位开户行见表 8-22。

表 8-22　本单位开户行

编码	银行账号	开户行	所属银行编码
1	1287654279	工行北街支行	01

七、设置业务档案

根据下列资料和信息设置业务档案。

（1）仓库档案见表 8-23。

表 8-23 仓 库 档 案

仓库编码	仓库名称	计价方式	是否参与 MRP 运算	是否参与 ROP 计算	仓库属性	资产仓	计入成本
001	原材料库	计划价法	是	是	普通仓	否	是
002	周转材料库	先进先出法	是	是	普通仓	否	是
003	产成品库	全月平均法	是	是	普通仓	否	是
004	固定资产		否	否	普通仓	是	否

（2）收发类别见表 8-24。

表 8-24 收 发 类 别

收发类别编码	收发类别名称	收发标志
2	出库	发
21	销售出库	发
22	盘亏	发
22	生产领用	发
24	低值易耗品领用	发
25	其他出库	发
1	入库	收
11	采购入库	收
12	盘盈	收
13	产成品入库	收

（3）采购类型见表 8-25。

表 8-25 采 购 类 型

采购类型编码	采购类型名称	入库类别	是否默认值	是否委外默认值	是否列入 MPS/MR 计划
01	直接采购	采购入库	是	否	是

（4）销售类型见表 8-26。

表 8-26　销售类型

销售类型编码	销售类型名称	出库类别	是否默认值	是否列入 MPS / MR 计划
01	直接销售	销售出库	是	是

（5）费用项目及分类见表 8-27 和表 8-28。

表 8-27　费用项目分类

分类编码	分类名称
1	代垫费用

表 8-28　费用项目

费用项目编码	费用项目名称	费用项目分类名称
01	运输费	代垫费用

八、设置各模块初始数据

1. 总账

总账选项卡：凭证卡；可以使用应收受控科目，可以使用应付受控科目；在系统服务→权限→数据权限控制设置→去掉用户。

2. 应收系统

（1）应收系统账套参数设置。坏账处理方式：备抵法；不控制操作员权限。

（2）应收系统初始设置如表 8-29～表 8-32 所示。

表 8-29　基本科目设置

基础科目种类	科目	币种
应收科目	1122	人民币
预收科目	2203	人民币
商业承兑科目	112102	人民币
坏账入账科目	123101	人民币
销售收入科目	6001	人民币
税金科目	22210103	人民币
银行承兑科目	112102	人民币
商业承兑科目	112101	人民币

表 8-30 结算方式科目设置

结算方式	币种	科目
1 现金结算	人民币	1001
201 现金支票	人民币	100201
202 转账支票	人民币	100201
3 托收承付	人民币	100201
4 委托收款	人民币	100201
5 银行汇票	人民币	100201
601 商业承兑汇票	人民币	100201
602 银行承兑汇票	人民币	100201
701 电汇	人民币	100201
702 信汇	人民币	100201
8 网银	人民币	100201

坏账准备设置：坏账准备期初余额：7 740.00 元；坏账准备科目：123101；对方科目：6701；分析日期：单据日期。

表 8-31 坏账准备设置

起止天数	总天数	计提比率 / %
0～60	60	0.5
61～90	90	8

表 8-32 账龄区间设置

起止天数	总天数
0～60	60
61～90	90

（3）应收系统期初余额如表 8-33 和表 8-34 所示。

表 8-33 应收票据——银行承兑汇票

单据编号	收到日期	签发日期	到期日	客户	币种	科目	票据面值
68791083	2019-10-25	2019-10-25	2020-1-25	盼盼食品商场	人民币	112102	60 000
63251049①	2019-10-03	2019-10-03	2019-12-4	河北蓝天商厦	人民币	112102	54 000
1032568	2019-09-25	2019-09-25	2019-12-25	大同华丰超市	人民币	112102	60 000

① 铺白框底的单据编号需要修改对应的银行承兑汇票票据号。

表 8-34　　应 收 账 款

单据类型	单据日期	客户	币种	科目	金额
其他应收单	2019-10-29	广州鼎盛包装盒厂	人民币	1122	367 500
其他应收单	2019-11-20	广州鼎盛包装盒厂	人民币	1122	3 000
其他应收单	2019-10-12	沃尔玛连锁超市	人民币	1122	162 000
其他应收单	2019-10-02	古交四通食品超市	人民币	1122	45 000
其他应收单	2019-11-12	侯马家和超市	人民币	1122	30 000
其他应收单	2019-09-20	侯马家和超市	人民币	1122	160 500
其他应收单	2019-11-16	银虎便利超市	人民币	1122	180 000

3. 应付系统

（1）应付系统账套参数设置。采购科目依据：按采购类型；不控制操作员权限。

（2）应付系统初始设置见表 8-35 和表 8-36。

表 8-35　　基本科目设置

基础科目种类	科目	币种
应付科目	220201	人民币
预付科目	1123	人民币
商业承兑科目	220102	人民币
银行承兑科目	220101	人民币
采购科目	1401	人民币
税金科目	22210101	人民币

表 8-36　　结算方式科目设置

结算方式	币种	科目
1 现金结算	人民币	1001
201 现金支票	人民币	100201
202 转账支票	人民币	100201
3 托收承付	人民币	100201
4 委托收款	人民币	100201
5 银行汇票	人民币	100201
601 商业承兑汇票	人民币	100201
602 银行承兑汇票	人民币	100201
701 电汇	人民币	100201
702 信汇	人民币	100201
8 网银	人民币	100201

（3）应付系统期初余额见表 8-37 和表 8-38。

表 8-37　　应付票据——银行承兑汇票

单据编号	单据日期	供应商	币种	科目	方向	原币金额
01657358	2019-11-06	古船面粉厂	人民币	220102	贷	355 440
32106586	2019-10-26	双汇集团	人民币	220102	贷	148 944

表 8-38　　应付账款——一般应付款

单据类型	单据日期	供应商	币种	科目	方向	金额
其他应付单	2019-11-13	太原大象养鸡场	人民币	220201	贷	193 500
其他应付单	2019-11-30	运城市面粉厂	人民币	220201	贷	208 931.3
其他应付单	2019-11-21	府东副食品公司	人民币	220201	贷	1 062 531
其他应付单	2019-11-26	太原市肉联厂	人民币	220201	贷	363 000
其他应付单	2019-11-09	海南盛家粮油公司	人民币	220201	贷	535 370

4. 固定资产

（1）固定资产选项设置。初始化；固定资产对账科目：1601 固定资产；累计折旧对账科目：1602 累计折旧；在对账不平情况下允许固定资产月末结账；不自动填补卡片断号；其他按系统默认，如表 8-39 所示。

表 8-39　　与账务系统接口

项目	科目
固定资产缺省入账科目	1601 固定资产
累计折旧缺省入账科目	1602 累计折旧
减值准备缺省入账科目	1603 固定资产减值准备
增值税进项税额缺省入账科目	22210101 进项税额
固定资产清理缺省入账科目	1606 固定资产清理

（2）部门对应折旧科目见表 8-40。

表 8-40　　部门对应折旧科目

部门名称	折旧科目
行政部门	
办公室	660202 折旧费

续表

部门名称	折旧科目
财务部	660202 折旧费
劳资部	660202 折旧费
行政部	660202 折旧费
生产部	660202 折旧费
营销部	660202 折旧费
采供部	660202 折旧费
生产部门	
中点车间	510101 中点车间
西点车间	510102 西点车间
机修车间	500201 机修车间
馅料车间	510103 馅料车间

（3）资产类别见表 8-41。

表 8-41　资 产 类 别

类别编码	类别名称	使用年限	净残值率（%）	计提属性	折旧方法	卡片样式
01	房屋建筑物	20	4.00	正常计提	平均年限法（一）	含税卡片样式
02	机器设备	15	10.00	正常计提	平均年限法（一）	含税卡片样式
03	运输设备	8	4.00	正常计提	平均年限法（一）	含税卡片样式
04	管理设备	5	4.00	正常计提	平均年限法（一）	含税卡片样式

（4）增减方式见表 8-42。

表 8-42　增 减 方 式

增减方式名称	
增加方式	减少方式
直接购入	出售
投资者投入	盘亏
捐赠	投资转出
盘盈	捐赠转出
在建工程转入	报废
融资租入	毁损
	转投资性房地产
	拆分减少

（5）固定资产原始卡片见表 8-43。

表 8-43 固 定 资 产

资产编号	资产名称	开始使用日期	使用年限	原值	净残值率 / %	累计折旧
100001	厂房——中点车间	2015-4-1	240	750 000.00	4.00	129 000
100002	设备——中点车间	2015-4-1	180	2 460 000.00	10.00	528 900
100003	厂房——西点车间	2015-12-1	240	1 560 000.00	4.00	218 400
100004	设备——西点车间	2016-5-1	180	2 892 000.00	10.00	433 800
100005	烤箱	2003-1-1	180	108 000.00	10.00	96 120
100006	厂房——机修车间	2016-6-1	240	630 000.00	4.00	73 080
100007	设备——机修车间	2016-7-1	180	480 000.00	10.00	67 200
100008	厂房——馅料车间	2016-5-1	240	750 000.00	4.00	90 000
100009	设备——馅料车间	2016-7-1	180	510 000.00	10.00	71 400
100010	房屋——管理部门	2017-5-1	240	4 870 000.00	4.00	350 640
100011	运输设备——管理部门	2017-8-1	96	3 039 000.00	4.00	455 850
100012	管理设备——管理部门	2016-10-1	60	1 288 950.00	4.00	402 797
100013	房屋	2013-9-1	240	530 000.00	4.00	131 440
100014	南海街门面房	2016-11-1	240	200 000.00	4.00	19 200
				20 067 950.00		3 067 827

5. 销售系统

销售选项设置。不允许超订量发货；不勾选销售生成出库单、销售必填批号和报价含税；新增发票默认不参照单据；浮动换算率以数量为主；取价方式为最新售价；其他按系统默认。

6. 采购系统

（1）采购选项设置。单据进入方式为空白单据；浮动换算率以数量为准；其他按系统默认。

（2）期初采购入库单见表 8-44。

表 8-44 期初采购入库单

仓库	入库日期	供货单位	部门	采购类型	业务类型	入库类别	存货名称	单位	数量	单价	金额
原材料库	2019-03-31	海南盛家粮油	采供部	直接采购	普通采购	采购入库	植物油	千克	50	11.60	580.00

（3）采购期初记账。

7. 库存系统

（1）库存选项设置。浮动换算率的计算规则以数量为主；采购入库审核时改现存量；销售出库审核时改现存量；产成品入库审核改现存量；材料出库审核时改现存量；其他出入库审核时改现存量；库存生成销售出库单；记账后不允许取消审核；自动带出单价的单据：采购入库单、材料出库单；入库单成本参考计划单价；出库单成本参考计划单价；允许超预计可用量出库；其他按系统默认。

（2）库存期初结存如表 8-45～表 8-48 所示。

表 8-45 原材料及主要材料期初余额

材料类别、名称		数量	计量单位	计划单价 / 元	金额
原料及主要材料	面粉	90 000	kg	2.6	234 000
	白糖	6 050	kg	3.5	21 175
	鸡蛋	2 100	kg	7	14 700
	盐	2 800	kg	2.4	6 720
	植物油	800	kg	11.6	9 280
	鲜牛奶	1 000	kg	4.2	4 200
	蛋白胶	1 000	kg	18.4	18 400
	猪肉	1 100	kg	16	17 600
	红小豆	5 000	kg	6.5	32 500
	牛肉	1 500	kg	27	40 500
	桂花	700	kg	12	8 400
	黄油	2 000	kg	30	60 000
	小计				467 475
辅助材料	添加剂	850	kg	62	52 700
	香精	620	kg	38	23 560
	机油	377	kg	15	5 655
	酵母	1 500	kg	14	21 000
	包装纸		包	75	
	小计				102 915
燃料	汽油	1 500	kg	5.6	8 400
	煤	77	吨	200	15 400
	小计				23 800
合计					594 190

表 8-46 库存商品期初余额

品名	数量	计量单位	单位成本 / 元	金额
奶黄包	18 000	kg	6.1	109 800
豆沙包	27 000	kg	6.2	167 400
火腿三明治	29 250	kg	8.3	242 775
牛肉汉堡包	10 515	kg	9	94 635
合计	—	—	—	614 610

表 8-47 周转材料——包装物期初余额

名称	数量	单位	单价 / 元	金额
豆沙包包装袋	600	包	30	18 000
奶黄包包装袋	600	包	30	18 000
三明治包装盒	60 000	个	0.5	60 000
牛肉汉堡盒	60 000	个	0.5	60 000
合计				96 000

表 8-48 周转材料——低值易耗品期初余额

名称	数量	单位	单价 / 元	金额
劳保用品	762	包	20	15 240
模具	1 500	套	26.09	39 135
合计				54 375

8. 存货系统

（1）存货选项设置。销售成本核算方式按销售出库单；单据审核后才能记账；浮动换算率设置录入单据是以数量为主；其他按系统默认。

（2）期初数据见表 8-49。期初余额，点击取数。

表 8-49 期 初 差 异

存货编码	存货名称	数量	金额	差异	差异科目
01	原材料	118 974	594 190.00	21 396.00	
0101	原料及主要材料	114 050	467 475.00	13 253.00	
010112	黄油	2 000	60 000.00	1 615.00	材料成本差异
010111	桂花	700	8 400.00	893.00	材料成本差异

续表

存货编码	存货名称	数量	金额	差异	差异科目
010110	牛肉	1 500	40 500.00	629.00	材料成本差异
010109	红小豆	5 000	32 500.00	1 134.00	材料成本差异
010108	猪肉	1 100	17 600.00	1 883.00	材料成本差异
010107	蛋白胶	1 000	18 400.00	518.00	材料成本差异
010106	鲜牛奶	1 000	4 200.00	387.00	材料成本差异
010105	植物油	800	9 280.00	519.00	材料成本差异
010104	盐	2 800	6 720.00	1 305.00	材料成本差异
010103	鸡蛋	2 100	14 700.00	2 059.00	材料成本差异
010102	白糖	6 050	21 175.00	2 183.00	材料成本差异
010101	面粉	90 000	234 000.00	128.00	材料成本差异
0102	辅助材料	3 347	102 915.00	6 173.00	
010204	酵母	1 500	21 000.00	1 725.00	材料成本差异
010203	机油	377	5 655.00	109.00	材料成本差异
010202	香精	620	23 560.00	1 987.00	材料成本差异
010201	添加剂	850	52 700.00	2 352.00	材料成本差异
0103	燃料	1 577	23 800.00	1 970.00	
010302	煤	77	15 400.00	1 538.00	材料成本差异
010301	汽油	1 500	8 400.00	432.00	材料成本差异
合计		118 974	594 190.00	21 396.00	

（3）科目设置见表 8-50 和表 8-51。

表 8-50　　　　存货科目

仓库编码	仓库名称	存货分类编码	存货分类名称	存货科目编码	存货科目名称	差异科目编码	差异科目名称
001	原材料库	0101	原料及主要材料	140301	原料及主要材料	1404	材料成本差异
001	原材料库	0102	辅助材料	140302	辅助材料	1404	材料成本差异
002	周转材料库	0201	包装物	141101	包装物	1404	材料成本差异
002	周转材料库	0202	低值易耗品	141102	低值易耗品		
003	产成品库	03	产成品	1405	库存商品		

表 8-51 对方科目

收发类别编码	收发类别名称	对方科目编码	对方科目名称	暂估科目编码	暂估科目名称
11	采购入库	1401	材料采购	220202	暂估应付款
21	销售出库	6401	主营业务成本		

（4）存货期初记账

9. 薪资管理

（1）薪资选项设置。本账套所需处理的工资类别个数：单个；不从工资中代扣个人所得税；不设置扣零；其他按系统默认。

（2）人员档案。批量增加人员档案。

（3）工资项目见表 8-52。

表 8-52 工资项目

工资项目名称	类型	长度	小数	增减项
月基本工资	数字	8	2	增项
经常性奖金	数字	8	2	增项
津贴补贴	数字	8	2	增项
加班加点工资	数字	8	2	增项
病假扣款	数字	8	2	减项
事假扣款	数字	8	2	减项
养老保险	数字	8	2	减项
医疗保险	数字	8	2	减项
失业保险	数字	8	2	减项
住房公积金	数字	8	2	减项
个人所得税	数字	8	2	减项
应付工资	数字	8	2	其他

（4）工资项目公式设置见表 8-53。

表 8-53 工资项目公式设置

工资项目名称	公式设置
养老保险	应付工资 ×0.08

续表

工资项目名称	公式设置
医疗保险	应付工资 ×0.02
失业保险	应付工资 ×0.005
住房公积金	应付工资 ×0.06
应付工资	月基本工资 + 经常性奖金 + 津贴补贴 + 加班加点工资 − 病假扣款 − 事假扣款

（5）工资分摊。见表 8-54 和表 8-55。计提类型名称：计提工资；分摊计提比例：100%。

表 8-54　　分　摊　表

部门名称	人员类别	工资项目	借方科目	借方项目大类	借方项目	贷方科目
办公室 财务部 劳资部 行政部 生产部 营销部 采供部	企管人员	应付工资	660201			221101
中点车间	生产管理	应付工资	5101	成本项目	中点车间	
西点车间	生产管理	应付工资	5101	成本项目	西点车间	
馅料车间	生产管理	应付工资	5101	成本项目	馅料车间	
中点车间	生产人员	应付工资	500102	成本项目	中点车间	
西点车间	生产人员	应付工资	500102	成本项目	西点车间	
馅料车间	生产人员	应付工资	500102	成本项目	馅料车间	

其他计提类型见表 8-55，分摊表同计提工资。

表 8-55　　其他计提类型

计提类型名称	分摊计提比例
计提住房公积金	10%
计提社会保险费	29.55%
计提工会经费	2%
计提职工教育经费	2.5%

九、业务处理

根据企业发生的业务（见实训五）在 U8 系统中的系统管理、总账、薪资管理、固定资产、采购管理、销售管理、库存管理、存货核算、应收款管理、应付款管理和 UFO 报表模块中依次进行业务处理。

参考文献

[1] 全国人民代表大会常务委员会. 中华人民共和国会计法，1999

[2] 财政部. 企业会计准则，2018

[3] 财政部 税务总局 海关总署关于深化增值税改革有关政策的公告，2019

[4] 财政部 关于修订印发 2019 年度一般企业财务报表格式的通知，2019

[5] 财政部，国家档案局. 会计档案管理办法，2015

[6] 赵丽生. 会计基础 [M]. 2 版 . 北京：高等教育出版社，2019

反盗版举报电话 （010）58581999 58582371 58582488

反盗版举报传真 （010）82086060

反盗版举报邮箱 dd@hep.com.cn

通信地址 北京市西城区德外大街4号

高等教育出版社法律事务与版权管理部

邮政编码 100120

资源服务提示

共享课

访问国家精品开放课程共享平台——爱课程网（http://www.icourses.cn），以前未在本网站注册的用户，请先注册。用户登录后，在“资源共享课”频道搜索本书对应课程“会计综合实训”进行在线学习。用户可以在爱课程网主页下载“爱课程”移动客户端，通过该客户端在线学习本书对应课程的教学视频。

资源服务电子邮箱：songchen@hep.com.cn 咨询电话：（010）58581854

高教社高职会计专业教师交流及资源服务 QQ 群：708994051

会计综合实训（第三版）学习指导手册

KUAIJI ZONGHE SHIXUN XUEXI ZHIDAO SHOUCE

主编 董京原
副主编 高慧云 李妍

高等教育出版社·北京

目 录

第一部分
实训指导

1. 借款业务办理
2. 红字冲销上月月末暂估入账材料业务办理
3. 支付基建款业务办理
4. 采购入库未付款业务办理
5. 商业汇票到期托收业务办理
6. 费用报销业务办理
7. 采购并入库包装纸业务办理、增值税专用发票的认知与填制、入库单的填制
8. 材料领用业务办理
9. 收到托收款项业务办理
10. 采购固定资产付款业务办理
11. 纳税业务办理
12. 发行债券业务办理
13. 在建工程竣工验收业务办理
14. 购买交易性金融资产业务办理
15. 出租不动产收取租金业务办理，转账支票、发票及进账单的签发、填制
16. 采购材料验收入库、付款业务办理
17. 上交社会保险费、住房公积金、工会经费业务办理
18. 上月采购本月收到发票并付款业务办理、电汇结算业务办理
19. 银行汇票申领业务办理
20. 收到银行签发的银行汇票的审核
21. 采购低值易耗品付款并直接领用业务办理
22. 出租有形动产收取租金业务办理
23. 网银支付结算业务办理
24. 采购入库未收到发票等原始凭证业务处理
25. 职工罚款业务办理
26. 非货币性职工薪酬业务办理
27. 利息收入业务办理
28. 固定资产修理费业务办理
29. 坏账损失确认
30. 预付款业务办理
31. 固定资产装修费业务处理
32. 持银行汇票采购入库付款业务办理
33. 购入债券业务办理
34. 收到股利业务办理

35. 固定资产报废转销业务办理
36. 产成品入库业务办理
37. 包装物领用业务办理
38. 低值易耗品领用业务办理
39. 业务招待费处理
40. 以固定资产对外投资业务办理
41. 收到发行债券款业务办理
42. 销售并代垫运费业务处理
43. 银行手续费业务办理
44. 职工餐费补助业务办理
45. 职工教育经费开支业务处理
46. 在建工程确认业务办理
47. 短期借款利息确认业务
48. 长期借款利息费用确认
49. 采购业务运费处理
50. 销售折让业务办理流程
51. 出售固定资产业务办理
52. 销售产品以银行汇票结算
53. 贴现业务办理
54. 发货式销售商品
55. 销售产品以商业汇票结算业务办理
56. 偿还应付账款业务办理
57. 非货币性资产交换业务办理
58. 债务重组业务办理
59. 非货币性职工福利费（以自产产品作为非货币性职工福利）计提业务办理
60. 报销差旅费业务办理
61. 捐赠业务办理
62. 现金与往来款项清查业务办理
63. 销售领用包装纸业务处理
64. 同城特约委托收款支付水电费业务办理
65. 固定资产转作投资性房地产业务办理
66. 运费业务办理
67. 无形资产研发费用（费用化）业务办理
68. 分期付款购入固定资产业务办理
69. 未确认融资费用的摊销额计算
70. 无形资产摊销业务
71. 汇总入库材料核算
72. 存货清查工作
73. 汇总发出材料业务办理
74. 计提坏账准备业务办理
75. 计提可供出售金融资产减值准备工作
76. 预计负债计提业务办理
77. 工资计算工作
78. 计提个人所得税业务办理
79. 工资结算汇总表编制
80. 货币性职工薪酬计算分配工作
81. 债权投资核算
82. 辅助生产成本的分配
83. 制造费用分配业务办理
84. 产品成本计算
85. 交易性金融资产、投资性房地产期末计价
86. 月末应交增值税转未交增值税
87. 城建税与教育费附加等附加税费核算
88. 财产税核算
89. 长期股权投资核算
90. 前期重大差错更正
91. 所得税费用核算
92. 利润分配业务

1. 借款业务办理

【工作过程】董事会（或经理会议）通过项目融资方案，出具融资方案会议报告—财务部门准备授信材料交至银行办理授信—银行公司部评估企业授信等级—银行风险部主持召开审贷会—分行行长同意审贷会意见—出具授信批复文件—银行对公司的相关文件进行核保面签—签订借款合同—银行放款—企业综合会计审核制单—会计主管审核—出纳人员审核、办理收款并在原始凭证处盖“收讫”章—出纳在记账凭证处签章并登记银行存款日记账—综合会计登记长期借款明细账—会计主管保管凭证—按旬编制“科目汇总表”后登记总账。

【业务认知】本业务为长期借款业务。① 长期借款办理的关键是从银行获得授信额度后再使用。需提供给银行的授信材料主要包括：“加载了社会统一信用代码的营业执照”（年检合格的），（法人、财务负责人、经办人）身份证复印件，贷款卡（经年检），验资报告，公司章程，董事会成员名单及主要负责人工作履历介绍，相关生产经营许可证，法定代表人、总经理、财务主管个人征信授权书，董事会或股东会申请贷款的决议，企业征信授权书，企业简介及未来发展规划，企业关联公司情况说明，近三年经审计的财务报告、报表及最近一个月的月报表（资产负债表、利润表、现金流量表）。② 明确借款的用途，分别确认为短期借款、长期一般借款、长期专门借款，为借款费用的核算打下基础。借款费用可资本化的，应按照先占用“专门借款”，再占用“一般借款”，最后占用“自有资金”的顺序来进行，这就需要我们记清每一笔银行借款的金额及性质，是专门借款还是一般借款。

2. 红字冲销上月月末暂估入账材料业务办理

【工作过程】复印上月入账材料的记账凭证和原始凭证，加盖“复印无误”的印鉴—成本会计审核制单—会计主管审核—成本会计登记明细账—会计主管保管凭证—按旬编制“科目汇总表”后登记总账。

【业务认知】本业务为“冲销上月估价入账材料”业务。该业务一般以上月月末估价入账时编制的记账凭证和入库时的原始凭证的复印件作为原始凭证。以复印件为原始凭证的，为防止利用复印件变造会计凭证，应在复印件上加盖红色“复印无误”印鉴。

【实务操作】材料成本差异的计算。本业务中“材料成本差异”一般在收到凭证后，在实际入账月份进行计算。

3. 支付基建款业务办理

【工作过程】基建办填制“付款审批单”并经审批后取得发票等原始凭证交财务部门—综合会计审核、制单—会计主管审核—出纳人员审核、办理付款—出纳在原始凭证上盖“付讫”章，在记账凭证处签章并登记银行存款日记账—综合会计登记预付账款明细账—会计主管保管凭证—按旬编制“科目汇总表”后登记总账。

【业务认知】本业务为预付基建款业务。预付基建款业务时，不应确认“在建工程”，应将预付的基建款确认为“预付账款”。在建工程的成本应按合同确定的完工进度，采用完工百分比法分期确认，填制“工程形象进度审批表”作为确认在建工程的原始凭证。

【实务操作】按照《关于建筑服务等营改增试点政策的通知》（财税〔2017〕58号）的要求，纳税人提供建筑服务取得预收款，应在收到预收款时，以取得的预收款扣除支付的分包款后的余额，按照下列情况预缴增值税：按照现行规定应在建筑服务发生地预缴增值税的项目，纳税人收到预收款时在建筑服务发生地预缴增值税。按照现行规定无须在建筑服务发生地预缴增值税的项目，纳税人收到预收款时在机构所在地预缴增值税。适用一般计税方法计税的项目预征率为2%，适用简易计税方法计税的项目预征率为3%。因此，本业务中承建方开具的原始凭证为收据，企业应根据收据办理预付款业务，不能进行增值税进项税额的扣除。

4. 采购入库未付款业务办理

【工作过程】使用材料部门填制采购申请书—库房签字证明材料的现有情况—供应部门签订合同—将已生效的合同送达财务部并办理签收手续—采购人员将所购货物经质量验收后交付保管员—保管员填制入库单并经审核—供应部填制“资产采购入库批准单”并经批准—材料成本会计登记该材料明细账中的“数量”栏—采购并当月取得发票的—材料成本会计审核原始凭证并编制记账凭证—会计主管审核—成本会计登记材料采购明细账，综合会计登记应付账款、应交税费等明细账—会计主管保管凭证—按旬编制“科目汇总表”后登记总账。

【业务认知】本业务为材料采购业务。① 材料采购成本为买价+采购费用（运费、装卸费、保险费、运输途中的合理损耗、入库前的挑选整理费、关税等可计入成本的项目）。② 填制“资产采购入库批准单”。采购业务发生会取得发票等凭证，无论是否付款均填制该凭证，记录供应方、发票号、入库单、合同号、材料采购成本等信息，综合反映采购的内容，证明该资产是授权审批所购入的并为采用财务软件中的“供、销、存”系统核算收集信息，为会计信息化核算奠定基础。③“付款审批单”是采购原材料、固定资产及支付工程款等业务的付款审批证明，如为赊购，入库时只需填写“资产采购入库批准单”；如为现购或预付款采购，则需再填写“付款审批单”并经批准后办理付款。④ 如月末尚未收到发票，先根据该材料的单位计划成本填制入库单，暂估入账；待下月月初红字冲销，再根据取得的发票等原始凭证入账。

【实务操作】① 由于采用计划成本法核算材料，登记材料明细账时只登记材料的数量，不登记金额，月末结账时，按单位计划成本，计算并登记材料出入库金额。如单位采用实际成本法，则按计价方法登记数量、单价和金额。② 材料采购采用横线登记式账页，反映采购并入库情况。登记横线登记式明细账页时，应正确记录“材料采购”明细账的“材料成本差异栏”，将节约差异记入“材料采购”明细账下设“材料成本差异”专栏的借方，超支差异记入贷方。③ 注意“资产采购入库审批单”与“入库单”“发票”等原始凭证的一致性，为信息化核算打下基础。

5. 商业汇票到期托收业务办理

【工作过程】出纳人员根据“应收票据”辅助账簿记录，确定即将到期的商业汇票—在商业汇票背面“被背书人”处加盖银行预留印鉴—在银行填制“托收凭证”—办理到期商业汇票托收—取得托收凭证第一联（回单联）并保存。

【业务认知】本业务为商业汇票到期托收业务。商业汇票分商业承兑汇票和银行承兑汇票，企业销售商品、提供劳务后，如收到客户签发或背书转让的商业汇票，应根据“商业汇票复印件”入账并登记辅助账簿，记明票据签发人、出票日、到期日、利率、到期额等内容；票据到期前，出纳人员应按上述工作过程及时办理商业汇票托收业务。如果在票据到期后十日内没有办理托收手续的，票据作废，但票据权利仍存在。债权人应该通过其他有效途径收回债权。

【实务操作】① 背书时签章应满足银行审核预留印鉴的要求，印鉴要清晰，应采用油印印泥，不可采用水印印泥，如为连续背书，应注意在“粘单”处盖骑缝预留印鉴。② 托收时填写“托收凭证”并将商业票据复印留档，“托收凭证”的“受理回单”联不可作为收到款项的入账依据，但需妥善保管；待收到托收凭证的“收账通知”联时，方可作为银行存款增加的入账依据。

6. 费用报销业务办理

【工作过程】区分费用发生时付款、费用发生后报销付款两种情况。

（1）费用发生时付款：部门申请—计划内审批（计划外请示）—批准—办理借款手续并入账—支付费用—取得发票、收据等原始凭证—填制“费用报销审批表”并附发票等原始凭证—经审核会计、部门领导、单位负责人、会计机构负责人审批—费用核算会计编制记账凭证—会计主管审核—会计人员开具“收据”交经办人员以冲销借款—费用核算会计登记费用明细账—综合会计登记其他应收款等相关明细账—会计主管保管凭证—按旬编制“科目汇总表”后登记总账。

（2）费用发生后报销付款：部门申请—计划内审批（计划外请示）—批准（如费用发生后报销付款）—发生费用取得发票、收据等原始凭证—填制“费用报销审批表”并附发票等原始凭证—经审核会计、部门领导、单位负责人、会计机构负责人审批—费用核算会计编制记账凭证—会计主管审核—出纳人员据以付款，并在原始凭证上加盖“付讫”戳记，在记账凭证上签名—出纳人员登记现金、银行存款日记账—费用核算会计登记费用明细账—会计主管保管凭证—按旬编制“科目汇总表”后登记总账。

【业务认知】本业务为“费用发生后报销付款”业务。① 根据经办人提供的发票及收款人开户银行及账号等信息，由出纳签发转账支票，由预留印鉴管理者分别签章后由出纳办理转账付款，以转账支票存根为入账依据。② 根据发票等原始凭证确认费用，按照费用报销审批单上的费用受益部门，将费用分别确认为管理费用、销售费用等。

【实务操作】费用报销业务，特别是现金付款报销业务办理时需注意，出纳人员应根据制单人员编制并审核无误的记账凭证办理付款业务，不可由出纳人员先行取得报销凭证并办理付款后，再由会计人员编制记账凭证，以防止出纳人员利用“变造（加大）报销凭证金额，少付多记”的手段进行贪污舞弊。

7. 采购并入库包装纸业务办理、增值税专用发票的认知与填制、入库单的填制

【工作过程】采购入库未付款业务办理流程见实训指导 4。

【业务认知】本业务为采购包装纸业务。包装纸作为辅助材料，应确认为“原材料”而非“包装物”，本业务应根据采购买价确认实际成本。

【实务操作】① 认知增值税专用发票。增值税专用发票至少应有三联，分别为记账联、抵扣联、发票联。采购材料时，应取得“抵扣联”和“发票联”。其中“发票联”作为采购成本的原始凭证，抵扣联作为企业申报抵扣增值税进项税额时的抵扣凭证。抵扣联只有在规定的期限内认证相符才能顺利抵扣进项税额。目前，增值税发票的认证方式有扫描认证、上门认证和勾选认证三种方式。扫描认证是由纳税人自行扫描、识别专用发票抵扣联票面信息，生成电子数据，通过网络传输至税务机关，由税务机关完成解密和认证，并将认证结果信息返回纳税人的认证方式；上门认证是指纳税人携带增值税专用发票抵扣联等资料，到税务机关申报征收窗口或者自助办税机（ARM 机）进行认证的方式。勾选认证是纳税人登录增值税发票选择确认平台，进行勾选确认。为了保证抵扣联顺利认证相符，在扫描认证和上门认证情况下，会计人员应妥善保管抵扣联，不得在其密码区留有指甲、笔迹等痕迹，如不慎破坏了密码区，抵扣联将无法通过税务机关认证，即无法进行进项税额抵扣。销售商品时，填制发票并将“抵扣联”和“发票联”交与购买方后，以“记账联”作为销售收入的入账依据。审核“增值税专用发票”时首先需审核票据本身的真实性，即发票是否为国家税务局监制的合法发票；其次应审核发票上所填列的内容的真实性、合法性、正确性和完整性。② 增值税专用发票填制与审核操作要求见《指导手册》第二部分表 6。③ 填制“入库单”时，应根据“入库单”的项目填列，企业的入库单可一单一料，也可一单多料。在计划成本法下，还应在“入库单”上填写单位计划成本和计划成本总额。入库单填制操作要求见《指导手册》第二部分表 7。

8. 材料领用业务办理

【工作过程】材料使用部门填制“领料单”并经审批—仓库据以发出材料—材料成本会计登记该材料明细账中的“数量”栏—成本会计保管“领料单”，月末编制发料凭证汇总表。

【业务认知】本业务为领料业务。企业领用材料应按材料用途分别计入产品成本、辅助生产成本、制造费用、管理费用、销售费用等。由于企业领用材料业务频繁发生，为了提高工作效率，通常可按 5 天、10 天、15 天、1 个月进行汇总，一并按受益对象进行材料费用分配。万家食品有限公司的制度规定每月汇总一次，平时成本会计收到“领料单”时只登记该材料明细账的“数量”栏，月末再编制记账凭证，根据单位计划成本登记发出材料的总额。

【实务操作】填制“领料单”时，应根据“领料单”的项目填列，企业的领料单应首先确认领料单位，不同的领料单位不可合并填列一张“领料单”，同一领料单位可一单多料。

9. 收到托收款项业务办理

【工作过程】出纳人员取得托收凭证“收账通知”联—综合会计编制记账凭证—会计主管审核—出纳人员审核，在原始凭证上加盖“收讫”章，在记账凭证上签字，登记银行存款日记账，注销应收票据辅助账簿的备查记录—综合会计登记“应收票据”明细账—会计主管保管凭证—按旬编制“科目汇总表”后登记总账。

【业务认知】本业务为收回应收票据业务。为了记录商业票据的签发人、持票人、出票日期、到期日、利率、到期额等信息，对即将到期的商业票据及时办理托收手续，收回企业债权，企业应设置“应收票据”“应付票据”备查账簿，对有关信息进行记录。企业也可以以“资金日报表”的形式记录每日经手的商业汇票，起到备查登记的作用。

【实务操作】审核“托收凭证”的收账通知联，除审核其正确性外，要特别注意审核是否加盖银行“转讫”章。

10. 采购固定资产付款业务办理

【工作过程】固定资产需求单位填制采购申请书—审批—供应部门签订合同—将已生效的合同送达财务部并办理签收手续—供应人员将固定资产移交使用单位，填制“固定资产交接单”并经审核签字—供应部填制“资产采购入库批准单”并经批准—需付款的，填制“付款审批单”—综合会计审核原始凭证，编制记账凭证—会计主管审核—出纳人员办理付款业务，在记账凭证上签字，在原始凭证上加盖“付讫”章，登记现金、银行存款日记账—综合会计登记固定资产明细卡片、应交税费等明细账—会计主管保管凭证—按旬编制“科目汇总表”后登记总账。

【业务认知】固定资产采购业务。固定资产采购成本为：买价 + 采购费用 + 安装调试费。采购固定资产可以赊购或现购。如为赊购，应根据“资产采购入库批准单”“发票”“运单”及其他采购成本的凭证、固定资产交接单入账，如为现购业务，应填制“付款审批单”经批准付款后据以入账；如为预付款采购，应先填制“付款审批单”预付款后，根据对方单位的收据及付款凭证入账。

【实务操作】① 填制固定资产卡片。固定资产卡片为固定资产明细账，详细记录固定资产的原价、预计净残值、折旧率、月折旧额、固定资产移交记录等，本业务要求根据发票、固定资产交接单等登记“固定资产卡片”账。② 签发转账支票。根据《指导手册》第二部分表 8 的要求签发转账支票，注意签发日期、接收单位名称、大小写金额、签章等实务操作。

11. 纳税业务办理

【工作过程】综合会计进行电子纳税申报—税务机关审核后通过“银企税”系统通知银行和单位—综合会计通知出纳人员转账支付相关税费并取得电子缴税回单—综合会计编制记账凭证—出纳人员审核后，在记账凭证上签名，在原始凭证加盖“付讫”

章，登记银行存款日记账—综合会计登记明细账—会计主管保管凭证—按旬编制“科目汇总表”后登记总账。

【业务认知】此业务为税费缴纳业务。目前大多数企业通过三方协议的“银企税”系统进行电子纳税。按照税收征管法的要求，企业本月所缴纳税费为上月的应纳税费。

12. 发行债券业务办理

【工作过程】会计部门保管债券发行协议副本或复印件，不做会计处理。

【业务认知】此业务为发行证券业务。

《中华人民共和国证券法》第十六条规定，公开发行公司债券，应当符合下列条件：

“（一）股份有限公司的净资产不低于人民币三千万元，有限责任公司的净资产不低于人民币六千万元；

（二）累计债券余额不超过公司净资产的百分之四十；

（三）最近三年平均可分配利润足以支付公司债券一年的利息；

（四）筹集的资金投向符合国家产业政策；

（五）债券的利率不超过国务院限定的利率水平；

（六）国务院规定的其他条件。

公开发行公司债券筹集的资金，必须用于核准的用途，不得用于弥补亏损和非生产性支出。

上市公司发行可转换为股票的公司债券，除应当符合第一款规定的条件外，还应当符合本法关于公开发行股票的条件，并报国务院证券监督管理机构核准。”

同时，《中华人民共和国证券法》第十七条规定，“申请公开发行公司债券，应当向国务院授权的部门或者国务院证券监督管理机构报送下列文件：

（一）公司营业执照；

（二）公司章程；

（三）公司债券募集办法；

（四）资产评估报告和验资报告；

（五）国务院授权的部门或者国务院证券监督管理机构规定的其他文件。

依照本法规定聘请保荐人的，还应当报送保荐人出具的发行保荐书。”

13. 在建工程竣工验收业务办理

【工作过程】施工单位提出验收申请—基建部组织施工队、监理公司、法人单位项目部、财务部和预结算部对工程进行组织验收—出具验收报告并交监理公司—施工单位编制工程项目结算书—基建部将结算书及有关资料送预结算部审核—根据最终审核的结算报告报财务部综合会计—填制固定资产接收单—综合会计审核原始凭证并编制记账凭证—会计主管审核—综合会计登记固定资产明细卡片、在建工程等明细账—会计主管保管凭证—按旬编制“科目汇总表”后登记总账。

【业务认知】本业务为自建固定资产业务，固定资产的入账时间为其“达到预定可使用状态”的时间，该时间点理论上早于“竣工决算”的时间。实务中在不存在特殊情况时，通常将编制工程结算单、出具竣工决算报告时间作为“达到预定可使用状态”的时间，结转固定资产成本。如已“达到预定可使用状态”，但由于特殊原因无法办理竣工结算手续时，按照实质重于形式的原则，应先按账面记录结转在建工程成本，待决算时，再调整固定资产账面余额（不调整折旧）。

14. 购买交易性金融资产业务办理

【工作过程】企业在证券市场通过资金账户购买股票等—划分为交易性金融资产—综合会计审核原始凭证并编制记账凭证—会计主管审核—综合会计登记交易性金融资产、应收股利、其他货币资金等明细账—会计主管保管凭证—按旬编制“科目汇总表”后登记总账。

【业务认知】本业务为取得交易性金融资产业务。① 交易性金融资产按照“买价—包含在买价中的已宣告但未发放的现金股利或已到付息期尚未领取的分期付息债券的利息”确认入账价值；包含在买价中的已宣告但未发放的现金股利或已到付息期但尚未领取的分期付息债券的利息记入“应收股利”“应收利息”账户的借方，在现金流量表项目中应记入“支付的其他与投资活动有关的现金”项目。② 取得交易性金融资产发生的交易费用，记入“投资收益”账户的借方，交易费用的处理方法导致了交易性金融资产的账面价值与计税基础（将交易费用计入成本）之间的差异，该差异为可抵扣暂时性差异。③ 企业从二级市场取得股票、债券等，应通过企业在证券公司开设的资金账户付款，并通过“其他货币资金”账户核算。

15. 出租不动产收取租金业务办理，转账支票、发票及进账单的签发、填制

【工作过程】签订出租合同—承租方按合同以转账支票（银行本票、银行汇票）等结算方式交纳租金—会计人员审核票据，开具发票—出纳人员填写进账单、委托背书后同票据一起送交银行—取得进账单收账通知联—综合会计审核原始凭证并编制记账凭证—会计主管审核—出纳人员在记账凭证上签字，在原始凭证上加盖收讫章，登记银行存款日记账—综合会计登记其他业务收入等明细账—会计主管保管凭证—按旬编制“科目汇总表”后登记总账。

【业务认知】本业务为经营性租赁不动产业务。① 对于制造业，租金收入应作为其他业务收入核算并作为现金流量表的“收到的其他与经营活动有关的现金”项目进行填列；② 本业务为“营改增”业务，按 9% 税率计算缴纳增值税。

【实务操作】① 转账支票、银行本票、银行汇票进账业务。收款单位收到票据时，第一，从以下几个方面对票据进行审核：票据应记载事项是否齐全；票据要素是否按规范的要求填写清楚、齐全，出票日期是否为大写，大小写金额填写是否正确，两者是否相符；票面有无污损、涂改的地方；是否在签发单位盖章处加盖单位银行预留印鉴；收款单位是否为本单位；票据是否在付款期内；有密码的票据密码是否填列；背书转让的支票其背书是否正确、连续；对于银行本票、银行汇票，审核票据金额是否为压数机压出的金额；如为银行汇票，审核银行汇票联和解讫通知联是否齐全。

第二，在支票背面作委托收款背书，在背书人栏内写“委托收款”字样，并加盖银行预留印鉴，单位的银行预留印鉴不得由一人保管。第三，出纳将票据和进账单一起送至其开户银行，办理转账手续。银行审核签章后，退回进账单受理回单联，该联作为银行受理的凭证，但不能作为银行存款增加的依据。第四，出纳收到开户银行加盖“转讫”章的进账单“收账通知”联，交由会计人员编制记账凭证。② 进账单填制指导见《指导手册》第二部分表 8。

16. 采购材料验收入库、付款业务办理

【工作过程】使用材料部门填制采购申请书—库房签字证明材料的现有情况—供应部门签订合同—将已生效的合同送达财务部并办理签收手续—采购人员将所购货物经质量检验后交付保管员—填制入库单并经审核—供应部填制“资产采购入库批准单”并经批准—材料成本会计登记该材料明细账中的“数量”栏—需付款的，填制付款审批单并经审批—材料成本会计审核原始凭证并编制记账凭证—会计主管审核—出纳人员按审批结果办理付款手续—出纳人员在记账凭证上签字，在原始凭证上加盖付讫章，登记银行存款日记账—成本会计登记材料采购明细账，综合会计登记应交税费等明细账—会计主管保管凭证—按旬编制“科目汇总表”后登记总账。

【业务认知】本业务为采购并付款业务，应按企业相关制度填制“付款审批单”，明确经办单位、付款金额、付款方式、收款人信息、用款是否为资金计划内用款等，并由该单据所设的授权人员依次进行审批后作为办理结算和入账的依据。

【实务操作】① 支票结算。支票结算需由经手人登记支票领用登记簿，由出纳人员签发支票，专人审核后分别加盖财务专用章和法人名章（分别由不同专人保管），裁下存根作为付款的原始凭证，采用正送或倒送方式办理付款。正送方式下，将签发好的支票交给收款人（其中：收款人名称、金额可授权收款人填写），在支票背面委托收款背书后，由收款人在 10 天内将填制好的银行进账单与支票送交收款人开户银行办理结算。倒送方式下，在背面背书处加盖银行预留印鉴，连同进账单在 10 天内送交付款人开户银行办理结算。② 支票签发的要求见《指导手册》第二部分表 8。

17. 上交社会保险费、住房公积金、工会经费业务办理

【工作过程】计算单位及个人负担的社会保险费和住房公积金，计算企业应交的工会经费—填制申报表并申报—征缴办审核调整—下达缴费通知—出纳人员根据通知将社会保险费、住房公积金转账到银行专户中，将工会经费上缴到上级工会部门的专用账户中—出纳人员取得缴费通知并交给会计—综合会计审核编制记账凭证—会计主管审核—出纳人员在记账凭证上签字，在原始凭证上加盖付讫章，登记银行存款日记账—综合会计登记相关明细账—会计主管保管凭证—按旬编制“科目汇总表”后登记总账。

【业务认知】① 社会保险费与住房公积金缴存。社会保险费中的养老保险、医疗保险、失业保险及住房公积金由个人缴纳和单位缴纳两部分构成，两者比例不同；社会保险费中的生育保险和工伤保险由单位缴纳，个人不缴纳。计算缴纳金额时，应由缴费基数乘以相应的比例，不同地区的计算比例有所不同。其中，缴费基数为职工本人上年度月平均工资。一般以上一年度本人工资收入为缴费基数。其中，职工工资收入高于当地上年度职工平均工资 300% 的，以当地上年度职工平均工资的 300% 为缴费基数；职工工资收入低于当地上一年职工平均工资 60% 的，以当地上一年职工平均工资的 60% 为缴费基数；职工工资在 60%~300% 的，按实申报。职工工资收入无法确定时，其缴费基数按当地劳动行政部门公布的当地上一年职工平均工资为缴费工资确定。每年社保都会在固定的时间（3 月或者 7 月，各地不同）核定基数，根据职工上年度的月平均工资申报新的基数，需要准备工资表等证明。2014 年 1 月 1 日以后新参加工作的职工，应当以该职工参加工作第二个月的当月工资为缴存基数；2014 年 1 月 1 日以后新调入的职工，以调入后发放的当月工资为缴存基数；缴存基数确定后，在本缴存年度内不得变更。② 工会经费按职工上月工资金额的 2% 计提，其中 40% 上交上级工会部门。③ 本月上缴的职工本人负担的住房保险费和住房公积金，是从职工工资中扣除的，上缴时应借记“应付职工薪酬——工资”。

【实务操作】按照计提基数正确计算社会保险费、住房公积金及工会经费，假设 11 月份职工的应付工资与上年度平均工资相同，所有职工的缴费基数均未触及制度规定的上限和下限。

18. 上月采购本月收到发票并付款业务办理、电汇结算业务办理

【工作过程】填制付款审批单并经审批—材料成本会计审核原始凭证并编制记账凭证—会计主管审核—出纳人员按审批结果办理付款手续—出纳人员在记账凭证上签字，在原始凭证上加盖付讫章，登记银行存款日记账—成本会计登记材料采购、应交税费等明细账—会计主管保管凭证—按旬编制“科目汇总表”后登记总账。

【业务认知】月末已入库，尚未收到相关凭证业务的处理。应在月末时以暂估价借记“原材料”账户，贷记“应付账款”账户，下月月初红字冲销上述账务处理。在收到该业务的发票等凭证时，按取得凭证进行材料采购成本的核算。

【实务操作】① 电汇付款结算流程。出纳人员根据协议，填写　式二联的电汇凭证，交会计机构负责人审核，由银行预留印鉴管理者分别在第二联加盖银行预留印鉴（一般为财务专用章、法人名章）；出纳人员向开户银行即汇出行提交电汇凭证，汇出行受理电汇凭证，审查无误后，及时向汇入银行办理汇款，并在第一联电汇凭证加盖“转讫”章退给汇款人作电汇付款的依据。如果电汇凭证不符合条件，汇出银行不予办理汇出手续，做退票处理。如果是电汇结算方式，汇出行根据第三联电汇凭证编制三联电划贷方报单凭以向汇入行拍发电报，电汇凭证上填明“现金”字样的，应在电报的金额前加拍“现金”字样。② 电汇凭证的填制见《指导手册》第二部分表 10。

19. 银行汇票申领业务办理

【工作过程】填制付款申请书—列明付款方式为银行汇票—填制“业务委托书”，选择汇票申请书一栏—加盖银行预留印鉴—送交银行。

【业务认知】本业务为申请银行汇票业务。银行汇票需经单位申请，银行审核批准后方可签发。各银行银行汇票申请单据的格式不尽相同，但均包括收款人、委托人（付款人）名称，开户银行名称、账号，大小写金额，用途等要素。中国工商银行“业务委托书”的委托项目包括现金汇款、转账汇款、汇票申请书、本票申请书四个委托项目，办理汇票申请时只需选择汇票申请书项目即可。

【实务操作】业务委托书（银行汇票申请书）填写规范见《指导手册》第二部分表11。

20. 收到银行签发的银行汇票的审核

【工作过程】收到银行签发的银行汇票。

【实务操作】① 银行汇票申请在开户行核对企业资金账户后，由开户行签发。会计人员收到银行汇票后，必须进行审核，审核的内容包括：银行汇票联和解讫通知联是否齐全；票据应记载事项是否齐全；票据要素是否按规范的要求填写清楚、齐全；出票日期是否为大写，大小写金额填写是否正确，两者是否相符；票面有无污损、涂改的地方；是否在签发单位盖章处加盖印鉴；票据是否在付款期内；票据金额是否为用压数机压出的金额等。经审核无误后，方可签收。② 银行汇票填制与审核项目见《指导手册》第二部分表11。

21. 采购低值易耗品付款并直接领用业务办理

【工作过程】使用低值易耗品部门填制采购申请书—供应部门签订合同—将已生效的合同送达财务部并办理签收手续—采购人员将所购低值易耗品经质量检验后交付辅助生产车间—供应部填制“资产采购入库批准单”并经批准—填制付款审批单并经审批—综合会计审核原始凭证并编制记账凭证—会计主管审核—出纳人员按审批结果办理付款手续—出纳人员在记账凭证上签字，在原始凭证上加盖付讫章，登记银行存款日记账—成本会计登记材料采购等明细账，综合会计登记应交税费等明细账—会计主管保管凭证—按旬编制“科目汇总表”后登记总账。

【业务认知】企业购买低值易耗品直接交付使用的，在实际成本法下，可以按发票等原始凭证计算实际成本并按领用单位的不同，将低值易耗品确认为某项成本或费用。

【实务操作】企业采购实物必须有验收证明。实物验收入库的，以“材料入库单”“固定资产交接单”等作为验收证明；对于本业务，企业采购物资后不验收入库，直接交给使用者使用的情况，需由接收人员在发票等凭证的背面说明并签字，作为验收证明。

22. 出租有形动产收取租金业务办理

【工作过程】签订出租合同—承租方按合同结算方式交纳租金—会计人员审核票据，开具发票—出纳人员填写进账单、委托背书后同票据一起送交银行—取得进账单收账通知联—综合会计审核原始凭证并编制记账凭证—会计主管审核—出纳人员在记账凭证上签字、在原始凭证上加盖收讫章，登记银行存款日记账—综合会计登记其他业务收入等明细账—会计主管保管凭证—按旬编制“科目汇总表”后登记总账。

【业务认知】出租有形动产收取租金业务属“营改增”项目，应开具增值税专用发票，按 13% 税率征收增值税。

【实务操作】审核转账支票送交银行实务操作同实训指导 15。

23. 网银支付结算业务办理

【工作过程】同业务（18）采购入库并付款业务办理流程。

【业务认知】本业务为网银支付业务。网上银行支付业务包括网上汇款、委托代扣、代发工资、在线缴费、电子商务等。网上汇款是单位通过“企业网上银行”办理转账汇款类业务的总称，可通过逐笔或批量方式向全国范围内各家银行的企业账户办理人民币转账汇款。

【实务操作】网银支付结算的流程：进入银行网站主页；选择企业网上银行登录；插入企业网上银行证书；选择企业网上银行登录；选择证书；输入证书密码；点击“确定”进入；选择支付汇款功能；输入收款人信息、金额；通过密码器获得动态密码；输入动态密码；确定支付；退出网银界面；妥善保管动态密码器；获得电子银行回单。

24. 采购入库未收到发票等原始凭证业务处理

【工作过程】验收原材料质量、清点数量—供应部门与仓库部门交接—填写“入库单”并由供应人员、验收人员、保管人员签字—供应部门填写“资产采购入库批准单”，待取得凭证后一并审批—成本会计按入库单记录数量—登记“原材料——辅助材料——黄油”明细账。

【业务认知】采购入库未收到发票等原始凭证的材料在入库时，只登记材料的明细数量，不做其他业务处理，待收到凭证后进行会计计量，并填制完成“资产采购入库批准单”“材料入库单”等原始凭证；如月末尚未收到凭证，按暂估价入账，下月月初红字冲销，待取得凭证后再进行会计计量确认。

25. 职工罚款业务办理

【工作过程】按照企业管理程序和制度要求做出对职工处罚的决定—通知财务部门及职工本人—职工交纳罚款—综合会计开具收据，编制记账凭证—会计主管审核—出纳人员根据记账凭证及收据收款，在原始凭证上加盖收讫章，审核后在记账凭证上签名，登记现金日记账—综合会计登记营业外收入明细账—会计主管保管凭证—按旬编制“科目汇总表”后登记总账。

【业务认知】职工罚款收入做营业外收入处理并计入所得税纳税收入；在现金流量表编制中，本项目属于“收到的其他与经营活动有关的现金”项目。

【实务操作】现金收款业务办理需要注意，出纳人员应根据制单人员编制的记账凭证及开具的收据办理收款业务，不可由出纳人员自行开具收据收款后交由会计人员编制记账凭证，以防止出纳人员利用“多收少开”等手法进行贪污舞弊。

26. 非货币性职工薪酬业务办理

【工作过程】按照企业“职工薪酬管理办法”做出对职工的补助决定—通知财务部门及职工本人—经办人取得原始凭证—填制“费用报销审批单”并附发票等原始凭证—经审核会计、部门领导、单位负责人、会计机构负责人审批—费用核算会计编制记账凭证—会计主管审核—出纳人员据以付款—出纳人员在原始凭证上加盖付讫章，在记账凭证上签名，登记银行存款日记账—费用核算会计登记费用明细账—会计主管保管凭证—按旬编制“科目汇总表”后登记总账。

【业务认知】① 研发专家的薪酬支付可作为研发费用进行处理。符合资本化条件的记入“研发支出——资本化支出”账户，在研发的无形资产达到预定可使用状态时转入无形资产的成本；不符合资本化条件的记入“研发支出——费用化支出”账户，月末时结转“管理费用”账户。② 企业为职工支付的租金应作为企业支付给职工的非货币性职工薪酬。一般纳税人支付房屋租金，应取得增值税专用发票，出租不动产的税率为9%。③ 本项目现金流出应记入现金流量表“支付给职工及为职工支付的现金”项目中。

【实务操作】根据“住房补助决定”编制会计分录为：借：研发支出——费用化支出，贷：应付职工薪酬；根据费用报销审批单及发票等编制会计分录为：借：应付职工薪酬，贷：库存现金（银行存款）。月末再将费用化研发支出转入“管理费用”账户。

27. 利息收入业务办理

【工作过程】出纳人员取得利息收入清单—费用核算会计编制记账凭证—会计主管审核—出纳人员在原始凭证上加盖付讫章，在记账凭证上签名，登记银行存款日记账—费用核算会计登记费用明细账—会计主管保管凭证—按旬编制“科目汇总表”后登记总账。

【业务认知】银行存款利息收入应冲减财务费用，在财务软件中最好编制红字凭证借记“财务费用”，以便于期末转账业务的自定义；编制现金流量表时，利息收入应作为“收到的其他与经营活动有关的现金”项目。

28. 固定资产修理费业务办理

【工作过程】同实训指导 6。

【业务认知】固定资产修理费属于费用化后续支出，应作为“管理费用”核算，一般纳税人发生固定资产修理费时，取得增值税专用发票的进项税额可认证扣除。

29. 坏账损失确认

【工作过程】召开经理会表决通过核销坏账—公告—收到破产裁定书或其他坏账损失证明资料—收到进账单—综合会计编制记账凭证—会计主管审核—出纳人员在原始凭证上加盖收讫章，在记账凭证上签名，登记银行存款日记账—综合会计登记相关明细账—会计主管保管凭证—按旬编制“科目汇总表”后登记总账。

【业务认知】确认坏账损失需要提供满足准则条件的证明；编制现金流量表时，收回的余款记入“销售商品、提供劳务收到的现金”项目中；本业务借记“坏账损失”账户，金额影响期末“坏账准备”账户余额，进而影响坏账准备计提数。

30. 预付款业务办理

【工作过程】根据资金计划填制“付款审批单”并经审批—综合会计编制记账凭证—会计主管审核—出纳人员办理付款手续，将电汇付款凭证附记账凭证后—出纳人员在原始凭证上加盖付讫章，在记账凭证上签名，登记银行存款日记账—综合会计登记相关明细账—会计主管保管凭证—按旬编制“科目汇总表”后登记总账。

【业务认知】预付款业务应在资金计划内实行审批。

【实务操作】电汇业务办理见《指导手册》第二部分表10。

31. 固定资产装修费业务处理

【工作过程】装修费报销业务流程同实训指导6。

【业务认知】① 固定资产装修费处理的原则是：若装修费用较小，应计入当期损益；若装修费用较大，如果满足固定资产的确认条件，装修费用应当计入固定资产账面价值并在“固定资产”科目下单设“固定资产装修”明细科目进行核算，在两次装修间隔期间与固定资产尚可使用年限两者中较短的期间内，采用合理的方法单独计提折旧。如果在下次装修时，与该项固定资产相关的“固定资产装修”明细科目仍有账面价值，应将该账面价值一次全部计入当期营业外支出；如装修的房屋为经营租入的固定资产，其发生的改良支出，应通过“长期待摊费用”科目核算，并在剩余租赁期与租赁资产尚可使用年限两者中较短的期间内，采用合理的方法进行摊销。② 本业务作为装修费用较小的支出，作为管理费用核算。③ 装修支出，可取得增值税专用发票，税率为9%。

【实务操作】① 支票倒送业务办理。倒送方式下，在背面背书处加盖银行预留印鉴，连同进账单在10天内送交付款人开户银行办理结算。② 进账单填制、支票签发的要求见《指导手册》第二部分表8。

32. 持银行汇票采购入库付款业务办理

【工作过程】使用材料部门填制采购申请书—库房签字证明材料的现有情况—供应部门签订合同—将已生效的合同送达财务部并办理签收手续—采购人员持银行汇票购买货物，经质量验收后交付保管员—填制入库单并经审核—供应部填制“资产采购入库批准单”并经批准—出纳人员取得银行汇票第4联（多余款通知联）—材料成本会计登记该材料明细账中的“数量”栏—材料成本会计审核原始凭证并编制记账凭证—会计主管审核—出纳人员在记账凭证上签字，在原始凭证上加盖“付讫”章，登记银行存款日记账—成本会计登记材料采购明细账，综合会计登记应交税费等明细账—会计主管保管凭证—按旬编制“科目汇总表”后登记总账。

【实务操作】本业务为银行汇票结算业务，应将银行汇票第2、3联交收款方办理进账，款项转出后，收到银行加盖转讫章的银行汇票第4联，即多余款收账通知联，按实际结算金额核算支付的成本或税费，按票面金额贷记“其他货币资金”账户，按多余款借记“银行存款”账户。

33. 购入债券业务办理

【工作过程】通过证券市场资金账户购买债券—取得成交报告单—综合会计审核原始凭证并编制记账凭证—会计主管审核—综合会计登记相关明细账—会计主管保管凭证—按旬编制“科目汇总表”后登记总账。

【业务认知】① 购买其他债权投资（债券）业务，如票面利率不等于实际利率，在确认时，应注意“其他债权投资——利息调整”明细账户的确认；期末应注意公允价值变动的核算及其对递延所得税资产（负债）的影响。② 购买债券如取得手续费发票的，其进项税额可当期抵扣。

34. 收到股利业务办理

【工作过程】通过证券交易系统取得相关交割单据—综合会计审核原始凭证并编制记账凭证—会计主管审核—综合会计登记相关明细账—会计主管保管凭证—按旬编制“科目汇总表”后登记总账。

【业务认知】对于收到股利的核算，应区分两种情况，第一种，收到的是购买时包含在买价中已宣告未发放的股利，在购买时已记入“应收股利”账户的借方［见业务（16）］，收到时，作为应收股利收回核算，不进行投资收益的确认，在现金流量表的编制中，应记入“收到的其他与投资活动有关的现金”项目；第二种，收到的是购买后被投资企业分配的股利，该业务应在被投资企业宣布发放股利时借记“应收股利”账户，贷记“投资收益”账户，在实际收到时，亦作为应收股利收回核算，但在现金流量表的编制中，应记入“取得投资收益所收到的现金”项目。

35. 固定资产报废转销业务办理

【工作过程】申请报废部门提出报废申请—管理部门做出技术鉴定—依据鉴定结果，办理报废申请核批（填制固定资产审批单）—报废清理处置—注销固定资产卡片—综合会计审核原始凭证并编制记账凭证—会计主管审核—综合会计登记相关明细账—会计主管保管凭证—按旬编制“科目汇总表”后登记总账。

36. 产成品入库业务办理

【工作过程】生产车间填制产成品入库单的数量等信息—仓库及检验部门检验产品的质量，核实产品数量—仓库办理入库，相关人员在入库单上签名—企业成本会计根据入库单登记“库存商品”明细账的数量栏—妥善保管入库单，月末进行成本核算。

【实务操作】登记“库存商品”明细账。万家食品有限公司成本计算在月末进行，因而入库时只能登记数量，无法登记金额，待月末计算出单位生产成本时，再一并登记入库产成品的金额；公司采用全月一次加权平均法计价，因此发出产品时也只登记数量，以备随时进行库存商品的清查。待月末计算出产品单位成本及全月一次加权平均单价，再登记出库产成品的金额。

37. 包装物领用业务办理

【工作过程】生产车间根据需要填制包装物领用单—经审批后至仓库领用—企业成本会计根据领用单登记“周转材料——包装物”明细账的数量栏—妥善保管该单据，以便月末进行成本核算。

【业务认知】本业务为发出包装物业务。发出包装物成本需分摊至受益对象。本题发出包装物用于包装产品，因而包装物成本将在期末计入产品成本；如发出包装物用于销售，则其成本计入销售费用；如出售包装物取得收入，其成本记入“其他业务支出”账户；如为出租出借包装物，则视包装物的价值及受益期长短，可选择分期摊销法或分次摊销法分别记入“其他业务成本”和“销售费用”账户。

【实务操作】登记“包装物”明细账。万家食品有限公司包装物核算采用实际成本法，发出包装物采用全月一次加权平均法，因而包装物取得时，按数量、单价和金额登记“周转材料——包装物”账户的借方，发出包装物时，只登记“周转材料——包装物”明细账的数量栏，期末计算出全月一次加权平均单价时，再登记其金额。如发出包装物为出租出借包装物，应另设置“出租出借包装物”备查账簿，对出租出借包装物的情况进行反映。

38. 低值易耗品领用业务办理

【工作过程】领用单位根据需要填制低值易耗品领用单—经审批后至仓库领用—企业成本会计根据领用单登记“周转材料——低值易耗品”明细账的数量栏—妥善保管该单据，以便月末进行低值易耗品费用分配。

【业务认知】本业务为发出低值易耗品业务。发出低值易耗品成本需按领用受益单位分别记入“制造费用”“管理费用”“其他业务成本”等账户，在摊销方法选择上，可视低值易耗品价值及其受益期长短，选择一次摊销法、分期摊销法、分次摊销法进行摊销。

【实务操作】登记“低值易耗品”明细账。同业务（40）登记包装物明细账。

39. 业务招待费处理

【工作过程】费用报销业务流程同实训指导 6。

【业务认知】对于业务招待费管理，企业均有一定的资金计划，应在资金计划范围内量力而支。业务招待费是应交所得税计算的调整项目，本业务发生的业务招待费应该和 1—11 月份的业务招待费合计至年末共同进行税前扣除额计算。

40. 以固定资产对外投资业务办理

【工作过程】进行投资可行性研究—做出投资可行性报告—与被投资方协议投资事宜—提交经理会议讨论，表决通过—签订投资协议—核实投资资产的账面价值—编制固定资产投资移交单并由相关人员签字—办理移交手续—注销固定资产卡片—自开或由税务局代开“销售不动产统一发票”—综合会计审核原始凭证并编制记账凭证—会计主管审核—综合会计登记相关明细账—会计主管保管凭证—按旬编制“科目汇总表”后登记总账。

【业务认知】① 以非现金资产对外投资业务。除同一控制下投资外，其余类型的投资业务均可从两方面理解，一方面该业务视同出售资产，应与出售资产业务一样确认收入（或资产转让损益）、结转成本、核算税费；另一方面该项出售资产业务收到的不是货币资金，而是其他单位的股权。因而，此时的股权入账价值应以出售资产的公允价值计算，出售资产为增值税应税业务的，其公允价值为含增值税的公允价值。② 销售不动产为增值税应税业务；以不动产投资入股，为增值税视同销售业务，应开具增值税专用发票。③ 本业务还需交纳土地增值税、印花税。印花税可于前期购买税票，本期只需粘贴税票并划票完税。

41. 收到发行债券款业务办理

【工作过程】债券发行—代理发行单位冻结资金—资金解冻—收到银行转来的特种转账凭证—综合会计审核原始凭证并编制记账凭证—会计主管审核—出纳人员在原始凭证上加盖收讫章，在记账凭证上签名，登记银行存款日记账—综合会计登记相关明细账—会计主管保管凭证—按旬编制“科目汇总表”后登记总账。

【业务认知】收回的发行债券款金额为：发行价 + 冻结期间的利息收入 - 发行费用的余额。在现金流量表的编制中，该金额应记入“吸收投资所收到的现金”项目中。

42. 销售并代垫运费业务处理

【工作过程】

综合会计岗位：销售、代垫运费、委托收款业务办理流程：签订销售合同—编制销售订单及发货单—开具销售发票—填制出库单—办理货物出库—销售发货，代垫运费（其审批流程同实训指导 6 借款的审批流程）取得运费发票—办理委托收款—收到进账通知单—编制代垫运费表—综合会计审核原始凭证并编制记账凭证—会计主管审核—出纳人员在原始凭证上加盖收讫章，在记账凭证上签名、登记银行存款日记账—综合会计登记相关明细账—会计主管保管凭证—按旬编制“科目汇总表”后登记总账。

成本会计岗位：签订销售合同—编制销售订单及发货单—开具销售发票—填制出库单—根据出库单登记“库存商品”明细账数量栏，至月末计算出全月一次加权平均单价后登记金额。

【业务认知】① 发货制销售商品确认收入的时间为：发出商品办理好委托收款手续后。② 代垫运费作为代垫款应记入“应收账款”账户核算，不可作为销售费用核算。

【实务操作】① 委托收款结算方式办理流程：销售单位发出货物后，持发票、运费发票等至开户银行填写“托收凭证”，委托银行办理收款手续。银行审核受理后，在托收凭证第一联加盖“业务受理”专用章，企业持受理回单可确认收入。开户行通过银行内系统传递托收单据，付款行收到相关单据后通知付款人付款，经付款人确认付款后，将款项打入收款人开户行，收款人开户行在“托收凭证”第四联加盖转讫章，交收款单位作为收到银行存款的入账依据。② 托收凭证的填制见《指导手册》第二部分表 13。

43. 银行手续费业务办理

【工作过程】购买银行空白凭证等发生手续费支出—银行从账户中扣款并出具收费单据—成本会计审核原始凭证并编制记账凭证—会计主管审核—出纳人员在原始凭证上加盖收讫章，在记账凭证上签名，登记银行存款日记账—综合会计登记相关明细账—会计主管保管凭证—按旬编制“科目汇总表”后登记总账。

【业务认知】单位在银行发生的手续费，应作为“财务费用”核算，在现金流量表编制中，应记入“支付的其他与经营活动有关的现金”项目。

44. 职工餐费补助业务办理

【工作过程】支付职工餐费工作流程同实训指导 6。

【业务认知】① 支付职工餐费是职工福利费开支的内容，本业务应以“支付福利费的通知”作为确认并支付职工福利费的依据；根据支付的有关凭证借记应付福利费的核算。从福利费和工会经费中支付给本单位职工的人人有份的补贴、补助应纳入个人所得税应税所得额。② 职工福利费以实际发生额列支，本业务支付的福利费将于月末进行职工薪酬分配时分配，计入相关成本、费用。

45. 职工教育经费开支业务处理

【工作过程】支付职工培训费工作流程同实训指导 6。

【业务认知】① 支付职工培训费是职工教育经费开支的内容，支付时应借记“应付职工薪酬——应付职工教育经费”账户。② 培训费应按 6% 税率开具增值税专用发票。

46. 在建工程确认业务办理

【工作过程】核定工程进度，计算结算金额—填制“工程建设项目完工进度审批表”（按表内设计请各相关部门及人员核批）—综合会计审核原始凭证编制记账凭证—会计主管审核—综合会计登记相关明细账—会计主管保管凭证—按旬编制“科目汇总表”后登记总账。

【业务认知】在建工程的确认应以完工进度确定，企业一般可设计工程完工进度审批表（见表 5-169），作为结算的依据，该项工程完工进度审批表是在建工程金额确认的依据，企业应据此开具结算单，与施工方办理结算。在工程款支付过程中，企业在工程进度确认前支付的金额应作为往来款项确认为“预付账款”，工程确认时，有预付款的，应在确认在建工程成本的同时，冲减“预付账款”账户的金额。

【实务操作】“工程建设项目完工进度审批表”填制应以“工程合同”的合同总额及工程预算表等为依据，按照专业工程人员测定的完工进度进行填制。

47. 短期借款利息确认业务

【工作过程】取得支付利息清单—综合会计审核原始凭证并编制记账凭证—会计主管审核—出纳人员在原始凭证上加盖“付讫”章，在记账凭证上签名，登记银行存款日记账—综合会计登记相关明细账—会计主管保管凭证—按旬编制“科目汇总表”后登记总账。

【业务认知】支付短期借款利息业务，应视不同情况进行核算，第一种情况，本期支付前期已计提的利息，如本题本月支付的借款利息为本季度三个月的利息额，其中前二个月的利息费用在当月已计提，因此，支付时不再确认财务费用，而应借记“应付利息”账户。第二种情况，本期支付本期的利息，如本题支付的第三个月的利息为本月发生的，应借记“财务费用”账户。

48. 长期借款利息费用确认

【工作过程】取得支付利息清单—确认利息资本化金额，填制借款费用计算表—综合会计审核原始凭证并编制记账凭证—会计主管审核—出纳人员在原始凭证上加盖付讫章，在记账凭证上签名，登记银行存款日记账—综合会计登记相关明细账—会计主管保管凭证—按旬编制“科目汇总表”后登记总账。

【业务认知】① 本业务所填制的“借款费用计算表”，是长期借款利息资本化计算的思路。满足利息资本化条件后，计算资产累计支出数，假设占用资金的顺序是：专门借款——一般借款—自用资金，即支出先占用专门借款，不足的再占用一般借款，最后占用一般资金。其计算思路如下表所示，假设资产累计支出数为 LZ，专门借款额为 ZJ，一般借款额为 YJ。借款可资本化情况表见下表。

借款可资本化情况表

类别	条件	说明	利息资本化金额	后期影响
专门借款	$LZ \geq ZJ$	专门借款全部被占用	专门借款的利息支出－未占用借款产生的利息收入或短期投资产生的收益	从下期直到停止资本化，专门借款利息支出额全部资本化。$LZ > ZJ$ 的差额将考虑占用一般借款
	$LZ < ZJ$	专门借款部分被占用		从下期至 $LZ = ZJ$，均用公式计算。此后，专门借款利息支出全部资本化，并考虑一般借款资本化
一般借款	$LZ - ZJ \geq YJ$	专门借款、一般借款全部被占用	专门借款利息全部资本化；一般借款：资产累计支出超过专门借款的累计支出加权平均数 × 资本化率	从下期直到停止资本化，专门借款、一般借款利息支出额全部资本化
	$LZ - ZJ < YJ$	专门借款全部占用，一般借款部分被占用		从下期直至 $LZ - ZJ = YJ$ 前，专门借款全部资产化，一般借款费用须分别计算资本化金额和费用化金额。当为 $LZ - ZJ = YJ$ 的以后期间时，专门借款和一般借款的借款费用全部资本化

② 计算一般借款的“资产累计支出超过专门借款加权平均数”时，应注意以下问题，第一，如果前期占用过一般借款的，前期占用的一般借款数在计算“资产累计支出超过专门借款加权平均数”时应作为本期期初的支出计算；第二，在 $LZ - ZJ = YJ$ 的期间，当发生的某笔支出正好使得 $LZ - ZJ = YJ$，则超过“$ZJ + YL$”额的支出为占用自有资金的支出，不应作为计算“资产累计支出超过专门借款加权平均数”的支出。

49. 采购业务运费处理

【业务认知】采购过程中发生的运费为“营改增”项目，运费的税率为 9%。一般纳税人应将运费计入采购材料的成本，运费的增值税税额单独确认“应交税费——增值税（进项税额）”。

50. 销售折让业务办理流程

【工作过程】验收时确认材料的数量、质量—对不符合合同的采购，向供应方提供证据，提出销售折让或退回的请求—双方协商折让比例，签订补充合同（如为销售退回业务，协商退货的具体时间、方式和费用的承担责任）—在增值税发票系统中填制开具红字增值税发票信息表—销售方经向税务局申请通过后开具红字发票—综合会计审核原始凭证并编制记账凭证—会计主管审核—如果同时收取款项的，出纳人员收款—出纳人员在原始凭证上加盖收讫章，在记账凭证上签字—登记现金日记账—综合会计登记相关明细账—会计主管保管凭证—按旬编制“科目汇总表”后登记总账。

如果同时收取所退款项，应在会计主管审核后，按下列过程操作：出纳人员收款—出纳人员在原始凭证上加盖收讫章，在记账凭证上签字—登记银行存款或现金日记账—综合会计登记相关明细账—会计主管保管凭证—按旬编制“科目汇总表”后登记总账。

【业务认知】增值税一般纳税人开具增值税专用发票（以下简称“专用发票”）后，发生销货退回、开票有误、应税服务中止等情形但不符合发票作废条件，或者因销货部分退回及发生销售折让，需要开具红字专用发票的，按以下方法处理：

（1）购买方取得专用发票已用于申报抵扣的，购买方可在增值税发票管理新系统（以下简称“新系统”）中填开并上传“开具红字增值税专用发票信息表”（以下简称“信息表”），在填开“信息表”时不填写相对应的蓝字专用发票信息，应暂依“信息表”所列增值税税额从当期进项税额中转出，待取得销售方开具的红字专用发票后，与“信息表”一并作为记账凭证。购买方取得专用发票未用于申报抵扣但发票联或抵扣联无法退回的，购买方填开“信息表”时应填写相对应的蓝字专用发票信息。销售方开具专用发票尚未交付购买方，以及购买方未用于申报抵扣并将发票联及抵扣联退回的，销售方可在新系统中填开并上传“信息表”。销售方填开“信息表”时应填写相对应的蓝字专用发票信息。

（2）主管税务机关通过网络接收纳税人上传的“信息表”，系统自动校验通过后，生成带有“红字发票信息表编号”的“信息表”，并将信息同步至纳税人端系统中。

（3）销售方凭税务机关系统校验通过的“信息表”开具红字专用发票，在新系统中以销项负数开具。红字专用发票应与“信息表”一一对应。

（4）纳税人也可凭“信息表”电子信息或纸质资料到税务机关对“信息表”内容进行系统校验。

（5）纳税人需要开具红字增值税普通发票的，可以在所对应的蓝字发票金额范围内开具多份红字发票。红字机动车销售统一发票需与原蓝字机动车销售统一发票一一对应。

51. 出售固定资产业务办理

【工作过程】签订固定资产出售合同—取得发票—会计开具收据—综合会计审核原始凭证并编制记账凭证—会计主管审核—出纳人员收款—出纳人员在原始凭证上加盖收讫章，在记账凭证上签字—登记现金日记账—综合会计登记相关明细账—会计主管保管凭证—按旬编制“科目汇总表”后登记总账。

【业务知识】根据税法规定，2009 年后购入的固定资产，其增值税已计入进项税额，在出售时应开具增值税专用发票。出售不动产税率为 9%，出售动产税率为 13%。

52. 销售产品以银行汇票结算

【工作过程】

综合会计岗位的销售产品以银行汇票结算业务办理流程：签订销售合同—编制销售订单及发货单—开具销售发票—填制出库单—办理货物出库存—销售发货，收取银行汇票—综合会计审核原始凭证并编制记账凭证—会计主管审核—出纳人员办理银行汇票进账—出纳人员在原始凭证上加盖收讫章，在记账凭证上签名，登记银行存款日记账—综合会计登记相关明细账—会计主管保管凭证—按旬编制“科目汇总表”后登记总账。

成本会计岗位：签订销售合同—编制销售订单及发货单—开具销售发票—填制出库单—根据出库单登记“库存商品”明细账数量栏，至月末计算出全月一次加权平均单价后登记金额。

【实务操作】银行汇票的审核见《指导手册》第二部分表 11。进账单填制见表《指导手册》第二部分表 8。

53. 贴现业务办理

【工作过程】贴现人向银行提供如下述实务操作所示的各项文件和资料—贴现行对贴现人的情况和票据的真实性进行调查和审查—贴现行审批同意—签订贴现协议—办理贴现，取回贴现凭证收账通知联—综合会计审核原始凭证并编制记账凭证—会计主管审核—出纳人员在原始凭证上加盖收讫章，在记账凭证上签名，登记银行存款日记账—综合会计登记相关明细账—会计主管保管凭证—按旬编制“科目汇总表”后登记总账。

【业务认知】经审批同意贴现的银行承兑汇票，贴现期限从贴现之日起至汇票到期日止（节假日顺延）。贴现金额按贴现票面额扣除贴现日至汇票到期日前一日（如承兑方为外地的，另加三天计息日）的利率额，计算公式：贴现利息 = 到期值 × 贴现天数 × 贴现利率 / 360；贴现金额 = 到期值 − 贴现利息。

【实务操作】

（1）办理贴现应提交给银行的资料。① 银行承兑汇票贴现申请书；② 已经承兑尚未到期、要式完整的银行承兑汇票；③“加载了社会统一信用代码的营业执照”；④ 法定代表人身份证复印件；⑤ 经办人身份证或其他法定身份证件复印件及授权委托书（有董事会机构的应随报董事会决议）；⑥ 贷款证（卡）及其复印件；⑦ 与前手签订的交易合同及相关税务发票和商品货运单的原件及其复印件；⑧ 中国工商银行贴现凭证。

（2）办理贴现的操作：在银行承兑汇票背面加盖持票人的银行预留印鉴，连同贴现凭证一同送交银行办理。

（3）贴现凭证填制见《指导手册》第二部分表12。

54. 发货式销售商品

【实务操作】增值税专用发票填制与审核指导见《指导手册》第二部分表6，托收凭证填制指导见《指导手册》第二部分表13。

55. 销售产品以商业汇票结算业务办理

【工作过程】

综合会计岗位：签订销售合同—编制销售订单及发货单—开具销售发票—填制出库单—办理货物出库—销售发货—收取并审核商业汇票—开具收到商业汇票的收据—综合会计审核原始凭证并编制记账凭证—会计主管审核—综合会计登记相关明细账—出纳人员登记“应收票据”备查账—会计主管保管凭证—按旬编制“科目汇总表”后登记总账。

成本会计岗位：签订销售合同—编制销售订单及发货单—开具销售发票—填制出库单—根据出库单登记“库存商品”明细账数量栏，至月末计算出全月一次加权平均单价后登记金额。

【实务操作】① 商业汇票的审核见《指导手册》第二部分表12。② 登记应收票据备查账。应收（付）票据备查账簿格式如下表所示。

应收（付）票据备查账簿

序号	收票日期	票据基本情况						承兑人名称	背书人名称	送票人（签章）	贴现		承兑		转让		经办人（签章）	备注
		票据号	出票人名称	出票日	到期日	票面金额	收款人名称				日期	净额	日期	金额	日期	被背书人名称		

56. 偿还应付账款业务办理

【工作过程】业务人员填制“往来款项确认单”—往来会计、会计机构负责人审核—业务人员根据审批确认金额填制“付款审批单”，确认偿还方式和金额—综合会计审核原始凭证并编制记账凭证—会计主管审核—出纳人员办理付款手续—将付款凭证粘贴在记账凭证后—出纳人员在原始凭证上加盖“付讫”章，在记账凭证上签名，登记银行存款日记账—综合会计登记相关明细账—会计主管保管凭证—按旬编制“科目汇总表”后登记总账。

【业务认知】应付账款的偿还在控制中有两个环节，一是有多少应付账款，二是是否应该偿还，怎样偿还。因此，上述流程填制的“往来款项确认单”，经往来会计和会计机构负责人审核，明确了应付账款的金额；“付款审批单”经过授权审批后，明确了偿还的金额和方式，解决了应付账款偿还的控制问题。

57. 非货币性资产交换业务办理

【工作过程】交换双方签订非货币性资产交换协议—完成资产交换—综合会计审核原始凭证并编制记账凭证—会计主管审核—出纳人员在原始凭证上盖收讫章、在记账凭证上签名、登记银行存款日记账—综合会计或成本会计登记相应的明细账—会计主管保管凭证—按旬编制“科目汇总表”后登记总账。

【业务认知】① 非货币性资产交换业务确认与计量思路：根据货币性资产占交易总额的比例确认是否为非货币性资产交换业务；确认交换是否具有商业实质且换入或换出资产的公允价值能够可靠计量；确认采用的计量模式（公允价值计量或账面价值计量）；按确认的计量模式确认换入资产的入账价值，进行会计核算。② 公允价值计量模式下业务核算时，换出资产一方应将换出资产作为出售资产业务进行处理，即换出资产为存货时，应确认“主营业务收入”“其他业务收入”，并同时核算销项税额；换出资产为固定资产时，应通过“固定资产清理”账户核算；换出资产是“无形资产”时，应确认“资产转让损益”；换出资产是投资性资产时，应确认“投资收益”并同时结转换出资产的成本。③ 公允价值计量模式下，对于在交换过程中发生的各项税费，应区别是换出资产的税费还是换入资产的税费，如为换出资产所发生的税费，应作为资产转让损益；如为换入资产所产生的税费，应作为取得换入资产的代价，计入换入资产的成本中。

58. 债务重组业务办理

【工作过程】债务人发生财务困难—双方签订债务重组协议—完成债务重组工作—债务重组日综合会计审核原始凭证并编制记账凭证—会计主管审核—出纳人员在原始凭证上盖收讫章和付讫章、在记账凭证上签名、登记银行存款日记账—综合会计或成本会计登记相关的明细账—会计主管保管凭证—按旬编制“科目汇总表”后登记总账。

59. 非货币性职工福利费（以自产产品作为非货币性职工福利）计提业务办理

【工作过程】企业召开董事会、经理办公会等类似权力机构确定各项非货币性职工福利费的标准和支付要求—按职工受益对象分配非货币性职工福利费，编制职工福利费分配表—成本会计审核原始凭证并编制记账凭证—会计主管审核—成本会计登记相关明细账—会计主管保管凭证—按旬编制“科目汇总表”后登记总账。

以自产产品发放非货币性职工福利费业务办理流程：根据会议确定的标准编制“非货币性职工福利发放汇总表”—经审批后由销售部门填制“产成品出库单”—仓库按发放表发放自产产品—综合会计审核原始凭证—综合会计编制借记“应付职工薪酬——非货币性职工福利”账户，贷记“主营业务收入”“应交税费——应交增值税（销项税额）”账户的记账凭证—会计主管审核—综合会计登记相关明细账—会计主管保管凭证—按旬编制“科目汇总表”后登记总账。

【业务认知】① 计提非货币性职工薪酬，按每个员工计算发放的金额，区别受益对象分别借记生产成本、制造费用、管理费用等。② 以自产产品发放非货币性职工福利费业务，可分两步理解：第一步，企业相当于按公允价值将自产产品出售给职工，应作为销售产品业务对待；第二步，企业出售自产产品，在正常情况下，应收取现金，但现在无偿发放给职工，因此支付的职工薪酬额为“资产的公允价值＋出售资产应交的增值税销项税额”，两步合一，即为发放职工福利的业务核算思路。③ 此业务为增值税、所得税视同销售业务，应同时交纳两类税金，但由于是发放给职工，不需开具增值税专用发票，但在填制增值税申报表时应考虑本业务。

60. 报销差旅费业务办理

【工作过程】出差人员填制差旅费报销单—经审核会计、部门负责人、单位负责人、会计机构负责人审核后至财务科办理手续—成本会计审核原始凭证并编制记账凭证—会计人员开具收据—会计主管审核—出纳人员办理报销—出纳人员在原始凭证上加盖付讫章、在记账凭证上签章、登记现金日记账—成本会计登记相关明细账—会计主管保管凭证—按旬编制“科目汇总表”后登记总账。

【实务操作】① 差旅费报销单填制见《指导手册》第二部分表 14。② 收据填制见《指导手册》第二部分表 5。③ 如收据上没有设计有关借款情况的，报销收据的填写金额应为借款总额，而非归还剩余借款的金额。④ 差旅费中的住宿费可依据增值税专用发票进行进项税额抵扣，但餐费、飞机火车票不可抵扣进项税额。

61. 捐赠业务办理

【工作过程】企业确定对外捐赠对象、金额—出纳人员签发转账支票，并由授权管理银行预留印鉴的人员分别在支票上签章—办理支票转账—取得接受捐赠方开具的收据、证明等原始凭证—综合会计审核原始凭证并编制记账凭证—会计主管审核—出纳人员在原始凭证上加盖“付讫”章，在记账凭证上签章，登记现金日记账—综合会计登记相关明细账—会计主管保管凭证—按旬编制“科目汇总表”后登记总账。

【业务认知】公益性捐赠是纳税人通过中国境内非营利的社会团体和国家机关，向教育、民政等公益事业和遭受自然灾害地区、贫困地区的捐赠。企业的公益性捐赠取得的原始凭证为财政部门监制的“接受社会捐赠专用收据”，该收据是经民政部门批准的公益性机构使用的，作为税收优惠的证据。如为非公益性捐赠，将无法取得该凭证，不可在税前扣除。公益性捐赠额在年度利润总额 12% 以内的部分可在税前扣除。超过年利润总额 12% 的部分，准予结转以后三年内在计算应纳税所得额时扣除。

62. 现金与往来款项清查业务办理

【工作过程】现金清查工作流程：出纳人员在清查前自行进行现金的清点，整理好币值不同的现金—出纳人员进行账证核对，结出现金日记账余额—会计主管进行账证核对，结出现金总账余额—现金日记账余额与现金总账余额核对相符—在清查人员的监督下，由出纳人员当场清点现金—将现金清点情况登记“库存现金盘点表”—由清查人员和出纳人员签字—对于账实不符的情况，查明原因，按企业制度要求报请相关人员审批后处理。

往来款项清查流程：往来会计结出各往来账户明细账余额—往来会计根据明细账

记录登记各往来单位“往来款项对账单”并签字—“往来款项对账单”经会计主管审批后加盖公章，并发给往来单位—往来单位核对后，填制核对内容，发回—往来会计据以登记“公司债权债务核对汇总表”。

【业务认知】现金清查工作必须由出纳人员和清查人员共同完成，既不能由出纳人员自行清查，也不可由清查人员单独完成，以便分清责任。往来款项对账工作，可通过纸质函证形式，也可通过电子函证的形式进行。

63. 销售领用包装纸业务处理

【工作过程】销售商品收款业务流程同前业务。

领用包装纸业务：填写“材料领用单”—审批后领用包装纸—材料会计登记“原材料”明细账数量栏。

【业务认知】领用包装纸用于销售，应将包装纸成本作为“销售费用”核算。

【实务操作】现金存款凭条为企业向银行存入现金时应填制的原始凭证，用于证明因现金存入而增加的银行存款金额。

64. 同城特约委托收款支付水电费业务办理

【工作过程】费用报销业务流程同实训指导 6。

【业务认知】① 同城特约委托收款是指收款人按照合同约定，在特定期间内委托开户行向同城的付款人收取特定款项，付款人开户行根据付款人的授权，直接从付款人账户支付款项。如水费、电费、电话费等日常费用的结算。② 目前在实务中我国水电费的缴纳通常为每月的 21 日，收取上月 20 日至本月 20 日的水电费。严格来说，本月所交纳的水电费不能准确反映本月生产经营所耗用的水电费金额，因此水电费分配首先应确定水电费的分配金额。确定水电费的分配金额时应区分两种情况，一种为生产量较为均衡的情况，为简化核算，可将当月支付的水电费作为当月发生的水电费予以分配。第二种为生产不均衡的情况，为正确计算成本，应按当月的水、电耗用量乘以其单价作为分配额。万家食品有限公司按第二种情况进行核算，因此，支付水电费时作的会计分录为：借“应付账款”，借“应交税费——应交增值税（进项税额”），贷“银行存款”；分配时，借记成本费用类账户，贷记“应付账款”。

65. 固定资产转作投资性房地产业务办理

【工作过程】企业作出固定资产转作投资性房地产决定—填制固定资产折旧计提表，计提该项固定资产的折旧并计算其账面价值—填制固定资产交接单—取得该项固定资产公允价值额—综合会计审核原始凭证并编制记账凭证—会计主管审核—综合会计登记相关明细账—会计主管保管凭证—按旬编制“科目汇总表”后登记总账。

【业务认知】固定资产转作投资性房地产。如果固定资产的公允价值高于账面价值，其差额作为“资本公积——其他综合收益”核算；如果固定资产的公允价值低于账面价值，其差额作为“公允价值变动损益”核算。本业务为前者，该项业务确认“资本公积——其他综合收益”后，在所得税核算中需确认递延所得税负债，同时借记“资本公积——其他综合收益”。

66. 运费业务办理

【工作过程】销售费用业务办理流程同实训指导 6。

【业务认知】销售过程中由销售方负担的运费所产生的增值税可以抵扣，应借记“应交税费——应交增值税（进项税额）”。在现金流量表的编制中，采购环节发生的计入原材料等存货成本的运费及其进项税额应记入“购买商品、接受劳务所支付的现金”项目，发生的计入固定资产等长期资产成本的运费及其进项税额应记入“购建固定资产、无形资产等长期资产所支付的现金”，在销售环节支付的运费及其进项税额因其不涉及资产的成本，应记入“支付的其他与经营活动有关的现金”项目。

67. 无形资产研发费用（费用化）业务办理

【工作过程】无形资产研发费用（费用化）业务办理流程同实训指导 6。

【业务认知】本项无形资产的研发，由于不符合资本化条件，予以费用化。按照“营改增”税收优惠政策，该项业务免征增值税，因此开具增值税零税率普通发票。同时，作为所得税优惠项目，该费用可作为技术开发费用，按费用的 175% 在税前扣除。在现金流量表编制中，本业务现金流出额应记入“支付的其他与经营活动有关的现金”项目。

68. 分期付款购入固定资产业务办理

【工作过程】签订购房合同，确定分期付款时间及金额—行政部门经管人员填制付款审批单并经审批—综合会计审核原始凭证并编制记账凭证—会计主管审核—出纳人员办理付款业务—取得发票、存根等原始凭证并粘贴在记账凭证上—出纳人员在原始凭证上加盖付讫章、在记账凭证上签章、登记银行存款日记账—综合会计登记相关明细账—会计主管保管凭证—按旬编制“科目汇总表”后登记总账。

【业务认知】① 融资性质分期付款购买固定资产。由于固定资产按现值入账，长期应付款按将来应付金额入账（终值），两者之间的差异为融资的费用，会计中记入“未确认融资费用”账户，作为利息费用按期进行摊销。因而长期应付款的账面价值为“长期应付款账户的余额减去未确认融资费用账户的余额”，与其计税基础（长期应付款账户余额）之间存在可抵扣暂时性差异，须在所得税核算时确认递延所得税资产。② 分期付款购买固定资产，销售方以合同规定的付款日作为纳税义务发生日开具专用发票。万家公司取得专用发票时，可在当期抵扣进项税。

69. 未确认融资费用的摊销额计算

【业务认知】未确认融资费用的摊销额，应以年初（指融资年度，本题融资月份为 1 月，所以融资年度与会计年度一致）的长期应付款的账面价值（即“长期应付款账户的余额减去未确认融资费用账户的余额”）乘以实际利率计算。因此，表中各标号的关系为：

（5）本年度 =（3）本年度 ×（4）

（3）本年度 =（1）本年度 –（2）本年度

（1）本年度 =（1）上年度 –（6）上年度

（2）本年度 =（2）上年度 -（5）上年度

70. 无形资产摊销业务

【业务认知】无形资产摊销一般以年限平均法为主要方法。除了已有明确证据表明该项无形资产可能获得余值补偿，无形资产摊销一般不考虑净残值。无形资产的摊销年限一般为企业的受益年限，而非法定年限。如土地使用权法定年限为 50 年，但如果企业只准备持有 20 年，则应在 20 年内摊销。

71. 汇总入库材料核算

【工作过程】汇总入库材料成本：成本会计将本月“材料入库单”按类别和品名进行整理—汇总各品名材料的计划成本和实际成本—计算各品名材料的材料成本差异—填制“原材料收料汇总表”并经审核—成本会计编制记账凭证—会计主管审核—成本会计登记相关明细账—会计主管保管凭证—按旬编制“科目汇总表”后登记总账。

【业务认知】本期购入海南盛家粮油公司的黄油至月末未收到发票，应在此暂估入账，但其入账价值不计入计算材料成本差异时原材料的计划成本总额中。该项材料的成本差异应计入下月材料成本差异率的计算。

【实务操作】建议使用 Excel 表格进行计算。

72. 存货清查工作

【工作过程】成立清查小组，明确清查小组的职责—下达财产清查通知—仓库整理清点数量，准备好计量工具，做好堆放标签等业务准备—财务部门进行账证核对、账账核对—打印需清查资产余额表—财产清查小组人员在仓库内进行财产清查—清查小组填制盘存单并签名—成本会计编制记账凭证对盘盈盘亏资产进行核算，做到账实相符—会计主管审核—成本会计登记相关明细账—会计主管保管凭证—按旬编制“科目汇总表”后登记总账。

存货清查结果处理工作过程：清查小组根据盘存单与会计部门提供的余额表，编制账存实存对比表—查明账实不符原因—清查组组长确认签字—财务部门在“实存账存对比表”提出处理建议—公司授权机构（如公司经理会议）审批，作出处理决定，填写在“实存账存对比表”上，并签字确认—成本会计编制记账凭证处理盘盈盘亏—会计主管审核—成本会计登记相关明细账—会计主管保管凭证—按旬编制“科目汇总表”后登记总账。

【实务操作】建议使用 Excel 表格进行计算。

73. 汇总发出材料业务办理

【工作过程】

（1）汇总发出材料业务办理流程：成本会计将本月“领料单”按领用单位、用途、材料类别和品名进行整理。

① 编制“生产车间材料费用分配表”，即基本生产车间领用的作为产品实体的原料及主要材料直接或间接分配计入产品成本—合理确定四种产品的“直接材料”项目金额—将“生产车间材料费用分配表”中归集的各生产车间的材料费用记入“发料凭

证汇总表”中“基本生产车间”下属的中点车间、西点车间、馅料车间明细栏，对应的贷方行为“原料及主要材料”。

② 将辅助生产车间领用的材料直接记入“发料凭证汇总表”中“辅助生产成本”栏目中，对应贷方行一般为“辅助材料”“修理用备件”“燃料”等。

③ 将生产车间领用的车间一般耗用的材料，按领用车间的不同记入“发料凭证汇总表”“制造费用”栏下属的明细栏目，对应贷方行一般为“辅助材料”“修理用备件”“燃料”等。

④ 将其他部门领用的材料按部门的不同，分别记入“发料凭证汇总表”对应的栏目，如行政部门领用的记入“管理费用”“销售费用”等栏目，在建工程领用的记入“在建工程”栏目，对应的贷方行可能为“原料及主要材料”“辅助材料”“修理用备件”“燃料”等。

⑤ 对发出材料分别按表格设计进行合计，确定基本生产成本（4 种产品明细）、制造费用（3 个基本车间为明细）、辅助生产成本、销售费用等项目的发出材料的计划成本，进而根据收料汇总表计算的材料成本差异率计算各用途发出材料的材料成本差异及实际成本。

（2）汇总发出包装物业务办理流程：成本会计将本月“包装物领料单”按领用单位、用途进行整理—编制“包装物费用分配表”并据此填制“发出材料汇总表”中包装物分配内容，分别将领用的包装物成本记入“基本生产成本——豆沙包、奶黄包、牛肉汉堡、火腿三明治”。

（3）汇总发出低值易耗品业务办理流程：成本会计将本月“低值易耗品领料单”按领用单位、用途进行整理—编制“低值易耗品费用分配表”并据此填制“发出材料汇总表”中包装物低值易耗品分配内容，将领用的低值易耗品成本记入“制造费用”下设明细栏目。

（4）成本会计会计核算流程：成本会计复核上述“发出材料汇总表”—成本会计编制记账凭证—会计主管审核　成本会计登记相关明细账　会计主管保管凭证　按旬编制“科目汇总表”后登记总账。

【业务认知】① 中点车间、西点车间领用材料需在本车间生产的两种产品之间进行分配，分配标准为产品的产量，即中点车间领用的材料需按豆沙包和奶黄包的产量在两种产品之间分配，西点车间领用的材料需按火腿三明治、牛肉汉堡的产量在两种产品之间分配。由于企业材料为生产开始时一次投料，因而在产品的约当产量率为100%。② 馅料车间领用材料需在本车间生产的四种产品之间进行分配（成本对象为四种产品），分配标准为产品的产量乘以消耗定额。

【实务操作】建议使用 Excel 表格进行计算。

74. 计提坏账准备业务办理

【工作过程】综合会计（往来核算岗位）根据往来明细账确定应收账款、应收票据、预付账款不同客户的账龄和金额—填制“往来款项账龄分析表”—根据该表各项目（应收账款、应收票据、预付账款三个项目，下同）不同账龄合计数填制“坏账准备计提表”各项目不同账龄的金额—用上述金额乘以不同账龄的坏账准备率计算各项目不同账龄估计的坏账损失额，并合计计算各项目的估计坏账损失总额，以其减去各项目计提“坏账准备”前账户余额—计算各项目计提坏账准备发生额—成本会计编制记账凭证—会计主管审核—成本会计登记相关明细账—会计主管保管凭证—按旬编制“科目汇总表”后登记总账。

【业务认知】在计算各项目坏账准备账户余额时，应注意考虑“银虎超市破产业务”和“债务重组业务”，借记“坏账准备”账户的金额。

【实务操作】建议使用 Excel 表格进行计算。

75. 计提可供出售金融资产减值准备工作

【工作过程】综合会计（金融资产核算岗位）填制“可供出售金融资产利息调整摊销额计算表”，确认可供出售金融资产账面价值—根据减值分析报告填制“可供出售金融资产减值准备计提表”—综合会计编制记账凭证—会计主管审核—综合会计登记相关明细账—会计主管保管凭证—按旬编制“科目汇总表”后登记总账。

【业务认知】计提减值损失使可供出售金融资产账面价值低于其计税基础，其导致的可抵扣暂时性差异，在满足条件时，应确认递延所得税资产。

76. 预计负债计提业务办理

【工作过程】根据可靠证据及预计负债确认条件确认预计负债—综合会计编制记账凭证—会计主管审核—综合会计登记相关明细账—会计主管保管凭证—按旬编制“科目汇总表”后登记总账。

【业务认知】预计负债的账面价值大于其计税基础，其导致的可抵扣暂时性差异，在满足条件时，应确认递延所得税资产。

77. 工资计算工作

【工作过程】计算有事、病假人员的应付工资—计算供应部的合计应付工资。

【业务认知】根据企业制度，本企业采用日薪制，应按事假、病假的扣薪制度规定计算应付工资。

78. 计提个人所得税业务办理

【工作过程】填制个人所得税计算表—综合会计编制记账凭证—会计主管审核—综合会计登记相关明细账—会计主管保管凭证—按旬编制“科目汇总表”后登记总账。

【业务认知】个人所得税应税收入 = 应付工资 − 个人负担的三险一金金额 + 其他应税收入。本业务中每人每月的伙食补贴收入作为职工福利费应计入个人所得税应税收入。

79. 工资结算汇总表编制

【工作过程】将供应部门应付工资合计数填入表内—将计算的个人所得税税额填入表内—根据应付工资乘以相应的比例计算三险一金金额，填入表内—将应付工资减去扣除项目后计算实发工资额。

【实务操作】建议使用 Excel 表格进行计算。

80. 货币性职工薪酬计算分配工作

【工作过程】根据“工资结算表”，填制“工资费用分配表”—按职工的受益对象将工资费用分配计入管理费用、制造费用、辅助生产成本、基本生产成本（基本生产车间人员工资按工时在生产产品之间进行分配）—填制“货币性薪酬分配计算表”，以应付工资为计算依据乘以制度规定的企业负担的各项社会保险费率、住房公积金计提率、职工经费计提比例、工会经费计提比例，计算各项货币性薪酬金额—成本会计编制记账凭证—会计主管审核—成本会计登记相关明细账—会计主管保管凭证—按旬编制“科目汇总表”后登记总账。

【实务操作】建议使用 Excel 表格进行计算。

81. 债权投资核算

【业务认知】年初摊余成本计算：年初是指债券年度，即自取得债券开始日至次年取得日前一日。如为分期付息债券，年初摊余成本 = 上一年度年初摊余成本 + 投资收益 - 票面利息；如为到期一次还本付息债券，年初摊余成本 = 上一年度年初摊余成本 + 投资收益。其中取得第一年度的年初摊余成本即为债权投资的入账金额。

【实务操作】建议使用 Excel 表格进行计算。

82. 辅助生产成本的分配

【业务认知】辅助生产成本分配：以生产工时为标准对辅助生产成本在受益对象间进行分配—借记“制造费用—中点车间、西点车间、馅料车间”或“管理费用”账户。

【实务操作】建议使用 Excel 表格进行计算。

83. 制造费用分配业务办理

【业务认知】根据“制造费用”明细账，归集中点车间、西点车间、馅料车间的制造费用—编制“制造费用分配表”，以中点车间、西点车间、馅料车间不同产品的生产工时为标准分配制造费用—成本会计编制记账凭证—会计主管审核—成本会计登记相关明细账—会计主管保管凭证—按旬编制“科目汇总表”后登记总账。

【实务操作】建议使用 Excel 表格进行计算。

84. 产品成本计算

【工作过程】完工产品成本计算过程：成本会计编制“直接人工和制造费用约当产量计算表”。

（1）直接材料项目：根据“发料凭证汇总表”填制四种产品“成本计算单”中的直接材料项目的生产费用金额，以该金额除以完工产品数量与在产品数量（约当率100%）之和，计算完工产品直接材料项目单位成本，以其乘以在产品数量（本业务为100 千克），计算在产品成本，最终倒挤取得完工产品总成本。

（2）直接人工、制造费用项目：根据“货币性薪酬分配表”“制造费用分配表”填制四种产品“成本计算单”中的直接人工和制造费用项目的生产费用金额，以该金额除以完工产品数量与在产品约当产量之和，计算完工产品直接人工与制造费用项目单位成本，以其乘以在产品约当产量，计算在产品成本，最终倒挤取得完工产品总成本。

（3）汇总三个成本项目额编制完成“成本计算单”—成本会计编制记账凭证—会计主管审核—成本会计登记相关明细账—会计主管保管凭证—按旬编制“科目汇总表”后登记总账。

【实务操作】建议使用 Excel 表格进行计算。

85. 交易性金融资产、投资性房地产期末计价

【业务认知】由于公允价值变动使得资产的账面价值不等于计税基础，从而导致了可抵扣暂时性差异或应纳税暂时性差异，在满足条件时，确认递延所得税资产或负债。

【实务操作】建议使用 Excel 表格进行计算。

86. 月末应交增值税转未交增值税

【业务认知】本月应纳增值税的会计处理有两种情况，本企业采用在纳税义务发生当月将本月应纳所得税转为“应交税费——未交增值税”的处理方法，因而根据上表计算出当月应纳增值税后作借记“应交税费——应交增值税（转出少交的增值税）”，贷记“应交税费——未交增值税”会计分录。

【实务操作】建议使用 Excel 表格进行计算。

87. 城建税与教育费附加等附加税费核算

【业务认知】城建税与教育费附加业务计提：根据前面业务计算所得的本期应纳增值税额计算城建税、教育费附加和地方教育附加—填制附加税费计算表—成本会计编制记账凭证—会计主管审核—成本会计登记相关明细账—会计主管保管凭证—按旬编制“科目汇总表”后登记总账。

【实务操作】建议使用 Excel 表格进行计算。

88. 财产税核算

【业务认知】财产税包括房产税、土地使用税、车船使用税等。按财政部 2016 年 22 号文件规定，上述税金记入“税金及附加”账户。财产税的计算应注意各项前提条件，如土地使用税计算中对于容积率的要求，房产税计算中对于自用房产和出租房产所交纳税金的不同计算方法等。

89. 长期股权投资核算

【业务认知】本业务长期股权投资采用权益法核算，因此将导致长期股权投资的账面价值和计税基础的差异，由于企业意在对该投资长期持有，因此该项差异将成为不可转回的差异，在所得税计算中将其作为永久性差异处理。

90. 前期重大差错更正

【业务认知】本业务确认为前期重大差错，应采用追溯调整的方法。具体工作要求包括：编制调整分录—登记账簿—编制资产负债表、利润表、所有者权益变动表调整底稿，计算各涉及项目调整后的年初数和上期数—调整报表相应项目的年初数和上期数—编制会计报表附注。

前期重大差错涉及调整上期损益的，应按照税法规定首先确认由于会计差错造成的上期多交税或少交税，在本期是否可以调整，如果不可以，则不进行所得税费用的核算；如果可以调整，涉及上期所得税费用增加或减少的，借记或贷记所得税费用；如果本期须补交或退还的，贷记或借记应交税费；如果递延至后期补交或退还的，可贷记“递延所得税负债”或借记“递延所得税资产”。

91. 所得税费用核算

【业务认知】所得税费用核算是实务中的难点，“企业所得税计算表”以表格的形式列示了所得税费用核算的思路和过程。

（1）纳税调整额计算。纳税调整额的类别包括永久性差异和暂时性差异。第一，永久性差异直接将调整额填至最后一列“调整增减额”即可。第二，如为暂时性差异，则必须依表填写资产或负债的“账面价值”和“计税基础”，判断两者差异是可抵扣暂时性差异还是应纳税暂时性差异，比较确认后将两者的差额填至“可抵扣暂时性差异”或“应纳税暂时性差异”下的“期末余额”栏。第三，根据递延所得税资产或负债的期初余额，除以所得税税率还原为“可抵扣暂时性差异”或“应纳税暂时性差异”的期初余额填入表中。第四，将“可抵扣暂时性差异”的期末余额减去期初余额的差额、“应纳税暂时性差异”期初余额减去期末余额的差额记入最后一列“纳税调整增减额”。第五，如有前期亏损可进行税前扣除的，作为“可抵扣暂时性差异”，计入纳税调整额；如前期亏损不可抵扣的，则不予考虑。第六，计算“纳税调整额”合计数。

（2）当期所得税计算。

$$应纳所得税额=会计利润额+纳税调整额$$

（3）递延所得税计算。第一，根据纳税调整额栏内填写的可抵扣暂时性差异的期初余额和期末余额，乘以未来所得税税率，计算递延所得税资产的期初余额和期末余额，以期末余额减去期初余额的差额填写“本期发生额”栏目的金额（根据计算结果分正负数反映，下同）。第二，根据纳税调整额栏内填写的应纳税暂时性差异的期初余额和期末余额，乘以未来所得税税率，计算递延所得税负债的期初余额和期末余额，以期末余额减去期初余额的差额填写“本期发生额”栏目的金额。第三，根据具体业务判断本期递延所得税资产和递延所得税负债的发生，是否对应“资本公积——其他综合收益”，如有对应的，计算当期发生额，以“递延所得税负债”的发生额减去“递延所得税资产”的发生额的差额+“资本公积”本期发生额计算得出递延所得税费用。

（4）所得税费用计算。

$$所得税费用=当期所得税费用+递延所得税费用$$

92. 利润分配业务

【业务认知】利润分配业务首先要明确可分配的利润基数。第一种情况，如“利润分配——未分配利润”账户余额为贷方余额时，应以本年度净利润为基数，乘以计提比例计算盈余公积；第二种情况，如“利润分配——未分配利润”账户余额为借方余额时，说明以前年度产生了亏损，因此本年所产生的净利润应首先弥补亏损，即以

“净利润＋利润分配——未分配利润账户借方余额”作为基数，乘以计提比例计算盈余公积。但如果“净利润＋利润分配——未分配利润账户借方余额”为负数时，本年度不计提盈余公积。

第二部分

实训项目操作步骤、实训要求和考核标准

表 1　　设置会计科目与建立账簿项目实训要求及考核标准

实训项目及步骤		实训要求与考核标准	序号	得分	备注
设置会计科目		正确、规范、完整、科学地设置总分类会计科目，科目体系完整、设计符合会计准则的要求，符合企业的实际，编号规范	1	10	
		明细分类科目设计满足企业经济管理与会计核算的需要，编号规范	2	5	
账簿的启用	封面	应当在账簿封面上写明单位名称和账簿名称	3	5	
	扉页	应详细填列账簿扉页的“账簿启用表”，包括单位名称、账簿名称、启用日期、账簿册数、账簿编号、账簿页数（活页账的页数一般是年度结束，结完账装订成册后才能标出每张账页的连续页码）、记账人员和会计机构负责人（会计主管人员）姓名，并加盖名章和单位公章。在印花税票粘贴处粘贴印花税税票，并划票完税	4	10	文字说明、签名、签章、粘贴印花税票等要求
建账	日记账	根据会计制度要求正确开设模拟单位“现金日记账”，根据上期“库存现金”账户的期末余额登记“现金日记账”本期期初余额	5	5	
		根据会计制度要求正确开设模拟单位“银行存款日记账”，根据上期“银行存款”账户的期末余额登记“银行存款日记账”本期期初余额	6	5	
	总账	根据企业开设的会计科目，编制总账账簿“科目索引表”，在“科目索引表”上登记各总账科目名称	7	5	
		根据总分类会计科目开设各总账账户	8	15	
		根据上期各总账账户期末余额登记本期期初余额，并指明各账户的余额方向，共计 10 个总账账户	9	5	
	明细账	根据企业明细核算内容，正确选择各类经济内容核算所需明细账账页，开设模拟单位“明细分类账”。根据上期期末余额登记各明细分类账户的本期期初余额，并指明各账户的余额方向（三栏式 2 张、数量金额式 2 张、多栏式 1 张）	10	15	
电算化操作		能够正确运用电算化软件进行科目初始化，建立账套	11	20	
		总　计		100	

表 2　　记账凭证的填制、审核与会计凭证的整理项目实训要求及考核标准

实训项目及步骤		实训要求与考核标准	序号	得分	备注
记账凭证的编制	专用记账凭证的选择	单位采用专用记账凭证进行会计核算，应根据经济业务内容选择正确的记账凭证种类： ① 收款凭证：适用于现金、银行存款收入业务； ② 付款凭证：适用于现金、银行存款支付业务及现金银行存款相互划拨的业务； ③ 转账凭证：适用于不涉及现金、银行存款收付的业务； ④ 如果某项业务既涉及收、付款业务，又涉及转账业务，则应分别编制收、付款凭证和转账凭证	1	2	
	日期	一般应按记账凭证的填制日期填写，其中收、付款凭证应按收付款业务发生的日期填写，以保证现金、银行存款日记账的登记；期末结账业务应填写期末日期	2	2	

续表

<table>
<tr><th colspan="4">实训项目及步骤</th><th>实训要求与考核标准</th><th>序号</th><th>得分</th><th>备注</th></tr>
<tr><td rowspan="8">记账凭证的编制</td><td colspan="3">编号</td><td>记账凭证应以月为单位顺序编号，一张记账凭证编一个号，不得重号、漏号、错号。每月最后一张记账凭证编号的后面应加注“全”字。记账凭证的编号方法主要有以下三种：
① 一类编号法，即每月不分经济业务内容，将所有的记账凭证按照记账凭证的填制日期从 1 号开始顺序编号。
② 三类编号法，即将每月所有的记账凭证按其所反映的经济内容分为收款、付款、转账三类，再分别按每一类的顺序编号。
③ 五类编号法，即将每月所有的记账凭证按其所反映的经济内容分为现金收款凭证、现金付款凭证、银行存款收款凭证、银行存款付款凭证和转账凭证五类，再分别按每一类的顺序编号。
此外，如果一笔经济业务需要填制一张以上的记账凭证时，记账凭证的编号采用分数编号法</td><td>3</td><td>2</td><td>一般地，采用通用记账凭证格式且业务规模较小的单位应采用一类编号法；采用专用记账凭证格式且业务规模较大的单位，应视需要采用三类或五类编号法</td></tr>
<tr><td colspan="3">摘要</td><td>应对经济业务做简要说明，要抓住经济业务的要点，文字要简练明确，不可漏填或错填</td><td>4</td><td>2</td><td></td></tr>
<tr><td rowspan="5">会计分录</td><td rowspan="2">会计科目</td><td>总账科目</td><td>应按记账凭证格式所设计的会计科目栏，正确填写总分类科目的全称，不得只填总分类科目的代码</td><td>5</td><td>3</td><td rowspan="5"></td></tr>
<tr><td>明细科目</td><td>应按记账凭证格式所设计的会计科目栏，正确填写明细科目的全称，不得只填明细会计科目的代码</td><td>6</td><td>3</td></tr>
<tr><td colspan="2">方向</td><td>正确填写应记账户的“借”“贷”方向</td><td>7</td><td>3</td></tr>
<tr><td rowspan="2">金额</td><td>小写</td><td>① 小写金额栏数字的填写应准确规范，不得连写，不得空栏，如没有角分的，在“角”“分”栏内写“0”，数字书写应占行距的 1/2。
② 填写小写金额合计栏时，应在第一位数字前填写货币符号，如人民币符号“¥”。
③ 应按行从上到下逐行填写，不得空行、跳行。
④ 各行填写完毕，应在合计栏填写经济业务的合计数额。
⑤ 如果在最后一笔数字和合计数之间有空行，应在金额栏从左下角向右上角画斜线或画倒“S”线注销</td><td>8</td><td>3</td></tr>
<tr><td>大写</td><td>① 应按凭证格式设计，正确规范地填写大写金额。
② 大写金额数字前未印有货币名称的，应当加填货币名称，货币名称与金额数字之间不得留有空白；大写金额数字到元或角为止的，在“元”或者“角”字之后应写“整”或者“正”字；大写金额数字有分的，分字后面不写“整”或者“正”字。
③ 大小写金额应相符</td><td>9</td><td>3</td></tr>
<tr><td colspan="3">附原始凭证张数</td><td>① 应在记账凭证上注明所附原始凭证的张数。
② 如果根据同一张原始凭证编制两张或两张以上的记账凭证，可将这张原始凭证附在主要记账凭证的后面，并在未附有原始凭证的记账凭证上注明“单据 X 张，附在第 X 号记账凭证上”，以便复核和查阅。
③ 如有重要资料或原始凭证过多，需要另行保管的，也应在记账凭证背面加以说明。</td><td>10</td><td>3</td><td></td></tr>
</table>

续表

实训项目及步骤			实训要求与考核标准	序号	得分	备注
记账凭证的编制	附原始凭证张数		④ 如果原始凭证上所列费用应由两个以上单位共同负担的，应开给其他应负担部分费用支出的单位原始凭证分割单	10	3	
	签名盖章		记账凭证应按照制单→审核→出纳（收付款业务）→记账→会计主管的顺序传递，每一个经手记账凭证的人员都应在记账凭证的相关栏目中签名或盖章，出纳人员在办理完收付款业务后应在“出纳”栏内加盖名章，并在相关的原始凭证上加盖“收讫”“付讫”章	11	3	
记账凭证的审核	审核内容		记账凭证是否附有原始凭证，原始凭证是否齐全、内容是否合法，记账凭证所记录的经济业务与所附原始凭证所反映的经济业务是否相符，是否合法	12	10	
			记账凭证应借、应贷的会计科目是否正确，账户的对应关系是否正确，所使用的会计科目及其核算内容是否符合会计制度的规定，金额计算是否准确	13		
			摘要是否填写清楚、项目是否填写齐全，如日期、凭证编号、二级和明细会计科目、附件张数以及有关人员签章等	14		
	错误记账凭证的处理	未入账	重新填写	15	2	
		已入账当年内发现	如果是金额正确、所记科目或方向错误的，用红字编制一张冲销错账的记账凭证，并用蓝字编制一张正确的凭证	16	3	
			如果所记科目、方向正确，金额多记的，用红字编制一张冲销多记金额的记账凭证	17	3	
			如果所记科目、方向正确，金额少记的，用蓝字编制一张补记少记金额的记账凭证	18	3	
		已入账以后年度发现	应用蓝字编写正确的更正凭证，通过“以前年度损益调整”等账户进行记录	19	3	
会计凭证整理	原始凭证		原始凭证应附在记账凭证后面，要求粘贴的原始凭证真实、合法、完整、正确，粘贴要干净整洁，排列有序。 对于纸张面积过小的原始凭证，可先按一定次序和类别排列，再粘在一张同记账凭证大小相同的白纸上，粘贴时宜用胶水。 证票应分张排列，同类、同金额的单据尽量粘在一起，并在一旁注明张数和合计金额。如果是板状票证，可以将票面票底轻轻撕开。 对于纸张面积略小于记账凭证的原始凭证，可先用回形针或大头针别在记账凭证后面，待装订时再抽去回形针或大头针。 对于纸张面积大于记账凭证的原始凭证，可按记账凭证的面积尺寸，先自右向后、再自下向后两次折叠。注意应把凭证的左上角或左侧面让出来，以便装订后，还可以展开查阅	20	5	
			重要原始凭证，需要单独保管的，应编制目录并在有关记账凭证上注明附件另行保管，以便查核	21	2	

续表

实训项目及步骤		实训要求与考核标准	序号	得分	备注
会计凭证整理	记账凭证	记账凭证应按月整理。月末，要将本月各种记账凭证加以整理，检查有无缺号，附件是否齐全，然后按顺序号排列，加具封面封底，装订成册。如果在一个月内，凭证数量过多，可分装若干册，在封面上加注共几册字样	22	5	
		封面上应注明单位的名称、所属的年度和月份、起讫的日期、记账凭证的种类、起讫号数	23	2	
		封面上应由会计主管、保管员签章	24	2	
		装订凭证的厚度以 1.5~2.0 cm 为宜，一般 30 张记账凭证装订一本，装订时要考虑到凭证的整齐均匀，特别是装订线的位置，太薄时可用纸折一些三角形纸条，均匀地垫在此处，以保证它的厚度与凭证中间的厚度一致	25	5	
		在装订线上加贴封签，并在封签处加盖会计主管的骑缝图章	26	2	
		在装订好的凭证本的脊背上面写上“某年某月第几册共几册”的字样。现金凭证、银行凭证和转账凭证应依次顺序编号，一个月从头编一次序号，如果单位的凭证少，可以全年顺序编号	27	2	
		如果某些记账凭证所附原始凭证数量过多，也可以单独装订保管，但应在其封面及有关记账凭证上加注说明	28	2	
电算化操作		能够正确地输入凭证并使用平推打印机打印凭证	29	10	
科目汇总表编制	表头	正确填写科目汇总表表头各项要素，包括：汇总的时期、金额单位等	30	3	
	表身	根据已编制的记账凭证，正确计算每个账户的借贷方发生额并填写在表中相应的位置	31	5	
	试算平衡	将所有账户借贷方发生额进行加计，保证所有账户借方发生额合计数等于所有账户贷方发生额合计数	32	2	
合　计				100	

注：本项目要求参与鉴定者编制五张不同类型的记账凭证，成绩为五张凭证的平均分。

表 3 记账、结账项目实训要求及考核标准

实训项目及步骤			实训要求与考核标准	序号	得分	备注
登记账簿	内容完整	日期	记账应及时，日记账、明细账应在经济业务发生的当天进行登记，总账应在本月内登记完毕，正确填写登记日期，月初登记余额或第一笔业务时及每一页第一行应登记年、月、日，其余各行只登记日	1	2	
		凭证号数	根据审核无误的会计凭证登记账簿，并在“凭证号数”栏内登记所依据凭证的种类和号数。采用专用记账凭证的，应在“凭证种类”栏内填写“收”“付”“转”等凭证种类，并在“凭证号数”栏内填写凭证编号；采用通用记账凭证的，不必填写“凭证种类”栏	2	2	

续表

<table>
<tr><th colspan="4">实训项目及步骤</th><th>实训要求与考核标准</th><th>序号</th><th>得分</th><th>备注</th></tr>
<tr><td rowspan="11">登记账簿</td><td rowspan="5">内容完整</td><td colspan="2">摘要</td><td>摘要应清楚明了，简单记录经济业务内容。
对于现金、银行存款日记账不设“结算号码”栏的，可在“摘要栏”内填写结算票据号码，以便对账</td><td>3</td><td>2</td><td rowspan="3"></td></tr>
<tr><td colspan="2">发生额</td><td>在“借”“贷”方栏目里登记经济业务的发生额。
对于“数量金额式”账页，还应填列“发生额”栏下属的实物购进数量、单价</td><td>4</td><td>4</td></tr>
<tr><td colspan="2">余额</td><td>凡需结出余额的账户，应当定期结出余额。结出余额后，应在标明余额方向的“借或贷”栏内写明“借”或“贷”的字样。没有余额的账户，应在该栏内写“平”字，并在余额栏（“元”位上）内用“—”表示。现金和银行存款日记账必须逐日结出余额。
对于“数量金额式”账页，还应填列“余额”栏下属的实物结余的数量、单价</td><td>5</td><td>5</td></tr>
<tr><td rowspan="2">辅助栏</td><td>对应科目栏</td><td>对于设有“对应科目栏”的日记账或者总账，应在“对应科目栏”填列对应科目名称，以更好地反映账户之间的对应关系</td><td>6</td><td>2</td><td rowspan="2"></td></tr>
<tr><td>结算号码栏</td><td>对于“现金”或“银行存款”日记账设“结算号码栏”的，应在“结算号码栏”填列结算票据的编号，以便查账和银行对账，不设该栏的，结算票据号码也可填列在“摘要栏”内</td><td>7</td><td>2</td></tr>
<tr><td rowspan="5">具体记账规则</td><td colspan="2">清晰整洁</td><td>记账必须使用蓝黑墨水或者碳素墨水书写，不得用圆珠笔（银行的复写账簿除外）或者铅笔书写。红色墨水只能在根据红字记账凭证冲销错误记录、在不设借贷等栏的多栏式账页中登记减少数、在三栏式账户的余额栏前如未印明余额方向的情况下登记负数余额或按照国家统一会计制度的规定可以用红字登记的其他会计记录（如结账、划线）等情况下使用</td><td>8</td><td>3</td><td rowspan="5"></td></tr>
<tr><td colspan="2">书写规范</td><td>账簿中的文字和数字书写要符合规范，易于辨认。文字数字书写一般应紧靠底线，占格距的 1/2，从而使上方留有适当空格，便于更正错账之用。阿拉伯数字一般可自左向右适当倾斜，以使账簿记录整齐、清晰。没有角分的整数，小数点以后的两个“0”不得省略不写</td><td>9</td><td>3</td></tr>
<tr><td colspan="2" rowspan="3">连续完整</td><td>必须按账户页次顺序逐页、逐行连续登记，不得跳行、隔页。如果不慎出现跳行、隔页，不得任意涂改，应在空行、空页处用红色墨水划对角线注销，或者注明“此行空白”“此页空白”字样，并由记账人员及会计机构负责人员签名或者盖章，以示证明</td><td>10</td><td>3</td></tr>
<tr><td>对订本式账簿，不得任意撕毁账页，对活页式账簿也不得任意抽换账页</td><td>11</td><td>3</td></tr>
<tr><td>在每一张账页登记完毕需要结转下页继续登记时，应在该页最末一行的摘要栏内填写“过次页”字样，在借、贷方栏内登记本账页的发生额合计数，余额栏内结出余额；在下页第一行的摘要栏内填写“承前页”字样，在借、贷方栏和余额栏过入上页的发生额合计数和余额，然后再登记新的经济业务</td><td>12</td><td>3</td></tr>
</table>

续表

实训项目及步骤			实训要求与考核标准	序号	得分	备注
登记账簿	具体记账规则	错账更正	对记账过程中发生的账簿记录错误，不得使用刮擦、挖补、涂改、药水消除字迹等手段更改错账，也不准更换账页重抄，而应根据错账的具体情况，采用规范的更正方法予以更正	13	10	
		记账标记	登记完毕后，记账人员要在记账凭证上签名或盖章，并在记账凭证的“账页”栏内注明所记账簿的页数，或划“√”符号	14	3	
账簿的更换与交接		更换	对于持续经营的单位，在每个新的会计年度开始时，除固定资产明细账等少数明细分类账簿和备查账簿可以连续使用旧账外，其他的总分类账簿、明细分类账簿及日记账均要在新年度开始时启用新账，不能跨年度使用，以利于账簿的归档保管和日后查阅	15	10	
		交接	当记账人员或者会计机构负责人、会计主管人员调动工作或者因故离职时，应办理交接手续，将本人所经管的会计工作全部移交给接替人员。没有办清交接手续的，不得调动或离职。在“账簿启用表”交接记录栏内，填写清楚交接日期、接办人员和监交人员姓名等内容，并由交接双方人员签名或者盖章，以明确经济责任，维护会计账簿记录的严肃性。实行会计电算化的单位，从事该项工作的移交人员还应当在移交清册中列明会计软件及密码、会计软件数据磁盘及有关资料、实物等内容	16	10	口述账簿更换与交接的相关要求
结账	月结	摘要栏	在本月最后一笔业务下一行的摘要栏内填写摘要。对于有余额的账户应在摘要栏内注明“本月发生额及期末余额”，对于没有余额的损益类等账户应在摘要栏内注明“本月合计”	17	3	
		金额	在本月最后一笔业务下一行的金额栏正确计算并填写各账户本月借、贷方的月内累计发生额及期末余额	18	3	
		划线	在本月结账行的上下端各划一条通栏单红线，表示本月的账簿记录已经结束	19	3	
		本年累计数	对于收入、费用、成本等账户，应在本月合计的基础上结计本年累计发生额，在“本月合计”行下的摘要栏内注明“本年累计”字样，结出该账户自年初起至本月末止的累计数额，然后在该行下再划一条通栏红线，把它与下月记录分开	20	5	
	季结	摘要栏	在本月结账栏下一行摘要栏正确填写摘要。对于有余额的账户应在摘要栏内注明“本季发生额及期末余额”，对于没有余额的损益类等账户应在摘要栏内注明“本季合计”	21	2	
		金额	在本月结账栏下一行金额栏正确计算并填写各账户本季借、贷双方的季内累计发生额及期末余额	22	3	
		划线	在本季结账行的下端划一条通栏单红线，表示本季的账簿记录已经结束	23	2	

续表

<table>
<tr><th colspan="3">实训项目及步骤</th><th>实训要求与考核标准</th><th>序号</th><th>得分</th><th>备注</th></tr>
<tr><td rowspan="3">结账</td><td rowspan="3">年结</td><td>摘要栏</td><td>在本季结账栏下一行摘要栏正确填写摘要。对于有余额的账户应在摘要栏内注明“本年发生额及期末余额”，对于没有余额的损益类等账户应在摘要栏内注明“本年合计”</td><td>24</td><td>5</td><td></td></tr>
<tr><td>金额</td><td>在本季结账行下一行金额栏正确计算并填写各账户本年借、贷双方的年内累计发生额及期末余额</td><td>25</td><td>2</td><td></td></tr>
<tr><td>划线</td><td>在本年结账行的下端划两条通栏红线，表示本年的账簿记录已经结束</td><td>26</td><td>5</td><td></td></tr>
<tr><td colspan="4">合　计</td><td></td><td>100</td><td></td></tr>
</table>

表 4　　财务会计报告编制项目实训要求及考核标准

<table>
<tr><th colspan="3">实训项目及步骤</th><th>实训要求与考核标准</th><th>序号</th><th>得分</th><th>备注</th></tr>
<tr><td rowspan="6">编制前的准备工作</td><td rowspan="6">对账</td><td>账证核对</td><td>记账时，将各种账簿记录与有关原始凭证和记账凭证进行核对，并在记账凭证的“过账栏”内标记“√”，表示已核账证相符</td><td>1</td><td>2</td><td rowspan="6">口述对账的内容</td></tr>
<tr><td rowspan="4">账账核对</td><td>编制总账账户试算平衡表，进行总账账户间的相互核对</td><td>2</td><td>10</td></tr>
<tr><td>核对现金、银行存款总账与现金、银行存款日记账发生额、余额是否相符</td><td>3</td><td>3</td></tr>
<tr><td>编制“总账账户与明细分类账户试算平衡表”，核对总账账户与其所属明细账户的发生额及余额是否相符</td><td>4</td><td>3</td></tr>
<tr><td>核对会计部门账簿与其他业务部门的有关账簿内容是否相符</td><td>5</td><td>3</td></tr>
<tr><td>账实核对</td><td>将各项财产物资等的账面余额与实有数额相核对</td><td>6</td><td>2</td></tr>
<tr><td rowspan="8">编制要求</td><td colspan="2">合法性</td><td>企业编制和提供财务会计报告应该符合《中华人民共和国会计法》《企业财务会计报告条例》《企业会计准则》及相关的会计制度等法律法规的规定</td><td>7</td><td>3</td><td rowspan="8">口述会计报表编制的要求</td></tr>
<tr><td rowspan="5">客观性</td><td>数字真实</td><td>财务报告提供的会计信息要客观、真实。不准任意取舍、隐瞒会计信息，影响使用者的正确理解</td><td>8</td><td>2</td></tr>
<tr><td rowspan="3">内容完整</td><td>表头：一般应填列“编报单位”“编报日期”</td><td>9</td><td>2</td></tr>
<tr><td>表身：表中各内容应填列完整</td><td>10</td><td>14</td></tr>
<tr><td>相关的附表或说明：对需要说明的情况作出简要说明</td><td>11</td><td>2</td></tr>
<tr><td>计算准确</td><td>报表项目应根据相关账簿记录正确登记，表内项目计算应准确，本期报表中与上期相关的数字应做到前后期数字衔接一致</td><td>12</td><td>4</td></tr>
<tr><td colspan="2">及时性</td><td>会计主体单位应按规定时限编制与报送财务会计报告，既不能不适当地拖延，也不能提前结账、提前编制</td><td>13</td><td>2</td></tr>
<tr><td colspan="2">一贯性</td><td>编制财务会计报告的计量和填报方法应尽可能与前期保持一致，以满足使用者进行不同时期财务会计报告的比较分析</td><td>14</td><td>2</td></tr>
</table>

续表

实训项目及步骤		实训要求与考核标准	序号	得分	备注
勾稽关系	资产负债表表内勾稽关系	资产总额＝负债总额＋所有者权益总额 各项合计金额＝其所属项目金额合计数	15	6	
	利润表表内勾稽关系	营业利润＝营业收入－营业成本－税金及附加－销售费用－管理费用－财务费用－资产减值损失＋公允价值变动净收益＋投资净收益 利润总额＝营业利润＋营业外收入－营业外支出 净利润＝利润总额－所得税	16	6	
	两表表外勾稽关系	月度损益表“利润总额本年累计数”＝月资产负债表“未分配利润”期末数－年初数 年度损益表“净利润”＝年度资产负债表（“未分配利润”期末数－年初数）＋（“盈余公积”期末数－年初数）＋（“应付股利”期末数－年初数）（假设股利尚未实际发放）	17	6	
签字盖章		财务会计报告编制完毕，应由单位负责人和主管会计工作的负责人、会计机构负责人（会计主管人员）签名并盖章；设置总会计师的单位，还必须由总会计师签名并盖章	18	10	
对外提供要求	时间要求	月报表应于月度终了后6天内对外提供，季报表应于季度终了后15天内对外提供，半年度报表应于半年度终了后60天内对外提供，年报表应于年度终了后4个月内对外提供	19	3	
	整理要求	企业对外提供的财务会计报告应当依次编定页数，加具封面，装订成册，加盖公章。封面上应注明：企业名称、企业统一代码、组织形式、地址、报表所属期间、报出日期，并由单位负责人和主管会计工作的负责人、会计机构负责人（会计主管人员）签名并盖章；设置总会计师的单位，还必须由总会计师签名并盖章	20	5	
	审计要求	财务会计报告必须经过注册会计师审计的，企业应当将注册会计师及其会计师事务所出具的审计报告随同财务会计报告一并对外提供	21	5	
	其他要求	企业按照国家法规或企业章程应向监事会、职工代表大会及国家有关部门提供财务报告的，应定期向上述机构和部门提供	22	5	
总　计				100	

表5　　统一收据填制与审核项目实训要求及考核标准

实训项目及步骤		实训要求与考核标准	序号	得分	备注
原始凭证填制总体要求	真实可靠	如实填列经济业务内容，不弄虚作假，不涂改、挖补、脏污	1	3	如填写有误，应另行开具原始凭证，并在误填的原始凭证上注明
	内容完整	将凭证所列项目逐项填写，不可缺漏；所有联次一次填制完成，并保证其内容和金额一致，手续齐备	2	3	
	填制及时	当收款业务发生或完成时，要立即填制本凭证，做到不积压、不误时、不事后补制	3	3	

续表

实训项目及步骤			实训要求与考核标准	序号	得分	备注
原始凭证填制总体要求	书写清楚		收据要用蓝色、黑色钢笔或碳素笔填写，不得使用铅笔及圆珠笔	4	3	“误填作废”字样，将所有联次的作废凭证一同保存
			字迹端正、易于辨认，做到数字书写符合会计上的技术要求，文字工整，不草、不乱、不“造”，不涂改；复写的凭证，要不串格、不串行、不模糊	5	3	
			收据填写应当使用中文。民族自治地方可以同时使用当地通用的一种民族文字。外商投资企业和外商企业可以同时使用一种外国文字	6	3	
	顺序使用		在填制收据时，应按照编号的次序使用，不得跳号使用，跳号的凭证应加盖“作废”戳记并和存根一同保存，不得撕毁	7	3	
统一收据要素填写	日期		按收款业务发生或完成的日期及时进行填制	8	2	
	编号		对没有印刷编号的收据应手工进行顺序编号，并要一次复写完成	9	2	
	收款单位或收款人名称		应填写收款单位或个人的全称，不得以简称或其他文字、符号等代替收款单位全称	10	2	
	收款事由		简明扼要填写交款事由	11	2	
	金额	小写金额	正确计算填写收款的金额。在小写数前用“¥”（或其他币种）符号封顶，所有以元为单位（其他货币种类为货币基本单位，下同）的阿拉伯数字，一律填写到角分；无角分的，角位和分位可写“00”，或符号“—”；有角无分的，分位应当写“0”，不得用符号“–”代替	12	3	
		大写金额	汉字大写数字金额如零、壹、贰、叁、肆、伍、陆、柒、捌、玖、拾、佰、仟、万、亿等，一律用正楷字或者行书体书写，不得用〇、一、二、三、四、五、六、七、八、九、十等简化字代替，不得任意自造简化字	13	2	
			在未填用的大写金额单位前划上“⊗”符号封顶；大写金额数字到元或角为止的，在“元”或者“角”字之后应写“整”或者“正”字；大写金额数字有分的，分字后面不写“整”或者“正”字	14	3	
			大写金额数字前未印有货币名称的，应当加填货币名称，货币名称与金额数字之间不得留有空白	15	2	
		大小写金额应相符		16	3	
		单位职工因公借款办理报销手续时，应开具全额收据，即应按所借款项的全额填写收据，表示注销该笔借款。不得只按归还款项金额开具收据		17	5	口述
	签名盖章		收款单位应加盖公章，收款人、开票人应在收据上签名、盖章	18	5	
	附件		将应填写的其他附件内容填写齐全，如冲借款等	19	2	
联次	第一联		记账联，由收款方作收款的入账凭证	20	2	
	第二联		收据联，由付款方作付款的记账凭证	21	2	
	第三联		存根联，由收款方留存备查	22	2	

续表

实训项目及步骤			实训要求与考核标准	序号	得分	备注
审核要求及错误处理	真实性	内容	审核收据本身的真假。通过收据的特征判断其真伪，是否有税务部门监制专用章、收据上的地方税务局监制字样是否规范，个别字的笔划是否粘在一起。印章颜色是否为大红荧光油墨（如为暗红色则为假票）；收据名称下方的横线是否为微缩字母；手工开具收据是否为防伪彩纤纸，计算机填开收据是否为无碳压感纸；收据联次及字体等是否与标准发票一致。如为财政部监制的收据，要识别财政部门的监制章的真伪	23	3	
			审核收款（付款）业务内容的真实性	24	2	
		处理	会计人员对不真实的收据，有权不予接受，并向单位负责人报告	25	5	
	合法性	内容	审核经济业务合理合法性。以国家法规及企业预算、计划、制度及相关的财务规定，审核经济业务内容是否合理合法，有没有超预算支出，审批手续是否合法	26	5	
		处理	会计人员对不合法的收据，有权不予接受，并向单位负责人报告	27	5	
	完整性	内容	审核收据填制的完整性。包括收据中所有项目内容是否全部填写；手续是否完备；编号是否连续；有关人员及单位是否签名、盖章；附件是否齐全等	28	5	
		处理	对记载不完整的收据予以退回，并要求按照国家统一的会计制度的规定更正、补充	29	5	
	正确性	内容	审核收据填制的正确性，包括凭证中单价、金额填写及其计算是否正确；小计和总计的加总数是否准确；大、小写金额是否一致；数字和文字是否填写清楚	30	5	
		处理	对记载不准确的收据应予以退回，并要求按照国家统一的会计制度的规定更正、补充	31	2	
			如果收据金额填写错误，不得在原收据上进行更正，必须由原开具单位重新开具，并将错误收据加盖“作废”戳记同存根一起保存	32	2	
			如果原始凭证不是金额发生错误，应由原开具单位重开或更正。更正的原始凭证，应在更正处加盖更正单位公章及经办人员签章	33	1	
总　计					100	

表 6　增值税专用发票填制与审核项目实训要求及考核标准

实训项目及步骤		实训要求与考核标准	序号	得分	备注
原始凭证填制的总体要求	真实可靠	如实填列经济业务内容，不弄虚作假，不得变更商品或劳务的名称，不涂改、挖补、脏污	1	1	如填写有误，应另行开具专用发票，并在误填的专用发票上注明“误填作废”字样。如专用发票开具后因购货方不索取而成为废票的，也应按有误办理
	内容完整	将凭证所列项目逐项填写，不可缺漏；所有联次一次填制完成，并保证其内容和金额一致；手续齐备	2	1	
	填制及时	每当销售业务及应税劳务、服务发生或完成时，要立即填制本凭证，做到不积压、不误时、不事后补制	3	1	

续表

<table>
<tr><th colspan="3">实训项目及步骤</th><th>实训要求与考核标准</th><th>序号</th><th>得分</th><th>备注</th></tr>
<tr><td rowspan="4">原始凭证填制的总体要求</td><td colspan="2" rowspan="3">书写清楚</td><td>专用发票要用蓝色、黑色钢笔或碳素笔填写，不得使用铅笔及圆珠笔。机制发票例外</td><td>4</td><td>1</td><td rowspan="3"></td></tr>
<tr><td>字迹端正、易于辨认，做到数字书写符合会计上的技术要求，文字工整，不草、不乱、不“造”，不涂改；复写的凭证，要不串格、不串行、不模糊</td><td>5</td><td>1</td></tr>
<tr><td>专用发票填写应当使用中文。民族自治地方可以同时使用当地通用的一种民族文字。外商投资企业和外商企业可以同时使用一种外国文字</td><td>6</td><td>1</td></tr>
<tr><td colspan="2">顺序使用</td><td>应按照编号的次序使用，不得跳号使用，如跳号的凭证应加盖“作废”戳记并和存根一同保存，不得撕毁。不得拆本使用专用发票</td><td>7</td><td>1</td><td></td></tr>
<tr><td rowspan="6">增值税专用发票要素填写</td><td colspan="2">日期</td><td>按销售业务发生或完成的日期及时进行填制：① 采用预收货款、托收承付、委托银行收款结算方式的，为货物发出的当天；② 采用交款提货结算方式的，为收到货款的当天；③ 采用赊销、分期付款结算方式的，为合同约定的收款日期的当天；④ 将货物交付他人代销的，为收到受托送交的代销清单的当天；⑤ 设有两个以上机构并实行统一核算的纳税人，将货物从一个机构移送其他机构用于销售，按规定应当征收增值税的，为货物移送的当天；⑥ 将货物作为投资提供给其他单位或个体经营的，为货物移送的当天；⑦ 将货物分配给股东，为货物移送的当天。
一般纳税人必须按规定时限开具专用发票，对已开具专用发票的销售货物，要及时足额计入当期销售额计税</td><td>8</td><td>2</td><td>目前，增值税专用发票多为计算机打印开具，使用计算机开具发票，须经国税局批准，并使用国税局统一监制的机外发票。因此企业必须安装专门开票软件，配备针式打印机才可打印，为此，可通过模拟软件和相关的打印设备完成实训</td></tr>
<tr><td colspan="2">密码区</td><td>增值税专用发票中的密码通过税务机关专用软件解密以后，是识别该票真伪的唯一标志，每一份增值税专用发票的密码都是唯一的。
密码必须清晰打印在密码区内，不得出线，不得有污迹，否则增值税专用发票将不能通过认证，其抵扣联将不能进行进项税额的抵扣</td><td>9</td><td>3</td><td>购买方取得增值税专用发票后注意不要在密码区有任何污迹及复写痕迹，否则该发票将不能通过认证</td></tr>
<tr><td colspan="2">购买方</td><td>购买方的“名称”“地址、电话”“纳税人登记号”“开户银行及账号栏”，应填写全称，不得简写</td><td>10</td><td>3</td><td></td></tr>
<tr><td colspan="2">货物或应税劳务、服务名称</td><td>填写销售货物或提供应税劳务、服务的名称和型号。如果销售货物或应税劳务、服务的品种较多，纳税人可按照不同税率的货物进行汇总开具专用发票</td><td>11</td><td>3</td><td></td></tr>
<tr><td rowspan="2">金额</td><td>单价</td><td>填写单位货物或应税劳务、服务不含增值税价格。如果纳税人将价格和增值税额合并定价的，应先计算出不含税单价，然后按不含税单价填写本栏。单价的尾数，“元”以下一般保留到“分”，特殊情况下，也可以适当增加保留的位数。如果是汇总开具专用发票，此栏可以不填写</td><td>12</td><td>3</td><td></td></tr>
<tr><td>数量</td><td>填写销售货物或提供应税劳务、服务的数量，正确填写计量单位</td><td>13</td><td>3</td><td></td></tr>
</table>

续表

实训项目及步骤				实训要求与考核标准	序号	得分	备注
增值税专用发票要素填写	金额	金额		填写销售货物或者提供应税劳务、服务的销售额，计算公式为： 销售额＝不含税单价 × 数量	14	3	
		税率、税额		填写货物或者应税劳务、服务所适用的增值税税率；一般纳税人销售按照规定可以实行简易办法计算缴纳增值税的货物，本栏填写征收率 3%。 填写税额，计算公式为：税额＝销售额 × 税率	15	2	
		价税合计	总体要求	填写各项货物和应税劳务、服务销售额（金额）与税额汇总数的大小写金额	16	3	
			小写金额	正确计算填写经济业务的金额。在小写数字前用“¥”（或其他币种）符号封口，所有以元为单位（其他货币种类为货币基本单位，下同）的阿拉伯数字，一律填写到角分；无角分的，角位和分位可写“00”，或符号“—”；有角无分的，分位应当写“0”，不得用符号“-”代替	17	3	
				空白金额栏用自左下角到右上角的斜线或倒“S”线注销	18	2	
			大写金额	汉字大写数字金额如零、壹、贰、叁、肆、伍、陆、柒、捌、玖、拾、佰、仟、万、亿等，一律用正楷字或者行书体书写，不得用〇、一、二、三、四、五、六、七、八、九、十等简化字代替，不得任意自造简化字	19	2	
				在未填用的大写金额单位前划上“⊗”符号封顶	20	2	
				大写金额数字前未印有货币名称的，应当加填货币名称，货币名称与金额数字之间不得留有空白	21	2	
	签名盖章			发票联和抵扣联加盖销售方发票专用章	22	3	
				收款人员应签名、盖章	23	3	
	销售方			销售方名称及相关附件，包括：销售方纳税人登记号、地址、电话、开户银行及账号。按有关规定，单位应在税务机关的监督下，在专用发票一至三联的有关销售方的有关栏目中加盖专用发票销售方戳记（使用蓝色印泥）。纳税人开具专用发票不得手工填写“销售方”栏，凡手工填写“销售方”栏的，属于未按规定开具专用发票，购货方不得作为扣税凭证	24	3	专用发票销售方戳记是指按专用发票“销售方”栏的内容格式刻制的专用印章，用于加盖在专用发票“销售方”栏中
专用发票填制的几种情况	汇总开具			为了减少开具专用发票的工作量，降低专用发票的使用成本，国家税务总局规定销售货物品种较多的单位，可以汇总开具专用发票。如果所售货物适用的税率不一致，应按不同税率分别汇总开具专用发票。汇总开具专用发票，可以不填写“计量单位”“数量”和“单价”栏。 汇总开具专用发票，必须同时开具并加盖财务专用章或发票专用章的销货清单。销货清单填写的购销双方的单位名称、商品或劳务名称、计量单位、数量、单价、销售额、销货清单的汇总销售额应与专用发票“金额”栏的数字一致。购买方应索取销货清单一式两份，分别附在发票联和抵扣联之后	25	4	本部分为附加分值，可口述作答

续表

实训项目及步骤			实训要求与考核标准	序号	得分	备注
专用发票填制的几种情况	价外费用		销售货物或应税劳务、服务收取价外费用，如果价格与价外费用需要分别填写，可以在专用发票的“单价”栏填写价、费合计数，另附价外费用项目表交与购买方。价外费用项目表应填写购销双方的单位名称、收取价外费用的商品或劳务的名称、计量单位、数量、价外费用的项目名称、单位收费标准及价外费用金额（单位费用标准乘以数量），并加盖销售方的财务专用章或发票专用章。购买方应索取价外费项目表一式两份，分别附在发票联和抵扣联后	26	4	
	开具红字增值税发票的情况		一般纳税人开具专用发票后，发生销货退回、开票有误等情形但不符合作废条件的，或者因销货部分退回及发生销售折让的，根据不同情形，由购买方或销售方向主管税务机关填报开具红字增值税专用发票申请单（以下简称申请单）。购买方向主管税务机关申请开具申请单，按增值税专用发票是否已认证抵扣可作的划分如下： （1）增值税专用发票已认证抵扣。如果增值税专用发票已认证抵扣，填报申请单时的注意事项及申报时的进项税金处理为：申请专用发票经认证结果为“认证相符”的，由购买方填报申请单，填报申请单时不填写相对应的蓝字专用发票信息，主管税务机关审核后出具通知单。购买方必须暂依通知单所列增值税税额从当期进项税额中转出。 （2）增值税专用发票未认证抵扣。属于无法认证的，填报申请单时的注意事项及申报时的进项税额处理：因专用发票抵扣联、发票联均无法认证的，由购买方填报申请单，并在申请单上填写具体原因以及相对应蓝字专用发票的信息，主管税务机关审核后出具通知单。购买方不作进项税额转出处理。纳税人识别号认证不符，增值税专用发票代码、号码认证不符的，填报申请单时的注意事项及申报时的进项税额处理：经认证结果为“纳税人识别号认证不符”“专用发票代码、号码认证不符”的，由购买方填报申请单，填报申请单时应填写相对应的蓝字专用发票信息，主管税务机关审核后出具通知单。购买方不作进项税额转出处理。 （3）未按规定开具的红字发票不得扣减销项税额。一般纳税人销售货物或者应税劳务，开具增值税专用发票后，发生销售货物退回或者折让、开票有误等情形，应按国家税务总局的规定开具红字增值税专用发票。未按规定开具红字增值税专用发票的，增值税额不得从销项税额中扣减	27	4	
联次	第一联		记账联，销售方作销售的记账凭证	28	1	要求学生口述各联的作用
	第二联		税款抵扣联，购买方作扣税凭证	29	1.5	
	第三联		发票联，购买方作付款的记账凭证	30	1.5	
审核要求及错误处理	真实性	内容	审核发票本身的真假。通过增值税专用发票的特征判断增值税专用发票的真伪，是否有税务部门监制专用章，发票上的国家税务总局监制字样是否规范，个别字的笔画是否粘在一起；印章颜色是否为大红荧光油墨（如为暗红色则为假票）；是否采取多联次一次性穿透打印：字样规格与样票是否一致，黑体字是否正规；水印如采用化学处理且纸质较厚的发票也为假票；在发票鉴别器下，是否可看到团花疏密度不均，线条不够流畅，每一朵团花的左右边是否对称	32	5	

续表

<table>
<tr><th colspan="3">实训项目及步骤</th><th>实训要求与考核标准</th><th>序号</th><th>得分</th><th>备注</th></tr>
<tr><td rowspan="11">审核要求及错误处理</td><td rowspan="2">真实性</td><td>内容</td><td>审核经济业务内容的真实性。包括购买与销售双方责任人和责任单位是否真实、业务发生的时间地点和填制日期是否真实；经济业务的实物量和价值量是否真实；原始凭证无污染、抹擦、刀刮和挖补痕迹。并要根据合同等对增值税专用发票经济业务内容的真实性进行审核，防止虚开增值税发票</td><td>33</td><td></td><td></td></tr>
<tr><td>处理</td><td>会计人员对不真实的原始凭证，有权不予接受并向单位负责人报告</td><td>34</td><td>3</td><td></td></tr>
<tr><td rowspan="2">合法性</td><td>内容</td><td>审核经济业务合理合法性。以国家法规及企业预算、计划、制度及相关的财务规定，审核经济业务内容是否合理合法，有没有超预算支出，购买审批手续是否合法</td><td>35</td><td>5</td><td></td></tr>
<tr><td>处理</td><td>会计人员对不合法的原始凭证，有权不予接受，并向单位负责人报告</td><td>36</td><td>3</td><td></td></tr>
<tr><td rowspan="2">完整性</td><td>内容</td><td>审核专用发票填制的完整性。包括原始凭证中所有项目内容是否全部填写；手续是否完备；编号是否连续；有关人员及单位是否签名、盖章；附件是否齐全等</td><td>37</td><td>5</td><td></td></tr>
<tr><td>处理</td><td>对记载不完整的原始凭证予以退回，并要求按照国家统一的会计制度的规定更正、补充</td><td>38</td><td>3</td><td></td></tr>
<tr><td rowspan="4">正确性</td><td>内容</td><td>审核专用发票填制的正确性，包括凭证中单价、金额填写及其计算是否正确；小计和总计的加总数是否准确；大、小写金额是否一致；数字和文字是否填写清楚</td><td>39</td><td>5</td><td></td></tr>
<tr><td rowspan="3">处理</td><td>对记载不准确的原始凭证予以退回，并要求按照国家统一的会计制度的规定更正、补充</td><td>40</td><td>1</td><td></td></tr>
<tr><td>如果原始凭证金额填写错误，不得在原始凭证上进行更正，必须由原开具单位重新开具，并将原错误凭证加盖“作废”戳记同存根一起保存</td><td>41</td><td>1</td><td></td></tr>
<tr><td>如果原始凭证不是金额发生错误的，应由原开具单位重开或更正。更正的原始凭证，应在更正处加盖更正单位公章及经办人员签章</td><td>42</td><td>1</td><td></td></tr>
<tr><td colspan="4">总　计</td><td></td><td>100</td><td></td></tr>
</table>

表 7　**收料单填制与审核项目实训要求及考核标准**

<table>
<tr><th colspan="2">实训项目及步骤</th><th>实训要求与考核标准</th><th>序号</th><th>得分</th><th>备注</th></tr>
<tr><td rowspan="3">原始凭证填制总体要求</td><td>真实可靠</td><td>如实填列经济业务内容，不弄虚作假，不得变更商品或劳务的名称，不涂改、挖补、脏污</td><td>1</td><td>3</td><td rowspan="3">如填写有误，应另行开具，并在误填的原始凭证上注明“误填作废”字样，将所有联次的作废凭证一同保存</td></tr>
<tr><td>内容完整</td><td>将凭证所列项目逐项填写，不可缺漏；所有联次一次填制完成，并保证其内容和金额一致，手续齐备</td><td>2</td><td>3</td></tr>
<tr><td>填制及时</td><td>当材料验收入库时，应立即填制本凭证，做到不积压、不误时、不事后补制</td><td>3</td><td>3</td></tr>
</table>

续表

实训项目及步骤				实训要求与考核标准	序号	得分	备注
原始凭证填制总体要求	书写清楚			收料单要用蓝色或黑色钢笔或碳素笔填写，不得使用铅笔及圆珠笔	4	3	
				字迹端正、易于辨认，做到数字书写符合会计上的技术要求，文字工整，不草、不乱、不“造”，不涂改；复写的凭证，要不串格、不串行、不模糊	5	3	
				收料单填写应当使用中文。民族自治地方可以同时使用当地通用的一种民族文字。外商投资企业和外商企业可以同时使用一种外国文字	6	3	
	顺序使用			应按照编号的次序使用，不得跳号使用，跳号的凭证应加盖“作废”戳记并和存根一同保存，不得撕毁	7	3	
收料单要素填写	日期			应在材料验收入库的当天开具收料单	8	2	
	采购管理			应按照单位的管理要求填写请购部门、供应单位、购入发票号码、订单编号等相关内容，并对本材料单据进行顺序编号。 如是为某项工程而专门购进的材料，应在备注栏内填写工程的名称或编号，便于材料的专门管理	9	2	
	材料			应填写材料品名规格、项次、编号等有关材料的具体内容	10	2	
	金额	单价		填写验收入库材料的单位成本； 总成本 = 材料的买价 + 采购费用； 单位成本 = 入库材料的总成本 ÷ 入库材料的总数量，单价的尾数，“元”以下一般保留到“分”，特殊情况下，也可以适当增加保留的位数； 采用计划成本法核算的，应填写材料的计划成本单价	11	2	
		数量		填写入库材料的实收数量，正确填写计量单位	12	2	
		金额		填写经济业务的总金额。大小写金额应相符。 总金额 = 单价 × 数量	13	3	
			小写金额	在小写数字前用“¥”（或其他币种）符号封顶，所有以元为单位（其他货币种类为货币基本单位，下同）的阿拉伯数字，一律填写到角分；无角分的，角位和分位可写“00”，或符号“—”；有角无分的，分位应当写“0”，不得用符号“-”代替	14	2	
				空白金额栏用自左下角到右上角的斜线或倒“S”线注销	15	2	
				汉字大写数字金额如零、壹、贰、叁、肆、伍、陆、柒、捌、玖、拾、佰、仟、万、亿等，一律用正楷字或者行书体书写，不得用〇、一、二、三、四、五、六、七、八、九、十等简化字代替，不得任意自造简化字	16	2	
			大写金额	在未填用的大写金额单位前划上“⊗”符号封顶；大写金额数字到元或角为止的，在“元”或者“角”字之后应写“整”或者“正”字；大写金额数字有分的，分字后面不写“整”或者“正”字	17	2	
				大写金额数字前未印有货币名称的，应当加填货币名称，货币名称与金额数字之间不得留有空白	18	2	

续表

实训项目及步骤			实训要求与考核标准	序号	得分	备注
收料单要素填写	签名盖章		应由材料的采购方及验收入库方在收料单上签字或盖章。包括材料的点收人员、检验人员、经办部门的主管、经办人员等	19	5	
	其他		材料的收料单样式可以由企业根据其核算与管理的需要自行进行设计。但有关要素内容必须同时具备。 如果企业购入的实物由相关人员直接使用而并未入库的，应由接收人员在购买发票的背面进行证明，表明企业所购入的资产已为企业所用，避免由于管理不严所带来的公物私用或者其他舞弊行为	20	3	
联次	第一联		存根联，由仓库部门留存备查	21	2	要求学生口述各联的作用
	第二联		会计记账联，由会计部门作为材料验收入库的入账凭证	22	2	
	第三联		供应单位留存联，由供应单位保管并留存备查	23	2	
	其他		收料单的联数是由企业按照核算与管理的需要而设置的，一些企业除了要将该单据作为其相关内容的原始凭证外，还兼有采购业务内部控制的作用，所以除了上述三联外，企业可根据内控需要设置相应的栏目	24	2	
审核要求及错误处理	真实性	内容	审核收料单的真实性，将收料单与采购合同、采购发票等进行核对，审核经济业务是否真实	25	5	
		处理	会计人员对不真实的收料单，有权不予接受，并向单位负责人报告	26	5	
	合法性	内容	审核收料单的合法性，审核收料单采购是否符合企业的预算，价格是否低于企业的计划成本或比价	27	5	
		处理	会计人员对不合法的收料单，有权不予接受，并向单位负责人报告	28	5	
	完整性	内容	审核收料单填制的完整性。包括收料单中所有项目内容是否全部填写；手续是否完备；编号是否连续；有关人员及单位是否签名、盖章；附件是否齐全等	29	5	
		处理	对记载不完整的收料单予以退回，并要求按照国家统一的会计制度的规定更正、补充	30	5	
	正确性	内容	审核收料单填制的正确性，包括凭证中单价、金额填写及其计算是否正确；数字和文字是否填写清楚	31	5	
		处理	对记载不准确的收料单应予以退回，并要求按照国家统一的会计制度的规定更正、补充	32	3	
			如果收料单填写错误，不得在原收料单上进行更正，必须由仓库重新开具，并将错误收料单加盖“作废”戳记同存根一起保存	33	2	
总　计					100	

表 8　　支票结算凭证填制与审核项目实训要求及考核标准

实训项目及步骤		实训要求与考核标准	序号	得分	备注
原始凭证填制总体要求	真实可靠	票据上的记载事项应当真实，不得伪造、变造。伪造、变造票据上的签章和其他记载事项的，应当承担法律责任	1	3	支票正面不能有涂改痕迹，否则本支票作废。 支票签发的日期、大小写金额和收款人名称不得更改，其他内容有误，可以划线更正并加盖预留银行印鉴之一证明
	内容完整	将支票所列项目逐项填写，不可缺漏；手续齐备	2	3	
	填制及时	应在发生付款业务且合同规定采用支票进行结算时及时填制支票给收款人，做到不积压、不误时	3	3	
	书写清楚	支票要用蓝色、黑色钢笔或碳素笔填写，不得使用铅笔及圆珠笔	4	3	
		字迹端正、易于辨认，做到数字书写符合会计上的技术要求，文字工整，不草、不乱、不“造”，不涂改	5	3	
	顺序使用	在填制支票时，应按照编号的次序使用，不得跳号使用	6	3	
支票正联填写	出票日期	按付款业务发生或完成的日期填制。出票日期必须大写：零、壹、贰、叁、肆、伍、陆、柒、捌、玖、拾。 （1）年：年份应按阿拉伯数字表示的年份所对应的大写汉字书写。 （2）月：壹月、贰月前零字必写，叁月至玖月前零字可写可不写。拾月至拾贰月必须写成壹拾月、壹拾壹月、壹拾贰月（前面多写了“零”字也认可，如零壹拾月）。 （3）日：1 日至 9 日、10 日、20 日、30 日前应加“零”字；11 日至 19 日必须写成壹拾壹日及壹拾 × 日（前面多写了“零”字也认可，如零壹拾伍日，下同），21 日至 29 日必须写成贰拾壹日及贰拾 × 日，31 日应写成叁拾壹日	7	5	
	收款单位或收款人名称	（1）现金支票收款人可写本单位名称，此时应在现金支票背面“被背书人”栏内加盖本单位的财务专用章和法人章，之后收款人可凭现金支票直接到开户银行提取现金。 （2）现金支票收款人可写为收款人个人姓名，此时现金支票背面不盖任何章，收款人在现金支票背面填上身份证号码和发证机关名称，凭身份证和现金支票签字领款。 （3）转账支票收款人应填写对方单位名称。转账支票背面本单位不盖章	8	3	
	付款行名称及出票人账号	即为出票单位开户银行名称及银行账号	9	3	
	支票用途	在大写金额栏下的“用途”栏内，简明扼要填写支票的用途。 现金支票用途有一定限制，一般填写“备用金”“差旅费”“工资”“劳务费”等。 转账支票没有具体规定，可如实填写，如“货款”“代理费”等	10	3	
	金额　小写金额	正确填写支票的金额。在小写数字前用“¥”（或其他币种）符号封顶，一律填写到角分；无角分的，角位和分位可写“00”	11	3	（1）支票上的金额可以由出票人授权补记，未记金额的支票不得使用

续表

实训项目及步骤			实训要求与考核标准	序号	得分	备注
支票正联填写	金额	大写金额	汉字大写数字金额如零、壹、贰、叁、肆、伍、陆、柒、捌、玖、拾、佰、仟、万、亿等，一律用正楷字或者行书体书写，不得用〇、一、二、三、四、五、六、七、八、九、十等简化字代替，不得任意自造简化字	12	3	（2）支票上出票人所签发的支票金额不得超过其付款时在付款人处实有的存款金额。超过的为空头支票，银行禁止签发空头支票
			大写金额数字到元或角为止的，在“元”或者“角”字之后应写“整”或者“正”字，不得写为“零角零分”或“零分”；大写金额数字有分的，分字后面不写“整”或者“正”字	13	2	
			大写金额栏货币名称与金额数字之间不得留有空白	14	2	
		大小写金额应相符		15	3	
	密码		如开户银行为采用支付密码的银行，企业应在购买支票时从开户银行随机取得每张支票的密码，填写支票时，应在确认支付的支票“小写金额栏”下方的“空格栏”内填写该支票的密码，但不得在支票未使用时先行将密码填好。 有些企业采用配置的密码机自动产生密码。由会计人员在密码机上输入支票编号等信息后，密码机自动产生密码，将该密码填入“支付密码”栏，银行核对相符后方可办理款项转账与支现业务	16	3	
	签名盖章	正面	支票正面应加盖出票单位银行预留印鉴，一般为财务专用章和法人章，缺一不可，印泥为红色，印章必须清晰，印章模糊者本张支票作废，需要换一张重新填写、重新盖章	17	5	出票单位现金支票背面有印章盖模糊时，可把模糊印章打叉，重新再盖一次。 收款单位转账支票背面印章盖模糊时，收款单位可带转账支票及银行进账单到出票单位的开户银行去办理收款手续（不用付手续费），俗称“倒打”，这样就无须到出票单位重新开具支票
		背面	（1）现金支票收款人如为本单位名称，此时在现金支票背面“被背书人”栏内应加盖本单位的银行预留印鉴（财务专用章和法人章），收款人方可凭现金支票直接到开户银行提取现金。 （2）现金支票收款人如为收款人个人姓名，此时现金支票背面不盖任何章，收款人在现金支票背面填上身份证号码和发证机关名称，凭身份证和现金支票签字领款。 （3）转账支票背面本单位不盖章。持票人委托开户银行收款时，应作委托收款背书，在支票背面背书人签章栏签章、记载“委托收款”字样、背书日期，在被背书人栏记载开户银行名称，加盖收款单位财务专用章和法人章，并将支票和填制的进账单送交开户银行	18	4	
	背面的附加信息栏		支票背面的附加信息栏一般应填写收款人的账号等信息内容	19	4	
	背书栏		支票可以背书，背书时背书人应在背书栏内填写委托银行收款等字样，并加盖其预留印鉴	20	4	
存根	附加信息		一般填写付款人的账号	21	3	
	出票日期		小写填写出票日期	22	3	
	收款人		应填写收款单位全称，不得简写	23	3	
	金额		小写填写付款金额	24	3	
	用途		填写和正票内容一致的支票用途	25	3	

续表

实训项目及步骤	实训要求与考核标准	序号	得分	备注
进账单	填列收款人、付款人的名称、开户银行、账号，大写金额。票据种类填写“现金支票”或“转账支票”，票据张数填写张数，票据号码填写支票号码	26	4	
其他	支票的有效期为 10 天，日期首尾算一天。节假日顺延。适用于单位和个人在同一票据交换区域的各种款项结算	27	2	要求学生口头回答本栏支票使用应注意的事项
	支票见票即付，不记名。丢失支票尤其是现金支票可能就是票面金额数目的钱丢了，银行不承担责任。现金支票一般要素填写齐全，假如支票未被冒领，在开户银行挂失；转账支票假如支票要素填写齐全，可在开户银行挂失，假如要素填写不齐，到票据交换中心挂失	28	2	
	出票人签发空头支票、印章与银行预留印鉴不符的支票、使用支付密码但支付密码错误的支票，银行除将支票做退票处理外，还要按票面金额处以 5% 但不低于 1 000 元的罚款	29	2	
审核	支票的审核主要审核其要素是否按规范的要求填写清楚，出票日期是否为大写，是否已超过提示付款期，密码是否填列，预留印鉴是否齐全，是否采用了油印印泥鉴盖	30	10	
总　计			100	

表 9　　电汇凭证填制与审核项目实训要求及考核标准

实训项目及步骤		实训要求与考核标准	序号	得分	备注
总体要求	真实可靠	凭证上的记载事项应当真实，不得伪造、变造	1	3	
	内容完整	将汇兑凭证各联所列项目逐项填写，不可缺漏；手续齐备。如需一次复写的，应一次复写完成	2	3	
	填制及时	应在经济业务发生时按照合同规定及时汇款给收款人，做到不积压、不误时	3	3	
	书写清楚	汇兑凭证用蓝色、黑色钢笔或碳素笔填写，不得使用铅笔及圆珠笔	4	3	注意汇兑凭证为自动复写纸，填写凭证时应将本次使用凭证撕下后再填写，避免复写至同本其他凭证上
		字迹端正、易于辨认，做到数字书写符合会计上的技术要求，文字工整，不草、不乱、不“造”，不涂改	5	3	
联次	第一联	回单联，由汇出行受理汇兑业务后退给付款人作入账依据	6	2	要求学生口述汇兑凭证的联次及其作用
	第二联	此联汇出行作借方凭证	7	2	
	第三联	此联汇出行凭以汇出款项	8	2	
汇兑凭证填写	委托日期	委托日期是指汇款人向银行提交汇兑凭证的当日。用小写填列即可	9	3	

续表

实训项目及步骤			实训要求与考核标准	序号	得分	备注
汇兑凭证填写	收款人全称、账号、汇入地点		汇兑凭证的收款人可以为单位或个人。 汇兑凭证记载的收款人名称，其在银行开立存款账户的，必须记载其账号，账号户名与收款人名称必须一致。 汇兑凭证上记载收款人为个人的，收款人需要到汇入银行领取汇款，汇款人应在汇兑凭证上注明“留行待取”字样；留行待取的汇款，需要指定单位的收款人领取汇款的，应注明收款人的单位名称。 汇入地点应填写收款人所在省、市（县）	10	10	
	汇款人全称、账号、汇出地点		汇兑凭证的汇款人可以为单位或个人。 汇兑凭证记载的汇款人名称，其在银行开立存款账户的，必须记载其账号，账号户名与收款人名称必须一致。 汇出地点应填写汇款人所在省、市（县）	11	3	
	汇入行、汇出行名称		填写收款人的汇入行名称和汇款人的汇出行名称	12	3	
	金额书写规范	小写金额	正确填写汇兑凭证的金额。在小写数字前用“¥”（或其他币种）符号封顶，一律填写到角分；无角分的，角位和分位可写“00”	13	3	
		大写金额	汇款人和收款人均为个人，需要在汇入银行支取现金的，应在信汇、电汇凭证的“汇款金额”大写栏，先填写“现金”字样，后填写汇款金额	14	3	
			汉字大写数字金额如零、壹、贰、叁、肆、伍、陆、柒、捌、玖、拾、佰、仟、万、亿等，一律用正楷字或者行书体书写，不得用〇、一、二、三、四、五、六、七、八、九、十等简化字代替，不得任意自造简化字	15	3	
			大写金额数字到元或角为止的，在“元”或者“角”字之后应写“整”或者“正”字，不得写为“零角零分”或“零分”；大写金额数字有分的，分字后面不写“整”或者“正”字	16	2	
		大写金额栏货币名称与金额数字之间不得留有空白		17	2	
		大小写金额应相符		18	3	
	支付密码		密码是由会计人员输入汇兑凭证编号、金额等信息后由密码机自动产生的，将该密码填入支付密码栏，银行核对相符后方可办理款项汇兑业务	19	3	
	签名盖章		汇兑凭证第一联回单联应由汇出行受理该汇兑业务后加盖该银行的转讫章，并向汇款人签发该联汇款回单。汇款回单只能作为汇出银行受理汇款的依据，不能作为该笔汇款已转入收款人账户的证明	20	5	
			汇兑凭证第二联应由汇款人签章，签章应为该单位的财务专用章或者公章加其法定代表人或者其授权的代理人的签名或者盖章	21	5	
			汇兑凭证上记载收款人为个人的，信汇凭收款人签章支取的，应在信汇凭证上预留其签章	22	5	
	备注栏		汇款人确定不得转汇的，应在汇兑凭证备注栏注明“不得转汇”字样	23	4	

续表

实训项目及步骤	实训要求与考核标准	序号	得分	备注
其他	未在银行开立存款账户的收款人，凭信汇、电汇的取款通知或“留行待取”的，向汇入银行支取款项，必须交验本人的身份证件，在信汇、电汇凭证上注明证件名称、号码及发证机关，并在“收款人签盖章”处签章；信汇凭签章支取的，收款人的签章必须与预留信汇凭证上的签章相符	24	3	要求学生口头回答本栏银行汇票使用应注意的事项
	支取现金的，信汇、电汇凭证上必须有按规定填明的“现金”字样，才能办理	25	3	
	收款人需要委托他人向汇入银行支取款项的，应在取款通知上签章，注明本人身份证件名称、号码、发证机关和“代理”字样以及代理人姓名。代理人代理取款时，也应在取款通知上签章，注明其身份证件名称、号码及发证机关，并同时交验代理人和被代理人的身份证件	26	3	
	转账支付的，应由原收款人向银行填制支款凭证，并由本人交验其身份证件办理支付款项。该账户的款项只能转入单位或个体工商户的存款账户，严禁转入储蓄和信用卡账户。 转汇的，应由原收款人向银行填制信汇、电汇凭证，并由本人交验其身份证件。转汇的收款人必须是原收款人。原汇入银行必须在信汇、电汇凭证上加盖“转汇”戳记	27	3	
审核要求	审核汇兑结算凭证的要素是否齐全，包括：①“信汇”或“电汇”的字样；② 无条件支付的委托；③ 确定的金额；④ 收款人名称；⑤ 汇款人名称；⑥ 汇入地点、汇入行名称；⑦ 汇出地点、汇出行名称；⑧ 委托日期；⑨ 汇款人签章。如欠缺一项，银行将不予受理，需要重填。 汇兑凭证记载汇款人名称、收款人名称，其在银行开立存款账户的，必须记载其账号。欠缺记载的，银行不予受理	28	10	
合计			100	

表 10 银行汇票结算凭证填制与审核项目实训要求及考核标准

实训项目及步骤		实训要求与考核标准	序号	得分	备注
总体要求	真实可靠	票据上的记载事项应当真实，不得伪造、变造。伪造、变造票据上的签章和其他记载事项的，应当承担法律责任	1	3	涂改、更改汇票签发日期、收款人、汇款大写金额，汇票残损、污染严重无法辨认的银行汇票，银行不予支付
	内容完整	将银行汇票各联所列项目逐项填写，不可缺漏；手续齐备	2	3	
	填制及时	应在发生付款业务且合同规定采用银行汇票进行结算时及时填制本汇票给收款人，做到不积压、不误时	3	3	
	书写清楚	银行汇票一般为机制打印，也可用蓝色、黑色钢笔或碳素笔填写，不得使用铅笔及圆珠笔	4	3	
		字迹端正、易于辨认，做到数字书写符合会计上的技术要求，文字工整，不草、不乱、不“造”，不涂改	5	3	

续表

实训项目及步骤			实训要求与考核标准	序号	得分	备注
银行汇票申请书的填写	联次	第一联	存根联，由申请人留存	6	1	要求学生根据银行汇票的业务流程说明银行汇票申请书各联的作用
		第二联	借方凭证，提交银行，为出票行开出本票时的借方凭证。如为交现金办理本票的，本联注销	7	1	
		第三联	申请人开户银行作汇出款项的贷方凭证	8	1	
	要素内容		应按申请书内容依次填写申请人、收款人名称、开户银行名称、账号，大小写金额，对方科目应填写收款人的账号。 如申请人在签发银行开立账户的，应在“银行汇票申请书”第二联上加盖预留银行印鉴。 申请人和收款人都是个体经济户或个人时，可申请提取现金的银行汇票，在申请书“汇票金额”栏先填写“现金”字样，后填写汇票金额	9	5	
银行汇票	联次	第一联	汇出汇款卡片，由签发行结清汇票时作汇出汇款付出传票	10	1	要求学生口述银行汇票的联次及其作用。缺汇票联或解讫通知联的银行汇票银行不予支付
		第二联	银行汇票，与第三联解讫通知一并由汇款人自带，在兑付行兑付汇票后此联作联行往来账付出传票	11	1	
		第三联	解讫通知，在兑付行兑付后随报单寄签发行，由签发行作余款收入传票	12	1	
		第四联	多余款通知，在签发行结清后交汇款人	13	1	
银行汇票种类	作用	可转让	可转让银行汇票，可以背书转让	14	2	要求学生口述银行汇票的种类及其适用范围
		不可转让	不可转让银行汇票，不得背书转让	15	2	
		现金	银行汇票填明“现金”字样的，可支取现金。申请人或者收款人均为个人时，可以申请现金银行汇票；申请人或者收款人为单位的，不得申请签发现金银行汇票	16	2	
	适用范围	全国银行汇票	全国银行汇票可在全国范围内通汇，一般银行使用的均为全国性通用的银行汇票	17	2	
		区域性银行汇票	如华东三省一市银行汇票，在江苏、浙江、安徽、上海三省一市范围内通汇	18	2	
银行汇票填写	出票日期		按付款业务发生或完成的日期填制。出票日期必须大写，大写数字写法：零、壹、贰、叁、肆、伍、陆、柒、捌、玖、拾。 （1）年：年份应按阿拉伯数字表示的年份所对应的大写汉字书写。 （2）月：壹月、贰月前零字必写，叁月至玖月前零字可写可不写。拾月至拾贰月必须写成壹拾月、壹拾壹月、壹拾贰月（前面多写了“零”字也认可，如零壹拾月）。 （3）日：1日至9日、10日、20日、30日前应加“零”字；11日至19日必须写成壹拾壹日及壹拾×日（前面多写了“零”字也认可，如零壹拾伍日，下同），21日至29日必须写成贰拾壹日及贰拾×日，31日应写成叁拾壹日	19	5	
	收款人名称、账号		（1）用于支取现金的银行汇票，其收款人为个人姓名。 （2）用于转账的银行汇票应填写对方单位名称或个人姓名。 （3）收款人名称应与收款人在开户银行开户时预留的单位名称或个人身份证件上的名称相一致，否则银行不予付款。 （4）用于转账的银行汇票，应填写收款人的转账账号	20	3	

续表

实训项目及步骤				实训要求与考核标准	序号	得分	备注
银行汇票填写	代理付款行名称、行号			即填写代理付款行名称、行号	21	2	
	申请人名称、出票人账号			即为出票单位开户银行名称及银行账号	22	2	
	出票行名称、行号			即付款人开户银行名称、行号	23	2	
	金额	金额栏	出票金额	即银行汇票金额。实际结算金额不得高于银行汇票的出票金额，否则该银行汇票作废。银行汇票金额是企业在办理银行汇票时机制打印于票面之上的	24	3	
			实际结算金额	即双方实际结算金额。是持票人办理结算时填写的。汇出汇款卡片（第一联）无本金额栏	25	3	
			多余金额	即银行汇票金额与实际结算金额之差。是持票人办理结算时填写的。汇出汇款卡片（第一联）无本金额栏	26	3	
		金额书写规范	小写金额	正确填写银行汇票的金额。在小写数字前用“￥”（或其他币种）符号封顶，一律填写到角分；无角分的，角位和分位可写“00”	27	3	
			大写金额	汉字大写数字金额如零、壹、贰、叁、肆、伍、陆、柒、捌、玖、拾、佰、仟、万、亿等，一律用正楷字或者行书体书写，不得用〇、一、二、三、四、五、六、七、八、九、十等简化字代替，不得任意自造简化字	28	3	
				大写金额数字到元或角为止的，在“元”或者“角”字之后应写“整”或者“正”字，不得写为“零角零分”或“零分”；大写金额数字有分的，分字后面不写“整”或者“正”字	29	2	
			大写金额栏货币名称与金额数字之间不得留有空白		30	2	
			大小写金额应相符		31	2	
	密押			在多余金额栏上方设密押栏，持票人须填写与银行约定的密押号码方可转走款项	32	3	
	签名盖章	正面		银行汇票应加盖中国人民银行批准使用的该银行汇票专用章加其法定代表人或其授权经办人的签名或者盖章	33	5	
		背面		（1）用于支取现金的银行汇票，应在银行汇票第二联背面填上身份证号码和发证机关名称，凭身份证和有“现金”字样的银行汇票签字领款。 （2）用于转账的银行汇票，本单位不在银行汇票背面盖章。收款单位取得银行汇票后，在银行汇票背面被背书栏内加盖收款单位财务专用章和法人章，填写好银行进账单后连同该银行汇票交给收款单位的开户银行委托银行收款。 （3）用于背书转让的银行汇票，背书人及被背书人在银行汇票（第二联）背面的有关背书人签章栏和被背书人签章栏加盖其公章。 （4）填明“现金”字样的银行汇票不得背书转让	34	4	

续表

实训项目及步骤	实训要求与考核标准	序号	得分	备注
其他	银行汇票提示付款期限为自出票日起一个月，日期首尾算一天。节假日顺延	35	2	要求学生口头回答本栏银行汇票使用应注意的事项
	银行汇票无金额起点及地域的限制，既可用于同一个票据交换区域结算，也可用于异地结算	36	2	
	申请人因银行汇票超过提示付款期或其他原因要求退款的，需持汇票和解讫通知联到原出票行办理退款手续；缺少“解讫通知联”的，应在逾银行汇票提示付款期满一个月后（即签发日开始两个月后）到银行办理退款；若因银行汇票丢失，要求退款的，应在逾提示付款期满一个月后持人民法院出具的有效证明到银行办理退款	37	2	
银行汇票审核	汇票申请人的开户银行签发银行汇票后，应将二、三联银行汇票交给申请人，申请人应认真审查以下内容：① 汇票记载内容是否齐全，包括表明“银行汇票”的字样、无条件支付的承诺、出票金额、付款人名称、收款人名称、出票日期、出票银行的“汇票专用章”及授权的经办人签章是否齐全；② 银行汇票和解讫通知是否齐全、汇票号码和记载的内容是否一致；③ 收款人是否确为本单位或本人；④ 银行汇票是否在提示付款期限内；⑤ 是否有压数机压印的出票金额，并与大写出票金额一致；⑥ 出票金额、出票日期、收款人名称是否更改，更改的其他记载事项是否由原记载人签章证明；⑦ 银行汇票是否记载实际结算金额，有无更改，其金额是否超过出票金额；⑧ 背书是否连续，背书人签章是否符合规定，背书使用粘单的是否按规定签章；⑨ 背书人为个人的身份证件	38	10	
合　计			100	

表 11　　银行承兑汇票结算凭证填制与审核项目实训要求及考核标准

实训项目及步骤		实训要求与考核标准	序号	得分	备注
总体要求	真实可靠	票据上的记载事项应当真实，不得伪造、变造。伪造、变造票据上的签章和其他记载事项的，应当承担法律责任。 商业汇票的出票人必须与付款人具有真实的委托付款关系，并且具有支付汇票金额的可靠资金来源。出票人不得签发无对价的汇票用以骗取银行或者其他票据当事人的资金	1	3	涂改、更改银行承兑汇票签发日期、收款人、汇款大写金额，本票残损、污染严重无法辨认的，银行不予受理
	内容完整	将银行承兑汇票各联所列项目逐项填写，不可缺漏；手续齐备	2	3	
	填制及时	在与其他单位发生经济往来或存在债权债务关系并协议采用银行承兑汇票结算时，应按协议规定及时开出并经开户行承兑后交收款人，做到不积压、不误时	3	3	
	书写清楚	银行承兑汇票一般为机制打印，也可用蓝色、黑色钢笔或碳素笔填写，不得使用铅笔及圆珠笔	4	3	
		字迹端正、易于辨认，做到数字书写符合会计上的技术要求，文字工整，不草、不乱、不“造”，不涂改	5	3	
银行承兑汇票申请书		将银行承兑汇票申请书所列项目逐项填写，不可缺漏，并加盖单位预留印鉴，交由银行审核	6	5	
银行承兑协议		将银行承兑汇票协议所列项目逐项填写，不可缺漏，并加盖单位预留印鉴，交由银行审核后加盖承兑银行印鉴	7	5	
联次	第一联	承兑行留存备查，到期支付票款时作借方凭证附件	8	2	要求学生口述银行承兑汇票的联次及其作用
	第二联	收款人开户银行随托收凭证寄付款人开户行作借方凭证附件	9	2	
	第三联	出票人存查	10	2	

续表

实训项目及步骤			实训要求与考核标准	序号	得分	备注
银行承兑汇票填写	出票日期		按付款业务发生或完成的日期填制。出票日期必须大写，大写数字写法：零、壹、贰、叁、肆、伍、陆、柒、捌、玖、拾。 （1）年：年份应按阿拉伯数字表示的年份所对应的大写汉字书写。 （2）月：壹月、贰月前零字必写，叁月至玖月前零字可写可不写。拾月至拾贰月必须写成壹拾月、壹拾壹月、壹拾贰月（前面多写了“零”字也认可，如零壹拾月）。 （3）日：1 日至 9 日、10 日、20 日、30 日前应加“零”字；11 日至 19 日必须写成壹拾壹日及壹拾 × 日（前面多写了“零”字也认可，如零壹拾伍日，下同），21 日至 29 日必须写成贰拾日及贰拾 × 日，31 日应写成叁拾壹日	11	5	
	收款人名称、账号、开户行情况		（1）收款人名称应填写其在开户银行开户时预留的单位名称，否则银行不予付款。 （2）填写收款人开户账号。 （3）填写收款人开户银行名称及行号	12	3	
	付款人名称、账号、开户行情况		（1）付款人名称应填写其在开户银行开户时预留的单位名称，否则银行不予付款。 （2）填写付款人开户账号。 （3）填写付款人开户银行名称及行号	13	3	
	金额	小写金额	正确填写银行承兑汇票的金额。在小写数字前用“¥”（或其他币种）符号封顶，一律填写到角分；无角分的，角位和分位可写“00”	14	3	
		大写金额	汉字大写数字金额如零、壹、贰、叁、肆、伍、陆、柒、捌、玖、拾、佰、仟、万、亿等，一律用正楷字或者行书体书写，不得用〇、一、二、三、四、五、六、七、八、九、十等简化字代替，不得任意自造简化字	15	3	
			大写金额数字到元或角为止的，在“元”或者“角”字之后应写“整”或者“正”字，不得写为“零角零分”或“零分”；大写金额数字有分的，分字后面不写“整”或者“正”字	16	2	
		大写金额栏货币名称与金额数字之间不得留有空白		17	2	
		大小写金额应相符		18	3	
	到期日		按双方协议的付款日填写票据到期日，到期日可以按日计算也可以按月计算，具体要求同签发日期的填写	19	5	未记明付款日期的，为见票即付
	交易合同号码		由于银行承兑汇票结算形式必须以真实的交易或者债务关系为前提，因此应按实际情况填写交易合同号	20	2	
	签名盖章		银行承兑汇票由出票行承兑。出票人及出票行都应在银行承兑汇票的第二联正面签署“承兑”字样并加盖其印章	21	5	
贴现申请书	贴现汇票		正确填列有关贴现汇票的各项信息，包括种类、号码、出票日期、到期日期、大小写金额等	22	3	
	持票人		正确填列持票人的名称、账号、开户行	23	3	
	承兑银行		正确填列承兑银行的名称、账号、开户行	24	3	
	贴现		正确填列贴现率、贴现金额、实付贴现金额等指标	25	3	
	签章		当贴现办理完毕，贴现银行应签章	26	3	
	备注		一般填写票面年利息率、年贴现率、到期值、实际贴现利息、实付贴现金额等内容	27	3	

续表

实训项目及步骤	实训要求与考核标准	序号	得分	备注
贴现协议	将银行承兑汇票贴现协议所列项目逐项填写，如贴现申请人及其法定代表人（或授权代理人）、开户银行、账号、企业（法人）营业执照号码；贴现人（下称乙方）：银行名称、法定代表人（或授权代理人）、地址、申请贴现理由、申请贴现汇票情况、贴现情况、贴现申请人及法定代表人签章、贴现人及法定代表人签章	28	5	
审核要求	审核银行承兑汇票的各要素是否齐全，包括：① 表明“银行承兑汇票”字样；② 无条件支付的委托；③ 确定的金额；④ 付款人名称；⑤ 收款人名称；⑥ 出票日期；⑦ 出票人签章	29	10	
合　计			100	

表 12　　委托收款结算凭证填制与审核项目实训要求及考核标准

实训项目及步骤		实训要求与考核标准	序号	得分	备注
总体要求	真实可靠	托收凭证上所记载的事项应当真实，不得伪造、变造。伪造、变造凭证上的签章和其他记载事项的，应当承担法律责任。单位和个人凭已承兑商业汇票、债券、存单等付款人债务证明办理款项结算，可以使用委托收款结算方式	1	3	
	内容完整	将托收凭证各联所列项目逐项填写，不可缺漏；手续齐备	2	3	
	填制及时	应在经济业务发生并取得相应的付款人债务证明时到开户银行办理委托收款手续，做到不积压、不误时	3	3	
	书写清楚	托收凭证应采用蓝色、黑色钢笔或碳素笔填写，不得使用铅笔及圆珠笔	4	6	
		字迹端正、易于辨认，做到数字书写符合会计上的技术要求，文字工整，不草、不乱、不“造”，不涂改	5		
联次	第一联	受理回单	6	2	
	第二联	收款人开户银行的记账凭证	7	2	
	第三联	付款人开户银行的记账凭证	8	2	
	第四联	收款人的收账通知	9	2	
	第五联	付款人的付款通知	10	2	
委托收款凭证填写	业务类型选择	委托收款可以电划也可以邮划，在委托收款业务类型栏中用“√”选择电划或邮划	11	2	
	委托日期	按发出商品办理委托业务发生或完成的日期填制	12	3	
	收款人全称、账号、地址、开户行情况	（1）托收凭证记载的收款人名称，其在银行开立存款账户的，必须记载其账号，账号户名与收款人名称必须一致。 （2）填写收款人开户账号。 （3）填写收款人地址，记载明确省市（县）名。 （4）开户行名称。以银行以外的单位或在银行开立存款账户的个人为收款人的，托收凭证必须记载收款人开户银行名称；未在银行开立存款账户的个人为收款人的，托收凭证必须记载被委托银行名称	13	3	

续表

实训项目及步骤			实训要求与考核标准	序号	得分	备注
委托收款凭证填写	付款人全称、账号、地址、开户行情况		（1）托收凭证记载的付款人名称，其在银行开立存款账户的，必须记载其账号，账号户名与付款人名称必须一致。 （2）填写付款人开户账号。 （3）填写付款人地址，记载明确省市（县）名。 （4）开户行名称。填写付款人开户银行名称及行号。委托收款以银行以外的单位为付款人的，托收凭证必须记载付款人开户银行名称	14	3	
	金额	小写金额	正确填写托收凭证的金额。在小写数字前用“￥”（或其他币种）符号封顶，一律填写到角分；无角分的，角位和分位可写“00”	15	3	
		大写金额	汉字大写数字金额如零、壹、贰、叁、肆、伍、陆、柒、捌、玖、拾、佰、仟、万、亿等，一律用正楷字或者行书体书写，不得用〇、一、二、三、四、五、六、七、八、九、十等简化字代替，不得任意自造简化字	16	3	
			大写金额数字到元或角为止的，在“元”或者“角”字之后应写“整”或者“正”字，不得写为“零角零分”或“零分”；大写金额数字有分的，分字后面不写“整”或者“正”字	17	2	
			大写金额栏货币名称与金额数字之间不得留有空白	18	2	
			大小写金额应相符	19	3	
	款项内容		应填明委托收款业务的内容，如货款等	20	3	
	托收凭据名称		应填写办理委托收款手续的债务证明单据的名称，如发票、合同、商业承兑汇票	21	3	
	附寄单证张数		填写附寄单据的张数，应与所附单据数相符	22	3	
	商品发运情况		填写商品发运的方式、地点及结算情况	23	3	
	合同名称号码		填写托收所依据合同的名称及号码	24	2	
	签名盖章		托收凭证第一联应由被委托银行受理后加盖其业务公章，退回给委托人。委托人可根据回单作应收款项的核算，但不得作为款项收到的核算	25	3	
			委托收款人应在凭证的第二联签章，签章应为该单位的财务专用章或者公章加其法定代表人或者其授权的代理人的签名或者盖章	26	5	
			收款人开户银行应在收到托收款项后在第三联和第四联加盖收款章并退给付款人开户银行及收款人作为收账通知	27	2	
			付款人开户银行在付出款项后在第五联加盖付款章作为对付款人的付款通知	28	2	

续表

实训项目及步骤		实训要求与考核标准	序号	得分	备注
其他	付款	（1）以银行为付款人的，银行应在当日将款项主动支付给收款人。 （2）以单位为付款人的，银行应及时通知付款人，按照有关办法规定，需要将有关债务证明交给付款人，并签收。 付款人应于接到通知的当日书面通知银行付款。付款人未在接到通知日的次日起 3 日内通知银行付款的，视同付款人同意付款，银行应于付款人接到通知日的次日起第 4 日上午开始营业时，将款项划给收款人。付款人提前收到由其付款的债务证明，应通知银行于债务证明的到期日付款。付款人未于接到通知日的次日起 3 日内通知银行付款，付款人接到通知日的次日起第 4 日在债务证明到期日之前的，银行应于债务证明到期日将款项划给收款人。 （3）银行在办理划款时，付款人存款账户不足支付的，应通过被委托银行向收款人发出未付款项通知书。按照有关办法规定，债务证明留存付款人开户银行的，应将其债务证明连同未付款项通知书邮寄给被委托银行，转交收款人	29	5	
	拒付	付款人审查有关债务证明后，对收款人委托收取的款项需要拒绝付款的，可以办理拒绝付款。 （1）以银行为付款人的，应自收到委托收款及债务证明的次日起 3 日内出具拒绝证明连同有关债务证明、凭证寄给被委托银行，转交收款人。 （2）以单位为付款人的，应在付款人接到通知日的次日起 3 日内出具拒绝证明，持有债务证明的，应将其送交开户银行。银行将拒绝证明、债务证明和有关凭证一并寄给被委托银行，转交收款人	30	5	
	同城委托	在同城范围内，收款人收取公用事业费或根据国务院的规定，可以使用同城特约委托收款。收取公用事业费，必须具有收付双方事先签订的经济合同，由付款人向开户银行授权，并经开户银行同意，报经中国人民银行当地分支行批准	31	5	
审核要求		委托收款凭证审核应审核下列应填要素是否齐全：① 表明“委托收款”的字样；② 确定的金额；③ 付款人名称；④ 收款人名称；⑤ 委托收款凭据名称及附寄单证张数；⑥ 委托日期；⑦ 收款人签章。 委托收款以银行以外的单位为付款人的，委托收款凭证必须记载付款人开户银行名称；以银行以外的单位或在银行开立存款账户的个人为收款人的，委托收款凭证必须记载收款人开户银行名称；以未在银行开立存款账户的个人为收款人的，委托收款凭证必须记载被委托银行名称。欠缺记载的，银行不予受理	32	10	
合　计				100	

表 13　　差旅费报销单填制与审核项目实训要求及考核标准

实训项目及步骤		实训要求与考核标准	序号	得分	备注
总体要求	真实可靠	如实填列经济业务内容，不弄虚作假，不得虚报出差费用，不涂改、挖补、脏污	1	3	如填写有误，应另行开具，并在误填的凭证上注明“误填作废”字
	内容完整	将凭证所列项目逐项填写，不可缺漏；所有联次一次填制完成，并保证其内容和金额一致；手续齐备	2	3	
	填制及时	出差人员应在出差当月，及时填制本凭证，并办理报销手续，做到不积压、不误时、不事后补制	3	3	

续表

实训项目及步骤			实训要求与考核标准	序号	得分	备注
总体要求	书写清楚		差旅费报销单要用蓝色、黑色钢笔或碳素笔填写，不得使用铅笔及圆珠笔	4	3	样，将所有联次的作废凭证一同保存
			字迹端正、易于辨认，做到数字书写符合会计上的技术要求，文字工整，不草、不乱、不“造”，不涂改；复写的凭证，要不串格、不串行、不模糊	5	3	
			填写应当使用中文。民族自治地方可以同时使用当地通用的一种民族文字。外商投资企业和外商企业可以同时使用一种外国文字	6	3	
	顺序使用		应按照编号的次序使用，不得跳号使用，跳号的凭证应加盖“作废”戳记并和存根一同保存，不得撕毁	7	3	
要素填写	日期		应填写办理报销手续当天的日期	8	2	
	所在单位		填写报销人所在部门或单位，便于核对审核人权限	9	2	
	出差事由		如实简单填写出差事由	10	2	
	出发时间与地点		应如实填写出发日期和到达日期及地点，并与所附车船票等日期、地点相符	11	2	
	金额	公出补助	应按单位财务制度规定以“日补助额 × 出差天数”确定公出补助金额，不得多列、多算	12	2	
		飞机、车船火车费	应按所附飞机、车船等原始凭证的金额据实填写	13	2	
		住宿费	应按财务制度所规定的报销标准乘以实际住宿天数计算填列，并附住宿发票	14	2	
		市内车补	应按财务规定的标准填列	15	2	
		其他	按实际情况填写应予报销的其他金额，如列车伙食补助等	16	2	
		小写金额	在小写数字前用“¥”（或其他币种）符号封顶，所有以元为单位（其他货币种类为货币基本单位，下同）的阿拉伯数字，一律填写到角分；无角分的，角位和分位可写“00”，或符号“—”；有角无分的，分位应当写“0”，不得用符号“-”代替	17	2	
			空白金额栏用自左下角到右上角的斜线或倒“S”线注销	18	2	
			汉字大写数字金额如零、壹、贰、叁、肆、伍、陆、柒、捌、玖、拾、佰、仟、万、亿等，一律用正楷字或者行书体书写，不得用〇、一、二、三、四、五、六、七、八、九、十等简化字代替，不得任意自造简化字	19	2	
		大写金额	在未填用的大写金额单位前划上“⊗”符号封顶；大写金额数字到元或角为止的，在“元”或者“角”字之后应写“整”或者“正”字；大写金额数字有分的，分字后面不写“整”或者“正”字	20	2	
			大写金额数字前未印有货币名称的，应当加填货币名称，货币名称与金额数字之间不得留有空白	21	2	
	签名盖章		应由出差人员、审核人员、单位领导、会计主管等在差旅费报销单上签名、盖章	22	5	

续表

实训项目及步骤			实训要求与考核标准	序号	得分	备注
要素填写	附件张数		差旅费报销单是根据车票、住宿发票等原始凭证填列的，应根据所附原始凭证张数填列附件张数	23	3	
	其他		填写出差预借差旅费的使用情况，如实填列预支款项、报销金额和补付金额 对于曾经预借差旅费的，应在办理报销手续时办理还款手续，由财务部门按预借款全额开具收据，以冲销债务	24	3	
审核要求及错误处理	真实性	内容	审核差旅费报销单的真实性，认真核对差旅费报销单报列时间、事件、人员、地点是否真实	25	5	
		处理	会计人员对不真实的报销单，有权不予接受，并向单位负责人报告	26	5	
	合法性	内容	审核差旅费报销单的合法性，审核费用是否符合单位报销比例和规定，交通工具、住宿等是否符合有关规定	27	5	
		处理	会计人员对不合法的差旅费报销单，有权不予接受，并向单位负责人报告	28	5	
	完整性	内容	审核差旅费报销单填制的完整性。包括报销单中所有项目内容是否全部填写；手续是否完备；编号是否连续；有关人员及单位是否签名、盖章；附件是否齐全等	29	5	
		处理	对记载不完整的报销单予以退回，并要求按照国家统一的会计制度的规定更正、补充	30	5	
	正确性	内容	审核报销填制的正确性，数字和文字是否填写清楚	31	5	
		处理	对记载不准确的报销单应予以退回，并要求按照国家统一的会计制度的规定更正、补充	32	3	
			如果报销单金额填写错误，不得在原报销单上进行更正，必须由经办人员重新开具	33	2	
总　计					100	

表 14　**开立银行账户项目实训要求及考核标准**

实训项目及步骤		实训要求与考核标准	序号	得分	备注
认知银行账户	了解银行账户	正确确定单位银行账户开立的法律依据；区分各银行账户的用途	1	5	描述后评分
	了解开户原则	正确理解开户的原则	2	5	
	了解开户资格	正确把握开户人的资格；区分单位存款户和个人存款户	3	5	
	准备开户材料	明确开户时所需要的材料；明确各种材料的份数以及复印件纸张要求；明确对经办人的要求	4	10	自主准备，并做实训总结

续表

实训项目及步骤		实训要求与考核标准	序号	得分	备注
开设银行账户	开设基本存款账户	根据要求填写印鉴卡；正确办理开户手续	5	20	四个任务选择一个进行模拟，根据模拟者的情况进行评分
	开设一般存款账户	与基本存款账户开设对比，准备开户所需材料	6	5	
	开设专用存款账户	与基本存款账户开设对比，准备开户所需材料	7	5	
	开设临时存款账户	与基本存款账户开设对比，准备开户所需材料；区分验资户与异地临时户	8	5	
管理银行账户	变更银行账户	了解变更情形；填写变更申请书；办理变更手续	9	10	描述原因，角色扮演模拟后，根据模拟情况评分
	迁移银行账户	了解迁移原因；填写申请书；办理迁移手续；正确理解迁移的有关规定	10	10	
	撤销与合并银行账户	了解撤销与合并的原因；填写申请书；办理手续；正确理解撤销与合并的有关规定	11	10	
	更换与挂失银行印鉴	了解更换与挂失银行印鉴的原因；填写申请书；办理更换与挂失手续；正确理解更换与挂失的有关规定	12	10	
合　计				100	

表 15　　银行存款余额调节表项目实训要求及考核标准

实训项目及步骤		实训要求与考核标准	序号	得分	备注
查找未达账项	企业已收银行未收	将企业银行存款日记账的借方和银行对账单的贷方记录内容进行核对，核对时既要核对金额，也要核对结算单据号码，核对相符的以“√”标记，找出未标记的企业银行存款日记账的借方记录，将其金额记在底稿上，为企业已收银行未收的业务金额	1	10	
	企业已付银行未付	将企业银行存款日记账的贷方和银行对账单的借方记录内容进行核对，核对时既要核对金额，也要核对结算单据号码，核对相符的以“√”标记，找出未标记的企业银行存款日记账的贷方记录，将其金额记在底稿上，为企业已付银行未付的业务金额	2	10	
	银行已收企业未收	将企业银行存款日记账的借方和银行对账单的贷方记录内容进行核对，核对时既要核对金额，也要核对结算单据号码，核对相符的以“√”标记，找出未标记的银行对账单贷方记录，将其金额记在底稿上，为银行已收企业未收的业务金额	3	10	
	银行已付企业未付	将企业银行存款日记账的贷方和银行对账单的借方记录内容进行核对，核对时既要核对金额，也要核对结算单据号码，核对相符的以“√”标记，找出未标记的银行对账单借方记录，将其金额记在底稿上，为银行已付企业未付的业务金额	4	10	

续表

<table>
<tr><th colspan="3">实训项目及步骤</th><th>实训要求与考核标准</th><th>序号</th><th>得分</th><th>备注</th></tr>
<tr><td rowspan="12">编制银行存款余额调节表</td><td colspan="2">企业名称</td><td>应填写单位全称，不得使用简称</td><td>5</td><td>5</td><td rowspan="12"></td></tr>
<tr><td colspan="2">日期</td><td>正确填写银行存款余额调节表的编制日期，一般为月末或季末</td><td>6</td><td>5</td></tr>
<tr><td colspan="2">单位</td><td>填写银行存款余额调节表的货币计量位，一般单位为“元”，银行存款金额较大的可以使用“万元”</td><td>7</td><td>4</td></tr>
<tr><td colspan="2">企业日记账余额</td><td>根据企业“银行存款日记账”期末余额填写表内“企业日记账余额”栏</td><td>8</td><td>5</td></tr>
<tr><td colspan="2">银行对账单余额</td><td>根据银行“银行对账单”期末余额填写表内“银行对账单余额”栏</td><td>9</td><td>5</td></tr>
<tr><td colspan="2">银行已收企业未收</td><td>根据在底稿上记录的“银行已收企业未收”（第 3 行）金额加计填列本项目</td><td>10</td><td>5</td></tr>
<tr><td colspan="2">银行已付企业未付</td><td>根据在底稿上记录的“银行已付企业未付”（第 4 行）金额加计填列本项目</td><td>11</td><td>5</td></tr>
<tr><td colspan="2">企业已收银行未收</td><td>根据在底稿上记录的“企业已收银行未收”（第 1 行）金额加计填列本项目</td><td>12</td><td>5</td></tr>
<tr><td colspan="2">企业已付银行未付</td><td>根据在底稿上记录的“企业已付银行未付”（第 2 行）金额加计填列本项目</td><td>13</td><td>5</td></tr>
<tr><td rowspan="2">调节后的存款余额</td><td>企业</td><td>根据“企业日记账余额”（8）+“银行已收企业未收金额”（10）-“银行已付企业未付”（11）的计算金额填写</td><td>14</td><td>3</td></tr>
<tr><td>银行</td><td>根据“银行对账单余额”（9）+“企业已收银行末收金额”（12）-“企业已付银行未付”（13）的计算金额填写</td><td>15</td><td>3</td></tr>
<tr><td colspan="2">签名盖章</td><td>银行存款余额调节表应由出纳人员与另一指定的专门人员共同编制，不能由出纳人员自行编制，编制完毕后，出纳人员、指定的编制人员与会计机构负责人（会计主管人员）应在表上相应栏目签名盖章</td><td>16</td><td>5</td></tr>
<tr><td colspan="3">核对调整后余额</td><td>编制完毕后，应核对“企业银行存款日记账调整后余额”和“银行对账单调整后余额”是否相符，如不符，应查明是否有记账错误。
核对相符的“银行存款余额调节表”调整后余额为企业目前可动用的银行存款总额</td><td>17</td><td>5</td><td>口述银行存款余额调节表的作用</td></tr>
<tr><td colspan="4">合　计</td><td></td><td>100</td><td></td></tr>
</table>

表 16　　**会计档案整理与保管项目实训要求及考核标准**

实训项目及步骤		实训要求与考核标准	序号	得分	备注
会计凭证整理	原始凭证	原始凭证应附在记账凭证后面，要求粘贴的原始凭证应真实、合法、完整、正确，粘贴要干净整洁，排列有序。 对于纸张面积过小的原始凭证，可先按一定次序和类别排列，再粘在一张同记账凭证大小相同的白纸上，粘贴时宜用胶水。 证票应分张排列，同类、同金额的单据尽量粘在一起，并在一旁注明张数和合计金额。如果是板状票证，可以将票面票底轻轻撕开。 对于纸张面积略小于记账凭证的原始凭证，可先用回形针或大头针别在记账凭证后面，待装订时再抽去回形针或大头针。 对于纸张面积大于记账凭证的原始凭证，可按记账凭证的面积尺寸，先自右向后，再自下向后两次折叠。注意应把凭证的左上角或左侧面让出来，以便装订后，还可以展开查阅	1	10	口述
		重要原始凭证，需要单独保管的，应编制目录，并在有关的记账凭证上注明附件另行保管，以便查核	2	3	
	记账凭证	记账凭证应按月整理。月末，要将本月各种记账凭证加以整理，检查有无缺号和附件是否齐全，然后按顺序号排列，加具封面封底，装订成册。如果在一个月内，凭证数量过多，可分装若干册，在封面上加注共几册字样	3	5	
		封面上应注明：单位的名称、所属的年度和月份、起讫的日期、记账凭证的种类、起讫号数	4	5	
		封面上应由会计主管、保管人员签章	5	5	
		装订凭证的厚度以 1.5~2.0 cm 为宜，一般 30 张记账凭证装订一本，装订时要考虑到凭证的整齐均匀，特别是装订线的位置，如果太薄时可用纸折一些三角形纸条，均匀地垫在此处，以保证它的厚度与凭证中间的厚度一致	6	10	
		在装订线上加贴封签，并在封签处加盖会计主管的骑缝图章	7	5	
		在装订好的凭证本的脊背上面写上“某年某月第几册共几册”的字样。现金凭证、银行凭证和转账凭证应依次顺序编号，一个月从头编一次序号，如果单位的凭证少，可以全年顺序编号	8	5	
		如果某些记账凭证所附原始凭证数量过多，也可以单独装订保管，但应在其封面及有关记账凭证上加注说明	9	4	
会计账簿的整理		年末，各种账簿在结转下年并建立新账后，一般都要把旧账总账统一整理，活页账应按页码顺序统一编号加具封面后装订成本	10	5	
会计报表的整理		会计报表应在年终时，由专人统一收集，将全年财务会计报告按时间顺序整理装订成册，报表应当依次编定页数，加具封面，装订成册，经会计机构负责人审核、盖章后装订案卷并归档。封面上应注明：企业名称、企业统一代码、组织形式、地址、报表所属期间、报出日期，并由单位负责人和主管会计工作的负责人、会计机构负责人（会计主管人员）签名并盖章；设置总会计师的单位，还须由总会计师签名并盖章	11	10	

续表

实训项目及步骤	实训要求与考核标准	序号	得分	备注
其他会计资料的整理	其他会计资料，如银行存款余额调节表，如需移交档案管理部门的，应组卷移交	12	5	
会计档案编号	将会计档案按“年（报属年度）、限（保管期限）、类（四个种类）”排列编号，即以每一年度的会计档案为一单元，将每个案卷按不同保管期限，从永久到最短的期限依次排列，然后将同一保管年限的案卷分类编号，最后以“第一卷”“永久卷”为1号，按顺序编制目录号，这些号码也作为案卷号	13	5	
会计档案案卷目录	登记会计档案案卷号、题名、保管期限、卷内材料起止时间、备注	14	5	
会计档案移交清册	登记序号、案卷题名、档案编号、年度、保管期限、备注	15	6	
	由送交人、移交人、监交人签名盖章	16	3	
	填写交接日期	17	2	
会计档案销毁清册	登记销毁日期、销毁档案类别、所属年度、起止卷号、卷数、监销人、备注	18	7	
总　计			100	